房地产
大趋势

任泽平 白学松 著

天津出版传媒集团

天津人民出版社

图书在版编目（CIP）数据

房地产大趋势 / 任泽平，白学松著. -- 天津：天津人民出版社，2023.6
ISBN 978-7-201-19472-1

Ⅰ. ①房… Ⅱ. ①任… ②白… Ⅲ. ①房地产市场－研究－中国 Ⅳ. ①F299.233.5

中国国家版本馆CIP数据核字（2023）第086963号

房地产大趋势
FANGDICHAN DA QUSHI

出　　版	天津人民出版社
出 版 人	刘　庆
地　　址	天津市和平区西康路35号康岳大厦
邮政编码	300051
邮购电话	（022）23332469
电子信箱	reader@tjrmcbs.com

责任编辑　李　羚
特约策划　李姗姗　钱晓曦　韦　伟
装帧设计　卓义云天

制　　版	杭州真凯文化艺术有限公司
印　　刷	浙江海虹彩色印务有限公司
经　　销	新华书店
开　　本	710毫米×1000毫米　1/16
印　　张	21.5
字　　数	270千字
版次印次	2023年6月第1版　2023年6月第1次印刷
定　　价	69.00元

版权所有　侵权必究
图书如出现印装质量问题，请致电联系调换（0571-86535633）

前　言

房地产大趋势：
房子还能买吗？哪些区域有潜力？

　　房价还会涨吗？房子还能买吗？哪些区域有潜力？为什么过去20年房价越调越涨？为什么2021—2022年房地产市场出现了大调整？未来房地产的大趋势是什么？

　　过去20年，中国房地产经历了高速发展阶段，住房市值增长近20倍、房价普涨。当前，房地产大开发时代正在落幕，步入总量平衡、区域分化的新发展阶段，主因是城镇化进程放缓、人均住房面积接近发达国家水平、住房供给逐渐平衡、人口总量达峰、置业人群见顶回落等。

　　我们提出过业内广为流传的房地产经典分析框架"长期看人口、中期看土地、短期看金融"，出版了房地产领域专著《房地产周期》《全球房地产》等。在这个分析框架基础上，2015年成功预测"一线房价翻一番"，被评为年度十大经典预测，2022年底成功预测2023年将首次出现分化式复苏。

本着实战经济学精神，我们在此前研究基础上，继续拓展房地产领域研究，从宏观到中微观、从总体到区域，基于丰富的历史资料、扎实的逻辑数据，对国内外房地产市场进行了深入、细化分析，试图在总量平衡、区域分化的时代背景下，分析不同区域、板块的房地产发展潜力，试图为广大读者提供清晰的房地产分析框架，看清房地产大趋势。

一、全球房地产大趋势：核心城市核心区域的房产是能够长期跑赢通胀的少数资产，硬通货

放眼全球，驱动不同经济体房价走势的因素及规律有哪些？哪些国家房价涨幅大？哪些区域涨幅大？

我们的研究发现，决定房价走势的因素主要是：经济增长带来收入提升，居民购买力增加会拉动房地产需求增加；人口总量与结构变动引起的人口效应，主要体现在中高收入经济体吸引跨境人口流入和主力置业人群的变动；货币供应带来的货币幻觉反映在各国货币超发引起资产价格变化；住房制度引导一国房地产市场发展，德国房价稳定关键在于以居住导向的住房制度设计。

同时，受人口流入、产业发展等因素影响，一国内部区域房价涨幅也有差别，一般来说，核心城市核心区域的房价高、涨幅大，是能够长期跑赢通胀的少数核心资产，硬通货。法国巴黎市房价57年上涨44倍，涨幅位于巴黎大区之首，超过法国房价平均涨幅的30倍、法国名义国内生产总值（GDP）涨幅的32.7倍。

国际对比看，中国内地一线城市的绝对房价、相对房价位居全球前列，全球前十大高房价城市，中国占一半，租金回报率却低于其他国家的核心城市。

原因是什么呢？房子还能买吗？根据我们研究，由于土地供给严重不足、优质公共资源富集以及货币宽松，中国内地核心城市房价并非由当地人群收入的中位数决定，而是由全国高收入人群决定；加上中国居民收入统计不全、高储蓄率、高经济增速等因素，其房价收入比和租金回报率不具备国际可比性。如果把经济体或城市比作一家公司，住房就类似公司的股票，房价是股价，房价收入比是估值，租金回报率是股息率。发达经济体经济增长稳定、增速低，不具备爆发性，估值一般；中国的经济增速在全球较高，核心城市相对房价高，是成长性的反应，估值较高。

学区房概念源于就近入学原则，由于与优质教育资源匹配，学区房往往存在溢价现象。根据我们研究，实行"租售同权"+教师流动的国家，不存在教育资源失衡和学区房炒作，比如德国、日本，这些国家严格设定全国统一的中小学教师培养标准，教学硬件设施标准化，"租售同权"落实相对到位，教师流动制度严格执行，学区房溢价较低；反之，优质教育资源不均衡+买房才能上好学校的国家，学区房存在较大溢价，包括美国、英国、法国、韩国，这些国家的优质学区税收多、教育经费充足，各地教育资源相对失衡，精英教育文化盛行。

二、中国房地产大趋势：大分化时代来临、大都市圈城市群化、"产业+地段"为王、纯开发房企转型、改善性需求为主、多层次住房供应体系

区域分化是未来房地产市场最大的特征，具体表现为东部沿海地区优于东北和西部，南方地区好于北方，发达城市群、都市圈潜力高于不发达城市群、都市圈。未来人口流动越来越大都市圈城市群化，大部分城市人口流出、房屋过剩，位于发达城市群、都市圈的热点一二线城市的房子将跑赢通胀，我们预

测未来中国70%的城市将出现房屋过剩，只有20%多的城市房屋有潜力。

房价普涨的大开发时代结束，城市内部房地产市场分化加剧，"产业+地段"为王。一方面，历史积淀、城市规划发展造就地段、吸引高购买力人群，从而影响房地产价值；另一方面，高端产业集聚创造高购买力人群、推升土地成本，进而影响板块内房地产发展，并且，产业外溢也会带动周边板块发展。

行业出清、剩者为王，纯开发房企向"轻重并举"转型。高杠杆时代已经结束，房地产行业正向高质量发展转型，未来大部分开发型房企会消失，头部房企市场占有率将进一步提高。随着行业出清，"三高"经营模式终结，行业整体负债率将下降。经历行业寒冬后，越来越多的房企开始探索新发展模式，提高现金流安全垫，未来将向"轻重并举"新发展模式转型。

改善时代来临，产品力将成核心竞争力。中国住房整体短缺时代已经过去，消费者住房需求从"有没有"向"好不好"升级，即从"有房住""住小房"向"住好房""住大房"升级，大户型、高品质、优质物业将越来越受购房者青睐、认可，住房产品力不同将推动住房价值分化。

多主体供给、多渠道保障、租购并举的住房制度是大势所趋。目前中国初步形成了以市场化供应为主的商品房，以政府供应为主的经适房、公租房、棚户区改造、保障性租赁住房的住房供应体系，未来多层次住房供应体系将不断完善。解决居民住房问题、实现"住有所居"，要让"低收入靠保障、中等收入有支持、高收入靠市场"。

商品房预售制或将逐步取消，现房销售可期。现房销售有利于提升开发商建筑质量、保障购房老百姓权益、落实中央"房住不炒"精神。

三、中国人口迁移大趋势：都市圈城市群时代，未来约八成新增城镇人口将分布在19个城市群

人口迁移引发区域兴衰、产业更替和霸权更迭。根据我们对美国、日本等国研究，人口迁移会经历从低收入地区向高收入地区、从乡村和中小城市向一二线城市和大都市圈迁移的阶段。

改革开放以来，中国跨省人口迁移经历了从"孔雀东南飞"到回流中西部，再到近年人口再集聚粤浙和回流黔川渝鄂并存的三个阶段。分区域看，人口持续向深圳、上海等大都市圈和珠三角、长三角城市群集聚，而东北、西部等区域产业结构单一，呈现人口流出趋势。预计未来中国1.3亿新增城镇人口的约80%将分布在19个城市群，其中约60%将分布在长三角、珠三角等七大城市群。

人口是一切活动的基础，人才更是第一资源。近年来人才不断向东部城市集聚，且长三角、珠三角城市群人才集聚能力逐渐增加，人才倾向于前往大城市就业。根据智联招聘数据，2017—2021年，东部地区人才净流入率从6.2%增至12.9%，而中部、西部、东北地区人才持续净流出；长三角、珠三角城市群人才净流入率分别从4.6%、2.0%增至7.4%、4.1%。随着人口红利消逝，人才价值日益凸显，2017年以来，各地掀起"抢人大战"，城市人才竞争逐渐升级，人才政策不断优化，包括放宽落户条件、提供创业补贴等，吸引人才、留住人才成为各城市提升综合实力的重要手段。

四、中国区域发展大趋势：区域分化是主旋律，未来更多机会在一二线城市和大都市圈城市群

影响一个区域房地产周期的因素非常多，比如区位、人口、货币、产业

等；长期看，一个区域经济繁荣发展的根基还是在人和产业，产业兴则城市兴，产业聚则人口聚。

人口是一切经济社会活动的基础，更是房地产市场发展的根本支撑，人口迁移的根本动力在于实际收入和生活水准差距。根据我们对世界上几十个国家上百年的人口大迁移研究发现，人口往都市圈城市群迁移集聚是基本规律。随着人口总量逐渐见顶，各地已进入人口争夺的存量博弈时代。

产业决定城市兴衰。中国经济逐渐从高速增长阶段转向高质量发展阶段，从全球价值链的中低端向中高端转型升级，区域产业格局明显变化。东部沿海制造业向内地和东南亚转移、发达城市群的一般制造业向周边转移，而高端制造业、服务业仍在向核心城市集聚。

基于上述逻辑，我们从"需求+供给"两个维度构建区域的基本面研究框架，对城市房地产发展潜力进行分析。从结果看，北京、上海、深圳、广州、杭州、成都、苏州、南京、武汉、重庆位居房地产发展潜力前10名。

从典型城市看，北京、上海作为中国的政治、经济中心，承载着首都经济和金融发展的核心功能，虽然近年严控人口、常住人口负增长，但持续吸引着优秀人才流入；深圳乘改革开放之风腾飞，集聚了一批创新创业人才和产业，发展潜力超过广州。作为民营经济"大本营"的杭州、"全球工业大市"的苏州集聚了一批优质产业人才，近年发展潜力靠前；成都作为"西部经济高地"，发展潜力一直位居新一线城市前列。

五、典型城市大趋势：区域房价涨幅背后的逻辑是什么？房价稳定的原因有哪些？

哪些区域和板块房价涨幅大？我们以上海为例，通过对比不同区域、户型等房价涨幅差异，探寻背后逻辑。研究发现：（1）在城市内部，中心城区、核心板块房价、涨幅居前，源于高端产业、优质资源集聚，吸引优质购买力。（2）上海都市圈协同发展使得环沪区域经济产业受益，上海部分产业、资金和置业需求溢出，带动环沪区域房价上涨。（3）由于目前不同区域教育资源分布不均，优质学区房仍有较大溢价，但随着教育新政出台，通过购买学区房获得优质教育资源的确定性下降，部分学区房有所降温，但长期仍有价值。（4）地铁开通推升区域房价，距地铁近涨幅大。

近年，长沙、重庆房价、涨幅在全国主要城市中处较低水平，房价保持稳定的原因有哪些？第一，长沙和重庆有充足土地供应，保障购房需求能够得到充分满足。第二，实行"低端有保障"的多层次住房供给体系，充沛住房供应市场。如重庆开创了"重庆模式"公租房制度，实现了市场供给与政府保障并举的"双轨制"住房体系，保证了中低收入者的住房供给。第三，把握金融源头、控制投资力度。第四，推行试点区域限价政策。如长沙于2017年首创"成本+利润+税金"的价格构成，限制商品房的平均利润率为6%~8%，限价标准清晰严格，既确保了房企一定的盈利空间，也确保了房价相对稳定。第六，通过购房政策限制投机行为。长沙对房屋契税、人才购房、离异人士购房等方面，均要求严格，限制投机行为。

六、启示：建立房地产新模式，主要是城市群战略、人地挂钩、金融稳定、房地产税、租购并举

中国大部分城市的房地产调控重抑制需求、轻增加供给，重行政手段、轻经济手段，短期调控无法解决长期供需不平衡的根本矛盾，推动新一轮房改（新房改）迫在眉睫，以城市群战略、人地挂钩、金融稳定、房地产税、租购

并举为核心加快构建房地产新模式，促进房地产市场长期平稳健康发展。

一是尊重人口流动的基本规律，实施都市圈城市群战略。二是以常住人口增量为核心，改革"人地挂钩"，优化土地供应，实现人地匹配和供求平衡。三是保持货币政策和房地产金融政策长期稳定。四是稳步推动房地产税试点。五是租购并举，对低收入家庭和应届毕业生的租房支出给予适当补贴。

目录

第1章　全球房地产大趋势

全球房价大趋势 / 003
- 是什么造成了不同经济体房价涨幅差异 / 004
- 一国内部哪个区域房价涨幅最大 / 015

全球核心城市房价比较 / 024
- 中国内地核心城市绝对房价和相对房价均居全球前列 / 025
- 1000万元人民币能买什么房子 / 033
- 中国内地核心城市高房价存在泡沫吗 / 035

全球学区房报告 / 041
- 哪些国家优质学区房溢价高 / 042
- 哪些国家优质学区房溢价低 / 054

第2章　中国房地产大趋势

中国房地产六大趋势 / 063
- 什么决定房地产周期 / 064
- 中国房地产未来的六大趋势 / 074
- 启示：构建五大支柱住房制度，推动向新发展模式转型 / 087

中国住房过剩了吗 / 090
  中国城镇住房存量 / 091
  中国城镇住房40年：从供给短缺到总体平衡 / 096
  哪些地方房子多，哪些地方少 / 108

中国住房有多少市值 / 112
  如何研究住房市值 / 113
  中国住房市值有多少 / 119
  中国住房市值在国际上处于什么水平 / 127

未来房地产税会怎么收 / 131
  房地产税试点的原因 / 131
  房地产税试点的可能方案 / 133
  房地产税试点的可能影响 / 135
  未来趋势展望 / 136
  他山之石：美国、英国、日本如何征收房地产税 / 136

第 3 章　中国人口大迁移的新趋势

人口大迁移从城市化到大都市圈化 / 143
  人口迁移的一般规律：从低收入地区向高收入地区，从中小城市向大城市 / 143
  中国人口大迁移：从城市化到大都市圈化 / 147
  人口迁移对经济和社会的重大影响 / 154
  启示：充分尊重人口、产业向优势区域集聚与城市发展的客观规律 / 158

中国城市人才吸引力排名 / 160

目 录

通过跨城求职数据解密流动人才特征 / 161

长三角、珠三角人才集聚且跨区流动性减弱 / 164

多数重点城市人才净流入率上升，城市群内人才流动成为主流 / 170

第 4 章　寻找潜力之城

中国城市发展潜力排名 / 187

中国城市发展趋势与规律 / 188

中国最具发展潜力城市 50 强 / 193

拥抱大都市圈城市群，把握未来趋势 / 202

中国城市群发展潜力排名 / 205

城市群发展规律 / 206

中国五大最具发展潜力城市群 / 209

中国都市圈发展潜力排名 / 223

都市圈时代来临 / 224

十大最具发展潜力都市圈 / 232

中国十大最具发展潜力城市 / 257

北京：政治、文化、国际交流和创新中心 / 258

上海：全球化的大上海，未来媲美纽约 / 261

深圳：乘改革开放之风、造创新活力之都 / 264

广州：广东省高质量发展的排头兵，省制造业的中坚力量 / 267

杭州：民营经济的"大本营"、全国领先的"数智化城市" / 268

成都：新一线龙头、西部经济高地 / 270

苏州：从"世界工厂"发展为"创新高地" / 273

南京：六朝古都，"芯片之城"正在崛起 / 275

武汉：九省通衢，中部崛起的战略支点 / 277

重庆：携蓉城共筑西南双核 / 279

第 5 章　重点城市研究

上海房价涨幅大的背后逻辑 / 285

上海房价近 10 年均价上涨约两倍 / 286

从区域看：上海主城区房价涨幅居前 / 289

二、三居室户型涨幅居前 / 294

学区房：上海"中考新政"使优质初中学区房降温 / 295

地铁房：地铁开通推升房价，距地铁近涨幅大 / 297

长沙——全国房地产调控的"模范生" / 299

2010—2020 年长沙房价、房价收入比、涨幅在全国主要城市中处较低水平 / 300

长沙房地产为什么调控得好 / 300

重庆打出稳房价"组合拳" / 313

2010—2022 年重庆房价、涨幅在全国主要城市处较低水平 / 314

重庆房地产为什么调控得好 / 316

第 1 章

全球房地产大趋势

全球房价大趋势

导读

我们泽平宏观团队提出了业内广为流传的标准分析框架：房地产长期看人口，中期看土地，短期看金融。本节放眼全球房价走势，考察驱动不同经济体和主要大都市圈房价走势的因素及规律。

不同经济体本币房价长期走势差异，可解释为四方面原因：经济增长带来的收入效应、人口总量与结构变动引起的人口效应、货币供应带来的货币幻觉、住房制度影响的供求格局。

1970年第一季度至2022年第一季度，23个经济体房价平均累计上涨32.4倍、年均增长率超6.0%。依据房价涨幅大小，可分为三类：一是房价累计涨幅55倍以上，年均增长率8.0%~10.0%，有南非、新西兰等6个经济体；二是房价累计涨幅在15~40倍之间，年均增长率5.5%~7.5%，有挪威、意大利等12个经济体；三是房价累计涨幅在2~5倍之间，年均增长率低于4.0%的，有瑞士、德国等5个经济体。

2020年第一季度至2022年第一季度，房价涨幅较大，源于各国实施量化宽松政策、新冠疫情积压的改善需求释放等。2020年第一季度至2022年第一季度主要经济体房价平均上涨超20.0%，其中土耳其上涨177.2%，新西兰上涨38.7%。亚洲主要国家中，韩国房价涨幅最大，为17.5%，紧随其后的新加坡上涨13.4%，中国房价涨幅为5.0%。但2022年以来，多数经济体房价增长放缓或下滑，主要源于多数经济体面临经济衰退，它们为遏制通胀收紧了货币政策。其中，2022年第二季度印度、英国、新西兰、意大利、比利时、芬兰、秘鲁等实际房价涨幅同比下跌1%~10%。

一国内部人口流入的大都市圈，房价涨幅最大。伦敦房价在54年里上涨122倍，内伦敦（伦敦的中心区）涨幅更大；日本地价在1991年泡沫破灭前的36年上涨82倍，6个核心城市涨幅更是高达210倍。[1]

是什么造成了不同经济体房价涨幅差异

不同经济体房价走势差异明显

1970年第一季度至2022年第一季度，23个经济体房价平均累计上涨32.4倍、年均增长率超6%（如图1-1）。依据房价涨幅大小，这些经济体可分为三类：

（1）南非、新西兰、西班牙、英国、爱尔兰、澳大利亚6个经济体房价累计涨幅在55倍以上，年均增长率在8%~10%。南非和新西兰的房价累计涨幅分别高达115.5倍、103.8倍，年均增长率分别为9.6%、9.4%，分别位居23个经济

---

1 部分国家或地区数据缺失。

体中第一位和第二位；西班牙和英国房价累计涨幅分别为63.0倍、61.5倍，年均增长率分别为8.5%、8.4%，位居23个经济体中第三位和第四位；爱尔兰和澳大利亚在1979年第一季度至2022年第一季度房价累计涨幅分别为55.6倍、55.2倍，年均增长率为8.1%，位居23个经济体中第五位和第六位。[1]

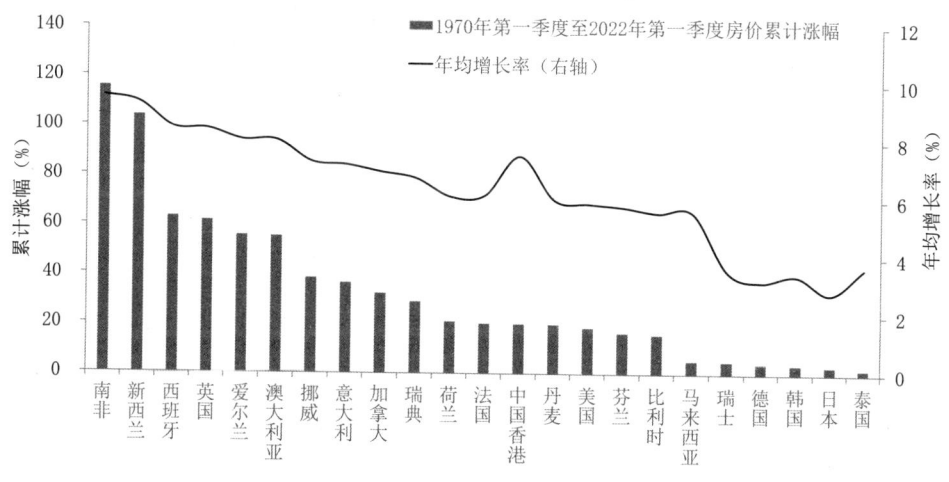

图1-1 23个经济体房价涨幅差异

注：房价累计涨幅以各国2010年房价为100基点，其余年份数据换算成相应比例。
数据来源：国际清算银行（BIS），莱坊（Knight Frank）[1]

（2）房价累计涨幅在15~40倍之间、年均增长率在5.5%~7.5%的经济体，有挪威、意大利、加拿大、瑞典、荷兰、法国、丹麦、美国、芬兰、比利时、马来西亚、中国香港共12个。挪威房价累计涨幅38.3倍，年均增长率为7.3%；中国香港在1979年第一季度至2022年第一季度房价累计涨幅20.0倍，年均增长率为7.5%；马来西亚在1988年第一季度至2022年第一季度房价累计涨幅5.3倍，年均

---

[1] 全书图表均由泽平宏观团队根据相关数据制作。

增长率为5.6%；其他9国涨幅在15～40倍之间，年均增长率为5.5%～7.5%。

（3）房价累计涨幅在2～5倍之间、年均增长率低于4.0%的，有瑞士、德国、韩国、日本、泰国5个经济体。其中泰国累计涨幅2.0倍，年均增长率3.6%；韩国累计涨幅3.8倍、年均增长率3.4%；瑞士、德国、日本房价累计涨幅5.1倍、4.1倍、3.1倍，年均增长率分别为3.5%、3.2%、2.8%。

随着经济金融全球化深入推进，全球房价走势联动性逐渐增强。比如，20世纪80年代中后期北欧4国房价下跌，20世纪90年代初日、韩房价下跌，1997年东南亚地区房价下跌，2007年全球房地产价格下跌。从房价走势看，1970—2021年，23个经济体可大致分为4类：

（1）房价基本持续上行、其间调整幅度小的经济体，有澳大利亚、新西兰、加拿大、法国这4个。1970年以来，上述4国任何一次下行周期中，累计下跌幅度均未超过9%。其中澳大利亚、新西兰、加拿大3国未曾出现连续两年下跌的情况；法国在1992—1995年、2008—2009年、2011—2015年有3次明显调整，但3次累计跌幅均未曾超过7%。

（2）房价曾大幅下挫，但后期上行超过之前高点的经济体，有英国、美国、瑞士、荷兰、南非、挪威、马来西亚、泰国、中国香港等14个。例如，荷兰房价在1979—1982年暴跌近30%，2008—2013年大跌超19%；南非房价在1984—1986年下跌11%；芬兰房价在1990—1992年暴跌37%；瑞士房价在1990—1998年大跌22%；马来西亚和泰国分别在1997—1998年、1998—1999年累计下跌超过11%；美国房价在2007—2011年大跌超30%；英国房价在1990—1992年下跌近11%，2008—2009年下跌超13%；中国香港在1998—2003年累计暴跌超60%。但上述经济体的房价在大幅下跌后继续向上，现均已超过之前高点。

（3）前期房价泡沫破灭，至今仍不及高点的经济体，有日本、西班牙、爱尔兰、意大利这4个。虽然时代和国别不同，但历次房地产泡沫堆积，无一例外受到流动性过剩和低利率的刺激，而历次房地产泡沫崩溃则都跟货币收紧和加息有关。日本、西班牙、爱尔兰、意大利的房价分别在1990年、2007年、2007年和2008年见顶，其中前3个国家房价近几年稍有反弹。2022年第一季度，上述4国房价仅分别相当于峰值的70.6%、88.6%、97.7%、87.1%。

（4）房价走势基本平稳、涨幅总体较小的经济体，只有德国1个。1970年以来，德国房价有3次比较大的上涨周期：1971—1981年，累计上涨近1.8倍；1987—1994年，累计上涨35.1%；2009年第一季度至2022年第一季度，累计上涨91.5%。而在任何一个下行周期中，房价累计下跌均未超过10%。

影响本币房价长期走势的因素

不同经济体本币房价长期走势的差异，可解释为四个方面：经济增长带来的收入效应，人口总量与结构变动引起的人口效应，货币供应带来的货币幻觉，住房制度影响的供求格局。房地产兼具消费品属性（居住需求，包括刚需和改善性需求）和金融属性（投资投机需求，并可以加杠杆），因而房价不仅取决于供需（人口及居民收入、土地供给），还与货币供应密切相关。从全球房地产市场运行经验看，在无战争、瘟疫、自然灾害、经济金融危机等冲击的情况下，一国房价随着经济发展长期上涨。

1970年第一季度至2022年第一季度，23个经济体本币房价年均增长率、本币名义GDP年均增长率分别为6.3%和7.2%，二者较为接近，且相关系数为0.53（如图1-2）。如剔除泰国、马来西亚，21个经济体的相关系数为0.56；如剔除泰国、马来西亚、韩国、中国香港，19个经济体的相关系数达0.87。名义GDP可分解为人均不变价GDP、人口、GDP平减指数3个因素，加上影响供求格局的住房制度，4个因素可较好地解释不同经济体房价长期走势的差异。

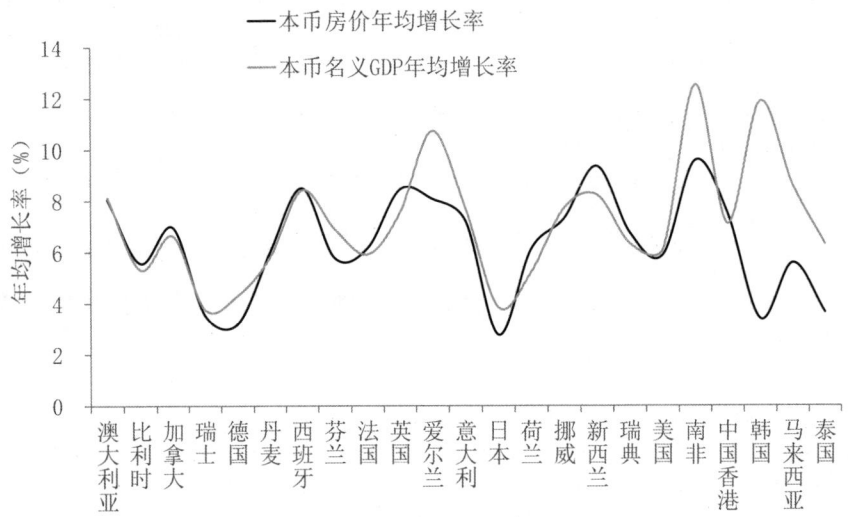

图1-2　1970年第一季度至2022年第一季度23个经济体本币房价与本币名义GDP的关系

数据来源：BIS，世界银行，Knight Frank，Wind

（1）经济增长带来的收入效应。不变价GDP增长，反映了剔除价格后的真实经济增长；人均本币不变价GDP增长，意味着居民实际购买力提高、房产需求增加。1970年第一季度至2022年第一季度，23个经济体本币不变价GDP年均增长率的平均数为2.8%，中位数为2.3%；人均本币不变价GDP年均增长率的平均数为2.0%，中位数为1.7%（部分经济体数据计算从有房价数据时开始，西班牙、韩国、马来西亚、泰国及中国香港分别从1971年、1975年、1988年、1991年、1979年开始）。其中，韩国人均本币不变价GDP年均增长率高达5.3%；爱尔兰、马来西亚、泰国、中国香港的年均增长率均在2.5%以上；其他经济体多在2.0%以下，南非仅有0.3%。

（2）人口总量与结构变化引起的人口效应。人口对经济体层面房价的影响主要体现在如下三个方面：

第一，人口总量变动影响房价。人口总量变动包括自然增长、跨国（境）人口流动。一般而言，人口规模与住房需求成正比。根据世界银行的数据，2020年全球总和生育率平均值为2.4（即每名育龄妇女生育2.4个孩子），其中高收入、中高收入、中低收入、低收入经济体的总和生育率平均值分别为1.5、1.8、2.7、4.5，高收入和中高收入经济体的生育率已经不足以弥补人口世代更替（如图1-3）。但高收入经济体吸引了大量人口跨国（境）流入。1960—2020年，高收入经济体人口净流入规模累计达1.4亿，来自中高、中低、低收入经济体的比例分别为26.4%、50.0%、27.1%。中高收入经济体人口的生活水平接近高收入经济体，迁移动力不强；低收入经济体人口迁移动力强，但难以承担迁移成本；中低收入经济体人口迁移动力强，且能承担迁移成本。根据联合国的统计，德国人口在2004—2011年一度累计减少约230万，后因移民重回增长；日本人口于2009年开始负增长；意大利人口从2016年开始负增长。

第二，人口结构变化影响房价。20~50岁主力置业人群、家庭户规模等人口结构变化，将引致住房需求变化。在家庭户规模方面，由于结婚年龄推迟、不婚率和离婚率提高、低生育率、寿命延长、人口老龄化、人口流动等，全球家庭户规模呈小型化趋势，增加了一定的住房需求。1960—2015年，美国家庭户规模从3.33人降至2.54人，日本从4.14人降至2.39人；1980—2015年，韩国从4.78人降至2.73人。在主力置业人群方面，美国20~49岁人口规模尚在持续增长，日本、韩国、英国分别已在1996年、2004年、2011年见顶，主力购房人群的规模变化对房地产市场具有非常显著的影响。

第三，人口通过经济增长影响房价。人口红利是许多追赶型经济体过去经济高速增长的重要源泉，这些经济体在人口红利消失后，经济往往转为中速或低速增长。

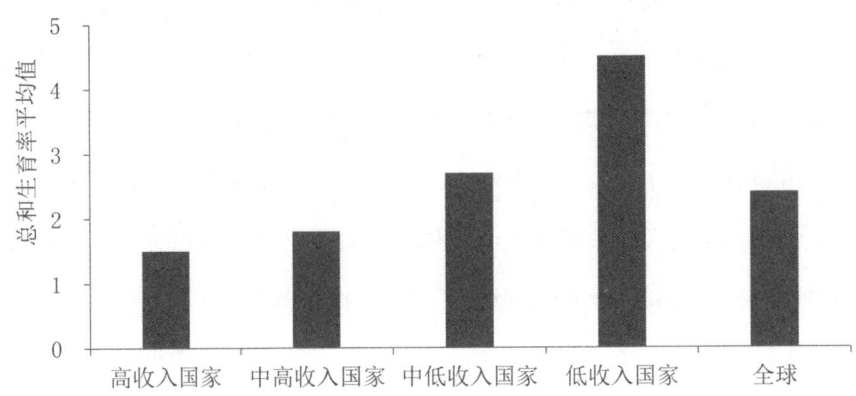

图1-3 2020年全世界不同收入水平国家的总和生育率平均值

数据来源：世界银行

（3）货币供应带来的货币幻觉。从国际经验看，在经济发展过程中，绝大部分国家均存在不同程度的货币超发，从而引起资产价格变化。一般而言，广义货币供应增速高则通胀高。1970年第一季度至2022年第一季度，23个经济体年均GDP平减指数平均数为4.3%、中位数为4.0%，不仅在绝对水平上与23个经济体房价年均增长率的平均数6.3%较为接近，而且波动较为一致，由此可见，本币房价上涨主要是货币现象。比如1970年第一季度至2022年第一季度，南非的广义货币增长598倍，在货币大幅超发的情况下，南非名义GDP增长461.9倍，实际GDP仅增长3.5倍，房价上涨115.5倍；美国广义货币增长26.3倍，名义GDP增长20.8倍，实际GDP上涨2.9倍，房价上涨18.5倍。但是，货币超发易滋生房地产等资产价格的泡沫，极端情况下甚至可能引发经济危机，比如20世纪90年代日本房地产泡沫和2007年美国次贷危机。

由于新兴经济体广义货币增长较快，因而其在以本币计算的房价涨幅方面，较发达经济体更大。根据世界银行数据，2001—2020年，印度、墨西哥等9个代表性新兴经济体广义货币年均增长率为13.7%，明显高于英、美、日等6个代表性发达经济体的5.3%。据BIS统计，2010年1月—2022年3月，新兴经济体房价年均增长率9.7%，超过发达经济体5.3%的房价年均增长率。

（4）住房制度影响的供求格局。住房制度是一国房地产市场的导向，一个好的住房制度能使房价长期稳定、支持实体经济发展；一个坏的住房制度则可能引发房价暴涨暴跌、削弱甚至掏空实体经济。德国房价之所以长期稳定，关键在于其居住导向的住房制度设计。德国住房制度的三大支柱分别为：中性稳健的货币政策与住房金融体系；鼓励居民长期持有住房、打击投机的税收制度；保护租户权益、鼓励长期租房的租赁制度。新加坡目前形成了以组屋为主、私宅为辅的二元化供应体系，供给结构呈现"廉租房—廉价房—改善型组屋—私宅"的阶梯化分布，住房自有率超过90%，基本实现居者有其屋。中国香港的住房制度则尚待完善，一方面，居民居住空间狭小，房价暴涨暴跌；另一方面，大量土地未得到充分利用、土地开发率较低（如图1-4）。

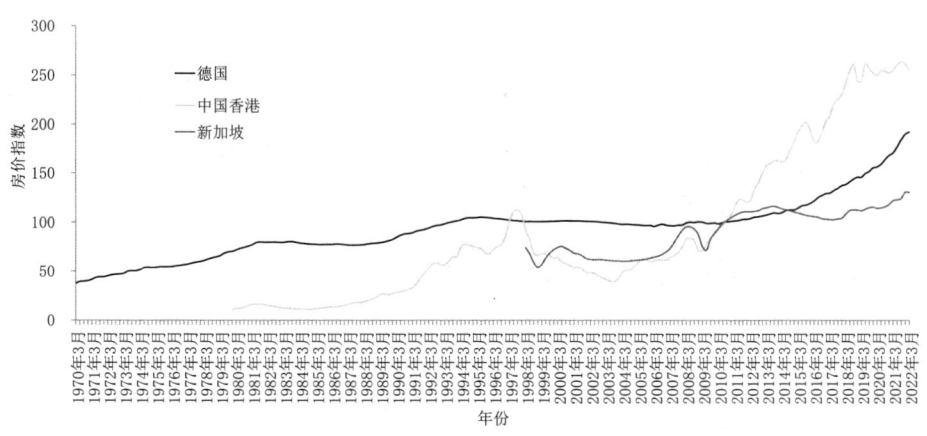

图1-4　德国、新加坡和中国香港三种住房制度下的房价走势

注：以2010年房价为100基点，其余年份数据换算成相应比例。
数据来源：BIS，Knight Frank

美元房价涨幅与本币房价涨幅差异明显

以美元计，1970年第一季度至2021年第一季度，23个经济体房价涨幅发生明显变化，且美元房价涨幅与美元名义GDP增长存在一定相关性。如果一个经济体的货币超发较美国严重，则货币将对美元贬值，因此本币房价大幅上涨并不意味着美元房价大幅上涨，从全球来看该经济体的房产并不一定具备投资价值。依据美元房价涨幅，可大体把这23个经济体分为4类（如图1-5）：一是美元房价累计涨幅超过50倍，年均增长率超过8%的，仅新西兰1个；二是累计涨幅在30~45倍，年均增长率在7.0%~7.5%的，有荷兰、英国、澳大利亚、爱尔兰、西班牙5个经济体；三是累计涨幅在10~30倍，年均增长率在5.0%~6.9%的，有挪威、加拿大、比利时、美国、意大利、日本等14个经济体；四是累计涨幅低于10倍，年均增长率在5.0%以下的，有德国、马来西亚、南非、泰国、韩国5个经济体。与本币房价涨幅相比变化最大的是南非，1970年第一季度至2022年第一季度，南非的本币房价涨幅高达115.5倍，但美元房价涨幅仅4.6倍。此外，瑞士本币房价涨幅仅5.1倍，但美元房价涨幅达28.1倍；意大利本币房价上涨36.4倍，但美元房价涨幅缩至13.3倍；德国本币房价上涨4.1倍，美元房价上涨10.3倍。

从相关系数看，根据BIS和世界银行的相关数据统计，23个经济体美元房价增长与美元名义GDP增长的相关系数仅为0.25，相关性较弱，但如果剔除美元名义GDP增长81.9倍、美元房价上涨仅1.0倍的韩国，以及美元名义GDP增长124.7倍、美元房价上涨仅34.4倍的爱尔兰，剩下21个经济体的相关系数则达0.78。这表明，从全球房地产资产配置的角度看，一个经济体美元房价增长与美元名义GDP增长的正相关性，大体上是成立的。分析不同经济体的美元房价长期走势差异时，也可以分析本币房价长期走势进行相应因素分解，区别在于通过汇率机制剔除了一个经济体相对美国的货币超发因素。

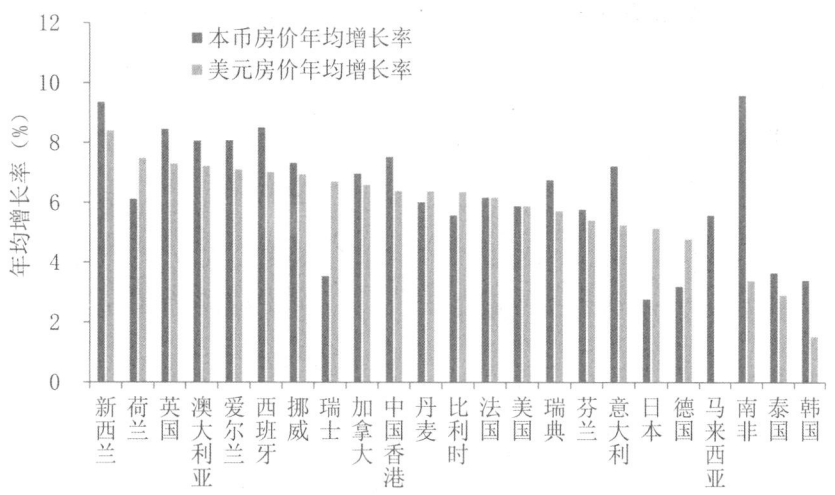

图1-5 1970年第一季度至2022年第一季度23个经济体美元和本币房价年均增长率

数据来源：BIS，世界银行

注：马来西亚缺少美元房价年均增长率数据

2020年以来全球房价从快速上涨到回落

2020年第一季度至2022年第一季度，主要经济体房价平均上涨超20%。根据Knight Frank数据，其中土耳其房价上涨177.2%，高居榜首；紧随其后的新西兰上涨38.7%；美国位居第三、涨幅为34.5%，创2005年以来最大涨幅；荷兰、加拿大位居第四、第五，涨幅分别为33.0%、31.2%。而亚洲主要国家涨幅低于全球平均水平，韩国房价涨幅最大、为17.5%；紧随其后的新加坡上涨13.4%；中国内地房价涨幅为5.0%。

在此期间，名义房价涨幅主要源于各国实施量化宽松政策、疫情积压的改善需求释放等。

（1）从货币政策看，为刺激疫情冲击下的经济复苏，各国央行实施量化宽松政策。量化宽松政策下，一方面，市场上的流动资金变多，通过企业纾困资金、失业救济金等方式到了民众手中；同时在宽松货币政策下，房贷利率降低，如美国抵押贷款银行协会（MBA）锚定的30年固定抵押贷款利率达到历史新低值3.08%。另一方面，量化宽松政策带来的货币贬值，让民众急于寻找保值资产，因此具备保值增值属性的房地产成为投资的首选。

（2）从需求看，第一，疫情期间积压的改善需求在疫情得到一定控制后释放。第二，疫情这类"黑天鹅"事件让越来越多的投资者开始试图通过分散配置资产来降低风险，拥有第二套住房成为更多高净值人士的选择。

（3）从供给看，宽松货币政策引发资产价格普遍上涨，原材料价格上涨增加建筑成本，同时疫情导致工人短缺，加剧原材料供给紧张，进一步推高原材料价格，进而推动房价上涨。

2022年以来，多数经济体房价增长放缓或下滑，主要源于多数经济体面临经济衰退，叠加主要经济体为遏制通胀收紧货币政策。根据Knight Frank数据，2022年第二季度，全球住宅价格同比仅微涨1.6%，而2021年第二季度同比涨幅为6.2%。印度、新西兰、意大利、比利时、芬兰、秘鲁等经济体实际房价同比涨幅为负，同比跌幅在1%~10%之间。另外，根据英国抵押贷款机构哈里法克斯（Halifax）的数据，继9月环比下跌0.1%之后，10月英国房价环比下跌0.4%。

（1）2020年以来，多数经济体正面临经济衰退风险，以欧洲为例，欧洲在经历能源危机所带来的高通胀压力，经济动能正在进一步衰竭，资本和产业正在大幅流出欧洲。欧元区10月制造业采购经理指数（PMI）初值录得46.6，创2020年7月以来新低。各类核心零售数据和制造业订单数据也持续超预期地录得负值。

（2）从货币政策看，2020年以来，为刺激经济，各国央行实施量化宽松政策，但随着通胀持续走高，很多经济体自2022年开始收紧货币政策。以美国为例，2022年3月美联储为了防止美国经济过热、控制创40年新高的通胀，启动3年多来首次加息。在收紧的货币政策下，市场上的流动资金变少，叠加房贷利率升高，如2022年11月初美国30年期固定抵押贷款利率，已逼近2001年来最高，购房成本上升，房产交易量出现不同程度下滑，楼市走冷。

一国内部哪个区域房价涨幅最大

英国：伦敦房价近54年上涨122倍，内伦敦涨幅更大

"伦敦"有三种划分范围的方式：伦敦城（City of London）、大伦敦（Greater London）、伦敦都市区。伦敦城即伦敦金融城、面积很小；一般意义上的伦敦指大伦敦地区，包括319平方千米的内伦敦和1254平方千米的外伦敦，土地面积占英国总面积的0.6%；伦敦都市区则由大伦敦及周边地区组成。由于城市规划问题等造成大城市病突出，英国政府一度控制伦敦，特别是内伦敦的人口，在"二战"后外迁产业，大量建设新城，根据伦敦政府官网的数据，用人口统计学计算，1941—1991年，伦敦人口从862万降至639万，后回升至2017年的882万。2022年伦敦人口占英国人口的比重为13.9%。但在经济作用下，伦敦周边地区人口长期集聚，1931—2001年，英国东南地区人口从不到1300万增至1800多万，占比从27.5%增至31.1%。

根据英国国家统计办公室（ONS）的数据，1968年1月—2022年7月，大伦敦地区房价涨幅达122倍，远超英国和英格兰地区房价的平均涨幅（80倍、90倍）。而同期（1967—2021年）英国名义GDP上涨53.6倍，年均增长率7.7%，大伦敦地区的房价涨幅明显跑赢名义GDP涨幅。具体而言，这期间大伦敦地区

的房价从平均0.44万英镑/套上涨至54.00万英镑/套，英格兰地区从平均0.34万英镑/套上涨至31.20万英镑/套，英国全国从平均0.36万英镑/套上涨至29.20万英镑/套。

分阶段看，大伦敦与英格兰、英国房价涨幅在1994年之前非常接近，但在1995年后波动明显加大，特别是在2008年全球金融危机之后。1968—1994年，大伦敦、英格兰、英国房价涨幅分别为15.0倍、14.7倍、14.6倍，差异较小；但之后至2018年3月，房价涨幅明显分化，分别为5.3倍、3.5倍、3.0倍。受2008年金融危机影响，2009年4月，大伦敦、英格兰、英国房价同比下跌16.6%、15.0%、14.9%；之后在货币刺激量化宽松背景下，房价逐渐回升，至2022年7月，年均增长率分别为6.2%、6.0%、5.7%。

从伦敦都市区内部看，1995年1月—2022年7月，大伦敦房价涨幅超6.3倍，位居区域首位，周边地区涨幅均低于5.5倍。1995年1月—2022年7月，大伦敦房价上涨6.3倍，而肯特郡（Kent）、赫特福德郡（Hertfordshire）、埃塞克斯郡（Essex）、温莎-梅登黑德区（Windsor and Maidenhead）、萨里郡（Surrey）周边地区的涨幅分别为5.3倍、5.3倍、5.3倍、4.8倍、5.0倍，大伦敦房价涨幅明显高于周边地区。此外，该时期英国第二大城市伯明翰房价上涨仅4.1倍，明显低于大伦敦及周边地区涨幅。

从大伦敦内部看，1995年1月—2022年7月，内伦敦核心区域房价涨幅超7.0倍，外伦敦房价涨幅5.7倍。1995年1月—2022年7月，内伦敦房价从7.8万英镑/套涨至62.4万英镑/套，上涨7.0倍；外伦敦房价从7.3万英镑/套涨至49.1万英镑/套，上涨5.7倍。2022年7月，内伦敦房价最贵的地区是肯辛顿-切尔西区（Kensington and Chelsea），为135.1万英镑/套，其次是威斯敏斯特市（City of Westminster），95.9万英镑/套，分别较1995年1月上涨6.4倍和6.2倍。

法国：巴黎市房价57年上涨约44倍，涨幅超过周边地区

"巴黎"也有三种划分范围的方式：巴黎市（或称小巴黎）、大巴黎（包括近郊三省）、巴黎大区（包括远郊四省，又称法兰西岛），土地面积分别为105平方千米、761平方千米、1.2万平方千米。其中巴黎大区的土地面积占法国总面积的1.8%。随着产业集聚，法国人口长期持续向巴黎及周边地区集聚，1876—2014年，巴黎大区人口从332万人持续增至1203万人，在法国总人口中的占比从8.6%提升至18.8%，经济份额从1990年的28.4%提升至2014年的30.4%。其间出于控制人口以治理大城市病的目的，巴黎市人口有过较长时间减少，1931—1999年从289万持续降至213万，之后回升至2022年的214万。

1965—2022年的57年里，巴黎市房价上涨43.7倍，明显超过法国房价平均涨幅（30.0倍）、法国名义GDP涨幅（32.7倍），三者的年均增长率分别为6.9%、6.2%、6.4%。在此之前的1945—1965年，受"二战"后重建、"婴儿潮"及货币大幅超发等影响，巴黎市和法国的房价分别暴涨54.1倍和38.3倍，年均增长率分别为22.2%和20.1%，但仍然落后于同时期的名义GDP年均增长率（51.2%）。

按阶段看，1966年之后的巴黎市房价走势可分为以下三个阶段：

（1）1966—1990年，房价快速上涨期。该时期巴黎市房价、法国房价、法国名义GDP年均增长率分别为10.7%、9.3%、10.6%。

（2）1992—1997年，房价下跌期。由于1985—1990年左右巴黎市房地产投机旺盛、房价涨幅过大（其中1987—1990年连续4年增长率均超过17%），之后的巴黎市房价开始大幅下跌。该时期巴黎市房价、法国房价、法国名义GDP年均增长率分别为-6.1%、-0.4%、3.8%，至1997年底，巴黎房价惨跌至1991年的69%。

（3）1998—2015年，波动增长期。该时期巴黎市房价、法国房价、法国名义GDP年均增长率分别为7.2%、5.0%、3.0%。其中，2013—2015年巴黎房价连续下跌，但2015年后巴黎房价迎来一波较大增长。

巴黎市房价涨幅位居巴黎大区之首，1997年第四季度至2022年第二季度，巴黎市房价涨幅超3.7倍，明显高于近郊三省和远郊四省。由于巴黎市土地面积较小，只稍大于北京市东城区和西城区面积之和（93平方千米），因此我们不再对巴黎市内部房价进行分析，而是将巴黎市作为巴黎大区的核心区域，分析其与巴黎大区其他区域房价的走势差异。根据法国国家统计局（INSEE）数据，1997年第四季度至2022年第二季度，巴黎市房价涨幅达3.7倍，明显超过近郊三省的2.6倍和远郊四省的1.8倍，而该时期法国名义GDP涨幅为1.0倍。近郊三省的上塞纳省（Hauts de Seine）、塞纳-圣但尼省（Seine Saint-Denis）、瓦勒德马恩省（Val de Marne）房价涨幅分别为2.6倍、2.6倍、2.5倍；远郊四省伊夫林省（Yvelines）、瓦勒德瓦兹省（Val d'Oise）、塞纳-马恩省（Seine-et-Marne）、埃松省（Essonne）房价涨幅分别为1.9倍、1.9倍、1.7倍、1.6倍。

美国：纽约市房价47年上涨超11倍

"纽约"有多重含义，如纽约市、纽约都会区、纽约联合统计区等。其中，纽约市土地面积为789平方千米，2015年人口855万；纽约都会区（New York-Newark-Jersey City Metropolitan Statistical Area）面积约1.8万平方千米，2015年人口2018万；纽约联合统计区（New York-Newark Combined Statistical Area）由纽约都会区及毗邻都会区组成，2015年人口2372万。从人口看，由于美国经济重心向西海岸和南海岸偏移，1950—2015年纽约地区人口虽基本持续增长，但84%的增幅远小于洛杉矶地区的328%，这使得纽约地区的人口占比明显下滑。其间，因人口郊区化及制造业衰退，纽约市人口在1950—1980年从789万减至702万；后因城市更新及产业转型升级等回升至2020年的880万人。

1975年1月—2022年3月，纽约市房价上涨超11倍，高于美国平均水平，但低于纽约市周边及洛杉矶地区房价涨幅。根据美国联邦住房金融局（FHFA）的统计，1975年1月—2022年3月，美国、纽约市、纽约-泽西-白原分区（纽约都会区分区之一）、洛杉矶-长滩-格伦代尔分区（洛杉矶都会区分区之一）的房价分别上涨10.3倍、11.9倍、15.1倍、25.9倍，年均增长率分别为5.3%、5.6%、6.2%、7.2%。纽约-泽西-白原分区房价涨幅虽不及洛杉矶-长滩-格伦代尔分区，但仍显著高于美国平均水平。此外，该时期美国名义GDP上涨15.6倍、年均增长率为6.2%，广义货币供应量（M2）增长22.5倍、年均增长率为6.9%。这意味着，纽约市房价跑输同时期美国名义GDP和M2，而洛杉矶-长滩-格伦代尔分区跑赢美国名义GDP，接近M2。

在纽约都会区内部，纽约-泽西-白原分区房价1986年1月—2022年3月上涨4.8倍，在纽约都会区四大分区中位居第二。除了纽约-泽西-白原分区，纽约都会区还包括纳苏县和苏福克县（Nassau County-Suffolk County）、达奇斯县和普特南县（Dutchess County-Putnam County）、纽瓦克（Newark）三个分区。这四大分区房价走势基本一致，其中1986年1月—2022年3月，纳苏县和苏福克县分区房价上涨5.1倍，年均增长率5.1%，位居第一；纽约-泽西-白原分区上涨4.8倍，年均增长率5.0%，位居第二；1986年1月—2018年3月，纽瓦克分区与达奇斯县和普特南县分区的房价分别上涨4.1倍、2.6倍，年均增长率分别为4.6%、3.0%。

1991年1月—2022年3月，纽约市曼哈顿区房价上涨2.6倍、年均增长率4.2%；1991—2020年，皇后区房价上涨2.8倍、年均增长率4.7%，而该时期纽约市和纽约-泽西-白原分区房价分别上涨1.8倍、2.0倍，年均增长率分别为3.5%、3.8%。

日本：6个核心城市房价曾36年里上涨210倍

"东京"有三种划分范围的方式：东京都区，东京都，以及包括东京都、千叶县、琦玉县和神奈川县的东京圈，土地面积分别为627平方千米、2188平方千米、13557平方千米。2020年东京圈人口占日本总人口的29.3%，GDP约占日本GDP总量的1/3。

日本人口流动分为两个阶段：在1974年前，日本全国人口基本持续向东京圈、大阪圈、名古屋圈三极集聚。根据日本总务省统计局数据，1884—1973年，东京圈人口从406万人增至2607万人，在日本总人口中的占比从10.8%增至23.9%；大阪圈人口从392万人增至1636万人，在日本总人口中的占比从10.5%增至15.0%；名古屋圈人口从311万人增至918万人，在日本总人口中的占比从8.3%增至8.4%。之后则转为向东京圈一极集中；名古屋圈人口流入流出基本平衡，大阪圈长期净流出。到2016年，东京圈、大阪圈、名古屋圈人口分别为3629万、1831万、1134万，在日本总人口中的占比分别为28.6%、14.4%、8.9%，该时期大阪圈和名古屋圈的人口增长主要源于自然增长。东京都人口在1970—1997年人口增长停滞，主要在于东京都区产业转移、人口外迁，但东京都非都区、东京圈三县的人口显著增长。

在1991年泡沫破灭前的36年（1955—1991年）里，日本地价上涨82倍，超过该时期55倍的名义GDP涨幅；6个核心城市的房价涨幅更是高达210倍；非核心城市上涨78倍。分阶段看，1955—1974年，日本东京都区、横滨、名古屋、京都、大阪、神户等6个核心城市地价上涨40.6倍，年均增长率21.7%；其他城市上涨29.6倍，年均增长率19.7%；同期名义GDP上涨15.0倍，年均增长率15.7%。1975—1991年，6个核心城市地价上涨4.5倍，年均增长率11.2%；其他城市上涨1.7倍，年均增长率6.4%；同期名义GDP上涨2.2倍，年均增长率7.5%。

1975年日本房价调整后又继续上涨，主要在于经济增长和主力购房人群支撑，但因后期房价上涨过快、出生人口大幅下滑、20世纪90年代主力置业人群见顶以及日本政府错误应对等，90年代初，房地产泡沫破灭。之后日本地价持续调整，直至2005年。2017年，日本地价仍仅是峰值的47.1%。6个核心城市地价从1992年一直下跌到2005年，在经历了2006—2008年的短期上涨之后，因全球金融危机，于2009—2012年再次下跌，2013年开始回升至今，2017年地价仅相当于1991年峰值的35.3%。因人口流出，日本非核心城市地价从1992年一直下跌，2017年地价相当于1991年峰值的47.5%。

东京圈地价走势与日本地价走势整体基本一致，但峰值在1990年，较日本整体早1年。东京圈地价1976—1990年上涨3.4倍，年均增长率11.1%；之后持续下跌，直至2005年，2014年已领先全国止跌回升。东京圈、大阪圈的房价在1990年见顶，名古屋圈和地方地价分别在1991年和1992年见顶。1976年至房价峰值期间，东京圈、大阪圈、名古屋圈、地方地价分别上涨3.4倍、3.9倍、2.0倍、0.9倍，年均增长率分别为11.1%、12.0%、7.7%、4.0%；特别是在房价泡沫破灭前，1987—1988年东京圈地价上涨0.95倍，1988—1990年大阪圈地价上涨1.6倍。对比1976—1991年，日本名义GDP上涨1.8倍，年均增长率7.2%；M2上涨2.7倍，年均增长率9.0%。

20世纪90年代初房地产泡沫破灭后，东京圈地价大幅下跌，直至2005年，2006—2008年开始回升，但受全球金融危机影响于2009年开始再次调整，2014年开始再次回升。至2022年4月，东京圈、大阪圈、名古屋圈、地方地价仅分别是峰值的40.7%、27.7%、59.0%、56.8%。大阪圈地价之所以调整幅度最为惨烈，是因为其在泡沫破灭前上涨幅度最大，又缺乏人口支撑。

东京都及东京都区地价在1988年见顶，较东京圈早2年，较日本整体早3年。在见顶前的5年里，东京都区房价上涨2倍，高于东京都的1.8倍和东京圈的1.2倍。见顶后，东京都及东京都区房价持续下跌，直至2005年，之后又在2009—2013年下跌，2014年开始回升。2022年4月，东京都、东京都区、非都区房价分别相当于其峰值的42.8%、47.2%、38.7%，与东京圈的40.7%非常接近。

综上所述，我们可以得出一个结论：核心城市核心区域的房产是能够长期跑赢通胀的少数资产，是"硬通货"。

（1）从全球视角看，一国房地产市场取决于四大因素：经济增长、人口变化、货币供应、住房制度。其中，前两项是基本面因素；货币宽松会导致国内本币房价大涨，但不一定会导致美元房价大涨，即在全球视角下，该国房产不一定具备投资价值；住房制度是一国房地产市场的政策导向。

（2）房地产具有抗通胀属性，能部分分享经济增长红利，并且多数国家的大都市圈房产，是能够跑赢通胀的少数资产之一。1970年第一季度至2022年第一季度，23个经济体本币房价增幅均不同程度超过各自的消费者物价指数（CPI）涨幅，英国、新西兰、马来西亚、中国香港在扣除CPI后，实际房价年均增长率仍能达3%以上，而日本、德国扣除CPI后实际房价增长率不到1%。与本币名义GDP增长率相比，1970年第一季度至2022年第一季度，23个经济体中只有新西兰等少数经济体的房价增速跑赢了，这意味着多数经济体的房价只能部分分享经济增长红利。

长期看，全球货币宽松是普遍现象，广义货币增长率多高于名义GDP增长率，能够跑赢通胀的资产不多，多数国家大都市圈的房地产是其中之一。从国际看，1987年1月—2022年2月英国房价年均增长率为6.0%，虽高于4.1%的名义GDP年均增长率，但仍然低于7.1%的M2年均增长率；1960—2021年美国房价年均增长率为4.5%，而名义GDP和M2年均增长率分别为6.3%和7.2%。从大都市圈看，在美国，1975—2021年纽约-泽西-白原分区房价年均增长率为5.8%，低于同期6.9%的M2年均增长率，与GDP年均增长率相同。在中国，1985—2021年M2年均复合增长率为18.6%，而1998年以来全国新建住房销售均价年均复合增长率达7.7%，低于同期M2增长率近11%；一线城市房价增长率基本与M2增长率近似。

（3）从全球资产配置角度看，一些经济增长潜力大的新兴经济体特别是其核心城市的房地产，具有较大的投资潜力。一般而言，新兴经济体货币较为宽松，房价涨幅也较大，但从全球资产配置角度看，投资者关注的是美元房价涨幅，即剔除了货币相对宽松导致的汇率变化，而美元房价涨幅主要与美元名义GDP增长相关。一些经济增长潜力大的新兴经济体，未来有可能出现类似中国房地产市场过去的"黄金时代"，不过需要注意政治、法律等相关风险。

全球核心城市房价比较

导读

全球核心城市的房产是投资者在资产配置中的一个重要选项，2021年我们曾提出，人口流入的都市圈的房子为第一大硬通货，在全球货币宽松的时代，一线城市核心区域房产是少数能够跑赢通胀的资产之一。

我们选取纽约、伦敦等具有代表性的全球核心城市进行对比，在考虑持有成本后，以使用面积算，纽约、伦敦、东京市中心的房价收入比分别为12、18、12；北上广深分别为55、46、35、32；纽约、伦敦、东京市中心的租金回报率分别为2.5%、2.5%、2.1%，而北上广深分别为1.5%、1.8%、1.3%、1.0%。中国内地一线城市的绝对房价、相对房价依然位居全球前列，全球前十大高房价城市，中国已占一半。

由于土地供给严重不足、优质公共资源富集以及货币宽松，中国内地一二线城市房价并非当地中位数收入人群决定，而是由全国高收入人群决定的；加上中国居民收入统计不全、高储蓄率、高经济增速等因素，其房价收入比和租金回报率不具备国际可比性。[1]

---

[1] 部分地区数据缺失，国际数据统计存在偏差。

中国内地核心城市绝对房价和相对房价均居全球前列

与西方国家相比，中国城市行政区划面积较大，比如北京的面积达1.6万平方千米，广州、上海、深圳分别为7434平方千米、6341平方千米、1997平方千米，而东京、伦敦、纽约、巴黎分别为2188平方千米、1572平方千米、789平方千米、105平方千米。为增强可比性，我们分别选择城市中心区以及距离市中心8千米左右的区域（我们将其定义为外围区）进行比较。具体来看，北京中心区指东城区和西城区，外围区指四环与五环之间的区域；上海中心区指内环，外围区指中环与外环之间的区域；纽约中心区指曼哈顿中城和下城，外围区指距离曼哈顿8千米左右的区域；伦敦中心区指伦敦一区，外围区指三区与四区之间。

为保证数据口径统一，市中心与外围区房价数据均来源于全球最大的生活信息网站Numbeo。我们也大量搜集各国房产中介网站公布的中心区与外围区各个楼盘售价和租金数据，验证了Numbeo数据的合理性。例如，Numbeo显示2022年5月纽约市中心房价为99640元/平方米，市中心一居室房屋租金为22532元/月。作为验证，我们在美国最大的房产中介网站Zillow搜集了大量楼盘数据，得出的纽约市中心房价和租金分别为97392元/平方米和360元/平方米/月，与Numbeo的数据相差不大。此外，通过房价对比验证可知，Numbeo口径下的"非市中心房价"指的是外围区房价。

核心城市房价高和涨幅高是世界普遍现象

2009年第一季度至2022年第一季度，北上广房价上涨超3.5倍，高于全国平均。由于新房区位逐渐外移及限价等因素，以二手房销售价格衡量房价涨幅本应更有效，但由于全国层面缺乏二手房房价数据，全国层面以新房价格计算：2010年6月—2022年4月，百城新建住宅价格指数从9042元/平方米升至16193元/平方米，上涨0.8倍。北京、上海、广州房价则根据房产中介的二手房销售数据：2009年第一季度，北京、上海、广州房价分别为12030元/平方米、14902元/平方米、6986元/平方米；2022年第一季度分别上涨到44405元/平方米、51539元/平方米、24630元/平方米，分别上涨2.7倍、2.5倍、2.5倍。其中，优质学区房涨幅达7倍以上，如北京育才小学划片对应的某小区，2009年2月的售价为12900元/平方米，2022年5月达110201元/平方米，上涨7.5倍。

从国际经验看，核心城市房价高、涨幅高于其他地区，是世界普遍现象。根据英国政府网站数据，1968年1月—2022年2月，大伦敦地区房价从0.44万英镑/套上涨至53.00万英镑/套，英格兰地区从0.34万英镑/套上涨至29.60万英镑/套，英国全国从0.36万英镑/套上涨至27.70万英镑/套。大伦敦地区房价涨幅达119倍，高于英格兰地区的86倍和英国全国的76倍。根据美国联邦住房金融局数据，1975年第一季度至2022年第一季度，美国全国、纽约市、纽约-泽西-白原分区、洛杉矶-长滩-格伦代尔分区的房价分别上涨8.6倍、10.2倍、13.1倍、22.4倍。在日本，房地产泡沫破灭前，1975—1991年东京都区、横滨、名古屋、京都、大阪、神户等6个核心城市地价上涨4.5倍，其他城市上涨1.7倍。

北上深绝对房价位居世界前列

换算为可比的使用面积后，北京、上海和深圳市中心及外围区房价均处于世界前列。国际房价比较需注意统计口径，中国内地住房面积统计口径为建筑面积，包括使用面积、墙体占用面积、公摊面积，而大多数国家和地区统计的是套内面积或使用面积。如中国香港采用套内面积（套内面积＝建筑面积－公摊面积）；美国、英国、韩国等采用使用面积（使用面积＝套内面积－墙体占用面积）。一般而言，套内面积约为建筑面积的80%，使用面积约为建筑面积的70%。

如图1-6所示，根据Numbeo数据，在中心区域，2022年5月，中国香港以218388元/平方米的房价位居第一，首尔以150948元/平方米位居第二，伦敦以113551元/平方米位居第八，纽约以99640元/平方米位居第十四，北京、深圳、上海分别以134796元/平方米、124458元/平方米、124113元/平方米位居全球第四、第五、第六，广州以92699元/平方米位居第十七。换算为使用面积后，北京、深圳和上海中心区实际房价分别为192566元/平方米、177795元/平方米和177305元/平方米，超过首尔，仅次于中国香港，广州为132428元/平方米，位居第八。

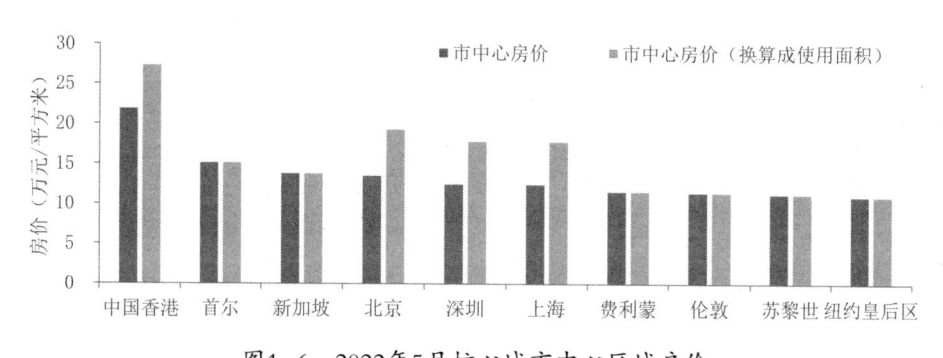

图1-6 2022年5月核心城市中心区域房价

数据来源：Numbeo

如图1-7所示，在外围区域，中国香港以148394元/平方米位居第一，北京以76324元/平方米位居第二，上海、深圳分别以65134元/平方米、51411元/平方米，位居第七、第二十五，依然处于世界前列，但相对中心区域排名有所后移，广州以41051元/平方米位居第三十八。换算为使用面积后，北京、上海和深圳城市外围区房价分别为109035元/平方米、93048元/平方米和73444元/平方米，位居第二、第三、第五，仅次于中国香港，广州为58644元/平方米，位居第十六。

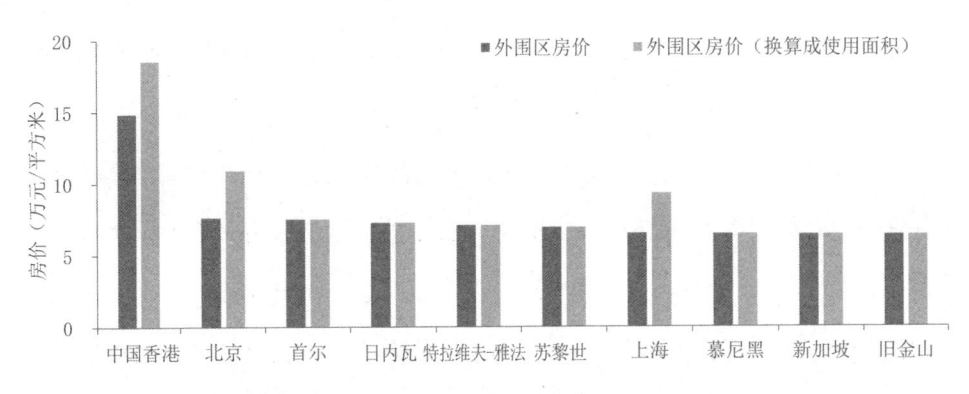

图1-7　2022年5月核心城市外围区域房价

数据来源：Numbeo

中国内地一线城市房价收入比高，租金回报率不足1.9%

以使用面积算，北京、上海、广州、深圳的市中心房价收入比分别为54、45、35、32，高于纽约的7、东京的9、伦敦的14；外围区房价收入比均在10以上，同样高于纽约、伦敦和东京。由于Numbeo只公布了全市房价收入比，我们采用Numbeo公布的房价平均数据和人均可支配收入，以及我们整理的人均住房面积，计算市中心和外围区的房价收入比。如图1-8、1-9所示，根据Numbeo数据，2022年5月，北京、上海、广州、深圳市中心的房价收入比分别为38、32、24、22，外围区的房价收入比分别为22、17、11、9；而纽约市中心和外围区的房价收入比分别为7和4，伦敦市中心和外围区的房价收入比分别为14和6，东京市中心和外围区的房价收入比分别为9和6。换算为使用面积后，中国内地一线城市的实际房价收入比更高，北京、上海、广州、深圳市中心的房价收入比分别为54、45、35、32，外围区的房价收入比分别为31、24、15、13。

北上广深市中心房产的租金回报率不足1.9%，低于纽约的4.6%、伦敦的3.2%、东京的2.8%。租金回报率是住房每年租金与售价的比值，租金回报率低，意味着投资房地产的租金贴现率低。根据Numbeo数据，2022年5月全球主要的482个城市中，市中心的静态租金回报率平均值为5.70%，中位值为4.54%，外围区的静态租金回报率平均值为7.46%，中位值为5.29%。其中，纽约市中心与外围区的租金回报率分别为4.62%和5.82%，伦敦为3.23%和4.60%，东京为2.75%和2.54%；而北京、上海、广州、深圳市中心租金回报率分别为1.49%、1.81%、1.34%、1.05%，外围区租金回报率分别为1.61%、1.95%、1.44%、1.28%。我们使用中国房地产业协会旗下中国房价行情平台的数据进行验证：2022年4月，北京、上海、广州全市范围的租金回报率分别为1.88%、1.68%、1.63%。

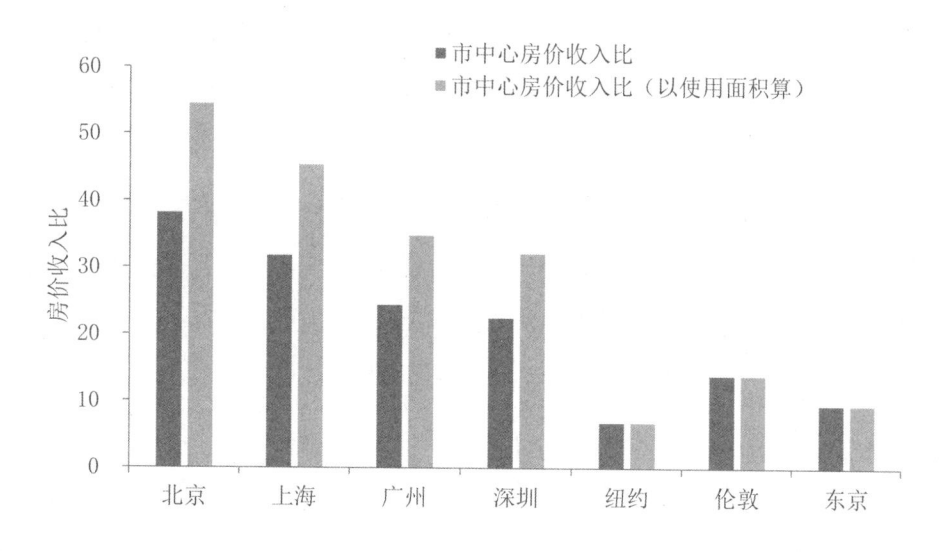

图1-8 2022年5月核心城市市中心房价收入比

数据来源：Numbeo

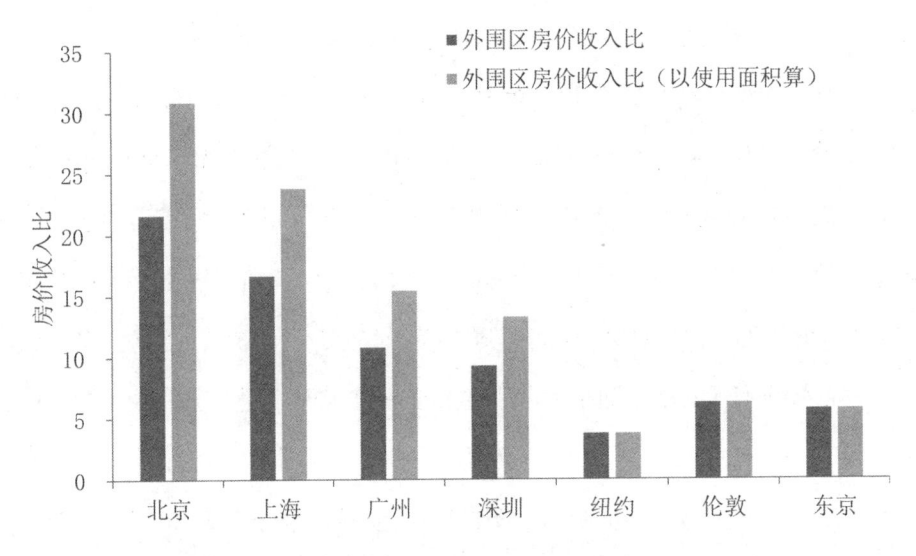

图1-9　2022年5月核心城市外围区房价收入比

数据来源：Numbeo

考虑持有费用后北上广深与国际都市相对房价差距缩小

国际核心城市普遍征收房地产税，且物业费等较高，持有成本明显高于中国内地。在不考虑房地产税从个人收入所得税中扣除的情况下，纽约市房地产税率为0.8%；市中心物业费约为104元/平方米/月，外围区物业费约为80元/平方米/月；除此之外，业主还需根据房产面积和档次，每年缴纳1000~5000美元的房屋保险费。伦敦业主需要缴纳的市政税为房价的0.3%~1.2%，实际税率随房价上升而下降；伦敦市中心物业费约为44元/平方米/月，外围区物业费约为23元/平方米/月。东京的业主每年需要缴纳房屋评估价1.4%的不动产税和0.3%的市政建设税，房屋评估价约为售价的20%；市中心和外围物业费分别为22元/平方米/月、13元/平方米/月。中国内地除上海和重庆作为试点，其他地方尚未推出房地产税，而且物业费较低，北京、上海、深圳市中心的物业费约为4.3元/平方米/月，外围区物业费约为3.5元/平方米/月，广州市中心物业费为2.9元/平方米/

月,外围区物业费为2.4元/平方米/月。

考虑持有费用后,以使用面积算,纽约、伦敦、东京市中心房价收入比分别为12、18、12,北上广深分别为55、46、35、32;纽约、伦敦、东京市中心租金回报率分别为2.5%、2.5%、2.1%,而北上广深分别为1.5%、1.8%、1.3%、1.0%,差距明显缩小。由于各地住房持有成本不同,为了较准确地比较实际的房价收入比和租金回报率,我们将房地产税、各项物业(管理)费等持有阶段的费用也纳入考虑。假设居住30年,将这30年的持有费用按照假定5%的折现率计入房价,计算折现后的房价收入比。纽约市中心和外围房价收入比分别为12和6,伦敦分别为18和8,东京分别为12和7;北上广深市中心的房价收入比分别为39、32、25、23,外围区的房价收入比分别为22、17、11、9。以使用面积算,北上广深市中心的房价收入比分别为55、46、35、32,外围区的房价收入比分别为31、24、16、13。考虑持有费用后,纽约市中心和外围租金回报率分别为2.53%和3.34%,伦敦分别为2.47%和3.71%,东京分别为2.12%和2.11%;北上广深市中心的租金回报率分别为1.47%、1.78%、1.32%、1.03%,外围区的租金回报率分别为1.58%、1.91%、1.41%、1.25%。

北上广深房贷利率较高,居民房贷压力较大

北上广深房贷利率与首付比例高,且首套房贷利率超4.4%,而纽约、伦敦、东京均低于3.6%。从房贷利率看,中国内地个人房贷利率以贷款市场报价利率(LPR)来计算,首先央行给商业银行规定贷款基准利率,各地商业银行根据基准利率、银行额度、客户资信和风险情况,在基准利率的基础上浮动。随着2022年房地产调整政策的放松,如央行下调5年期LPR等,一线城市房贷利率出现不同程度的下调,但仍高于纽约、伦敦、东京的房贷利率

（3.0%~3.6%）。从首付比例看，按商业贷款计算，北京的首套普通住宅首付比例为35%，非普通住宅为40%，二套普通住宅为50%，非普通住宅为70%；上海首套住宅为35%，二套普通住宅为50%，非普通住宅为70%；深圳和广州的首套住宅首付比例均为30%，城市无房但有住房或公积金贷款记录，则首套普通住宅首付比例分别为40%和50%，非普通住宅均为70%，二套普通住宅均为70%，非普通住宅为80%和70%。相较之下，纽约为10%~30%，伦敦为5%~15%，北上广深的首付比例较高。普通住宅与非普通住宅根据容积率、单套建筑面积、实际成交价格等综合界定，如广州普通住宅的定义为容积率在1.0（含）以上，单套住房建筑面积144平方米（含）以下，实际成交价格低于同级别土地住房平均交易价格1.2倍（含）以下，反之为非普通住宅。

北上广深居民房贷压力居世界前列，居民抵押贷款占收入比例超280%，是纽约、伦敦、东京居民的3~4倍。根据Numbeo的定义，抵押贷款占收入比例指每月抵押贷款与家庭收入的比率（越低越好），贷款负担能力指数指抵押贷款占收入比例的倒数（越高越好）。如图1-10所示，根据Numbeo数据，2022年在全球主要的482个城市中，北京、深圳、上海、广州居民抵押贷款占收入的比例分别为422.8%、354.0%、348.3%、284.3%，分别高居第九、第十三、第十四、第二十六；伦敦、东京、纽约居民抵押贷款占收入的比例分别为92.6%、74.5%、68.1%，排在150名以后。

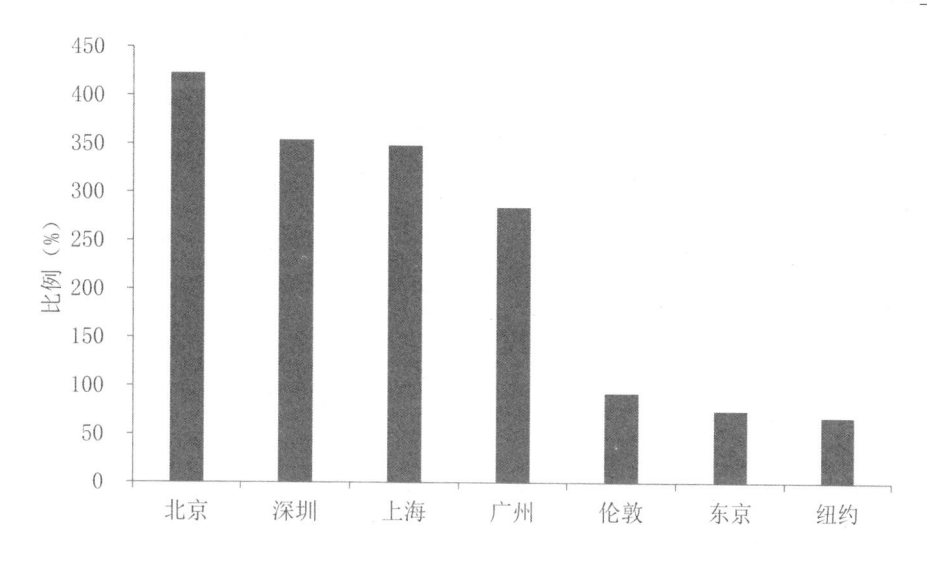

图1-10 2022年居民抵押贷款占收入比例的情况举例

数据来源：Numbeo

1000万元人民币能买什么房子

为增强直观认识，我们从自住需求出发，假定有1000万元人民币预算，讨论在北京、上海、纽约、伦敦核心区和外围区，分别能买什么品质的住宅以及持有费用。为增强可比性，我们将核心区的选房区域缩小在距离中央商务区（CBD）或金融商业区2.5千米范围内，且避开单价明显较高的豪宅楼盘。

核心区能买到的住宅使用面积差距不大

截至2022年5月，1000万元在北京、上海、纽约、伦敦的核心区域CBD附近能购买的住宅使用面积差距不大，在61～69平方米；纽约和伦敦市中心住宅的持有费用远高于北京和上海，纽约的持有费用超16万元，伦敦超6万元，而北京和上海不到7000元。

例如，1000万元在北京核心区，可购买西城区三环内的玺源台72平方米的二居室（使用面积接近50平方米），均价14.0万元/平方米；小区北接长安街，南依莲花河，西连西客站，东望金融街，属于首都功能核心区；物业费5461元/年。在上海核心区，可购买陆家嘴金融区的浦江茗园87平方米的二居室（使用面积约61平方米），均价11.5万元/平方米；小区紧邻各大金融机构；物业费3174元/年。在纽约核心区，可购买曼哈顿1 Wall Street公寓64平方米的一居室，均价15.6万元/平方米；公寓地处金融区中心，距离华尔街200米；房地产税8.0万元/年，物业费9.2万元/年，合计17.2万元/年。在伦敦核心区，可购买London Dock公寓69平方米的一居室，均价14.5万元/平方米；公寓位于泰晤士河北岸，伦敦金融城和金丝雀码头中间，为伦敦的心脏地带，距离CBD约1千米，步行10分钟即可到达火车站；市政税3.0万元/年，物业费3.8万元/年，合计6.8万元/年。

外围区能买到的使用面积对比

截至2022年5月，1000万元在北京、上海外围区可购买使用面积在76~124平方米的住宅，而在伦敦、纽约外围区域可购买的使用面积分别为120平方米、130平方米左右。在北京外围区，可购买南四环附近国韵村174平方米的四居室（使用面积约122平方米），均价5.7万元/平方米；小区周边公园较多，有旺兴湖郊野公园、宣颐公园、碧海公园三大生态公园，但生活相关配套相对不完善；物业费7934元/年。在上海外围区，可购买日月光水岸花园109平方米的二居室或三居室（使用面积约76平方米），均价9.2万元/平方米；小区靠近地铁2号线广兰路站，物业费2524元/年。在纽约外围区，可购买皇后区27-28 Thomson Avenue123平方米的四居室，均价8.1万元/平方米；地铁30分钟可到达曼哈顿中城；房地产税2.1万元/年，物业费8.2万元/年，合计10.3万元/年。在伦敦外围区，可购买Beaufort Park公寓127平方米的三居室，均价7.9万元/平方米；公寓位于伦敦西北四区，8分钟可步行至地铁站，是传统白人居民区；市政税3.0万元/年，物业费3.8万元/年，合计6.8万元/年。

中国内地核心城市高房价存在泡沫吗

中国内地核心城市高房价主要原因

（1）我国人口长期大量向一二线核心城市集聚。2012—2021年我国一线城市人口年均增速2.37%，人口持续流入但增速放缓；二线城市人口年均增速1.91%，人口持续流入且增速小幅上升；三、四线城市人口年均增速为0.43%和-0.49%，人口持续流出。

房地产长期看人口，而"人随产业走""人往高处走"。从国际经验看，人口会不断从低收入地区流向高收入地区，从城市化到大都市圈化。中国内地核心城市优质公共资源富集、产业特别是高端产业高度集聚，人口长期大量流入。总体看，2000—2020年，一、二线城市人口占全国人口的比重，分别由3.70%和19.31%增至5.88%和24.39%；三、四线城市人口则由30.87%和42.98%降至30.50%和36.92%。从趋势看，2000—2010年及2010—2020年，全国人口平均增速分别为0.57%和0.53%，一线人口年均增速分别为3.42%和2.37%，人口保持集聚但增速放缓；上述两个时期的二线人口年均增速分别为1.53%和1.91%，人口持续流入且增速小幅上升；三线人口年均增速分别为0.53%和0.43%，略低于全国平均；四线仅为0.16%和-0.49%，明显低于全国平均。这表明三四线城市人口仍持续流出。

（2）核心城市优质公共资源高度富集，而户籍制度使得公共资源与户口挂钩、户口基本与房产挂钩的情况，更加促进高收入人群向核心城市集聚。

从教育看，2021年，北京、上海两座城市的"985大学"数量分别为8所和4所，合计占全国的31%；"211大学"数量分别为26所和9所，合计占全国的29%。从医疗看，2020年，北京、上海的三甲医院数量分别为56、39个，虽合计仅占全国三甲医院数量的6.9%，但集聚了顶级的医疗资源，如北京协和医院、中国人民解放军总医院等。在现行户籍制度下，户口不仅是单纯的户籍登记，而且附带了区域教育、医疗等公共资源。并且按现行规定，户口要么登记于个人房产下，要么通过单位挂靠于集体户，这使得户口与住房基本挂钩。因此，核心城市的房子不仅是具有居住功能的建筑物，而且捆绑了一系列稀缺资源和优质福利。尽管当前部分城市允许租房入学，但条件较多，且排序一般在户口和住房均在本学区的家庭之后。而在国际上，尽管美国也有学区制度，但家庭只要在学区拥有居住资格即可，可采用租赁方式；并且，美国的学区分布相对均匀，并未主要集中在部分大城市。此外，尽管北京、上海人口增长已放缓，甚至陷入负增长，但流出的主要是中低收入人群，中高收入人群仍在持续流入。

（3）在土地资源计划配置、城乡二元结构、中小城市战略等因素的影响下，建设用地在城镇、乡村之间配置失衡，城镇用地在地区之间配置失衡。

中国的城乡二元结构妨碍了市场对人口和土地的有效配置，进城务工人员进城后不能落户，迁徙不能定居，并且不愿无偿放弃乡村宅基地，在城镇和乡村"双重占地"。2009—2016年，人均城镇建设用地仅增长5.8%，而人均乡村建设用地增长21.5%。中国城镇化战略长期存在"控制大城市规模，合理发展中等城市，积极发展小城市"的倾向，但这一倾向与人口迁移趋势背离。分地区看，2009—2016年，东部城镇建设用地增量比例低于城镇人口增量比例12.9个百分点；而中部、东北、西部分别高1.7个、4.4个、6.8个百分点。分规模城市看，2006—2018年，1000万人以上城市的城区人口增长46.8%，而建设用地仅增长41.7%；20万人以下城市的人口增长2.1%，建设用地增长22.9%。

（4）货币超发使得M2增长率多高于名义GDP增长，刺激一线城市的房地产价格快速上涨。从国际看，1987年1月—2022年2月，英国房价年均增长率6.0%，虽高于4.1%的名义GDP年均增长率，但仍然低于7.1%的M2年均增长率；1960—2021年，美国房价年均增长率4.5%，而名义GDP和M2年均增长率分别为6.3%和7.2%。从大都市圈看，在美国，1975—2021年纽约-泽西-白原分区房价年均增长率5.8%，低于同期6.9%的M2年均增长率，与GDP的5.8%相同。在日本，1975—1991年6个核心城市地价年均增长率11.2%，其他城市地价年均增长率6.4%，同期M2年均增长率约9.0%。在中国，过去40年M2年均增长率15.0%，而1998年以来全国新建住房销售均价年均复合增长率达7.7%，低于同期M2增长率近8个百分点，一线城市房价基本与M2增长率持平。

关于房价收入比的争议

关于房价收入比，国际上并不存在一个客观标准，"国际标准认为房价收入比4~6是合理区间"为讹传。房价收入比反映的是居民家庭对房价的支付能力，比值越高，支付能力越低。1977年，约翰·维歇尔（John Weicher）在他的论文中最早使用房价收入比作为住房支付能力的判别指标，它以每套房屋销售价格中位数与家庭年收入中位数之比，计算了1949—1975年美国房价收入比，发现大多数位于2.8~2.9。1989年10月，香港大学专家指出，发达国家房价收入比在1.8~5.5，发展中国家一般在4~6。但后来在搜集到较多国家的房价收入比资料后，发现一些经济落后的发展中国家房价收入比远高于6。1998年，联合国统计了96个经济体的房价收入比，发现最高为30.0，最低为0.8，平均值8.4，中位数6.4，彻底否定了4~6倍是国际标准的论点。然而部分中国学者和相关机构在引入房价收入比概念时，忽视了中国经济水平、文化传统、房地产发展阶段等因素，不约而同地引用"4~6"这个所谓"国际标准"进行国际比较，这显然是有问题的。

土地供给不足加上中国居民收入统计不全、高储蓄率、高经济增速等情况，使得中国的房价收入比和租金回报率并不具备国际可比性。

中国的经济增速在全球较高，核心城市相对房价高，是成长性的反映。如果把经济体或城市比作一家公司，住房就类似这家公司的股票，房价是股价，租金回报率是股息率。以中国内地股市为例，由于成长性不同，主板和创业板的股票估值不具备可比性。在主板，公司业绩增长稳定但不具备爆发性，估值一般；在创业板中，公司业绩增长较快，股票估值较高，高估值是对未来盈利的提前反映。当前中国经济虽正从高速增长阶段转向高质量发展阶段，但经济增速在全球仍较高。核心城市是中国经济的核心，高端产业和人口集聚，成长性更具优势。

由于人口结构变化，居民消费观念改变等因素，近年来中国居民储蓄率虽有小幅下滑，但仍高达35%，是欧美发达国家的2倍以上。高储蓄率推升房价收入比。根据经济合作与发展组织（OECD）统计口径，居民储蓄率指居民储蓄余额与可支配收入总额的比值。中国居民的储蓄率远远高于欧美发达国家。2021年，中国居民储蓄率高达35%，而美国、法国、德国、日本和英国仅分别为17%、16%、15%、12%、7%。居民储蓄率高，意味着中国居民的购房资金准备相对充足，进而推升房价收入比至一个较高水平（如图1-11）。

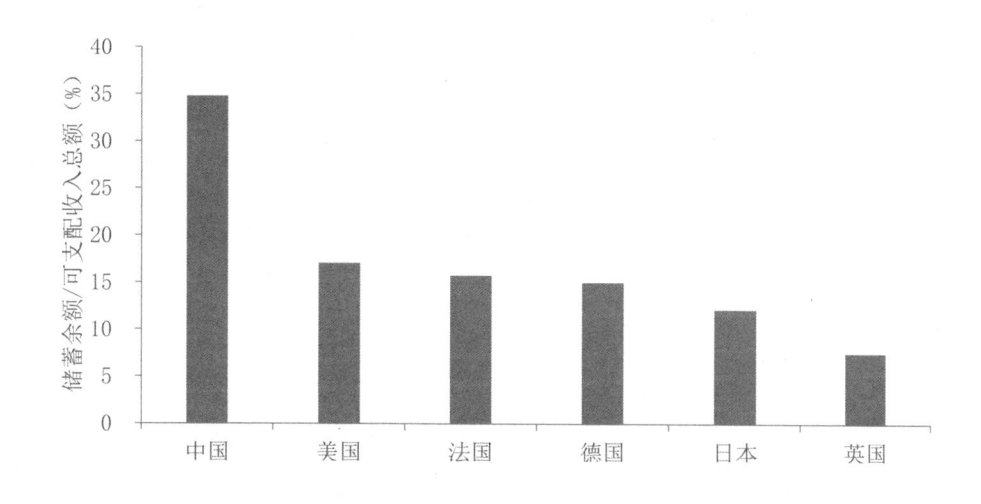

图1-11　2021年多个国家的居民储蓄率比较

数据来源：OECD

瞒报少报收入、大量外来人口只赚钱不定居、父母提供部分首付款等情况，导致核心城市居民实际购买力被低估，进而导致房价收入比被高估。

其一，由于调查中存在瞒报少报收入等因素，国家统计局统计的家庭年均可支配收入并非居民收入的全部。在官方调查中，由于人们对隐私更加重视，一定程度上确实存在漏报和少报收入的情况，而且高收入群体较少进入调查样本。而发达经济体多要求居民自行上报所有收入，并以此为基准征取税收，蓄意瞒报少报行为会受到严厉处罚，因此发达经济体对居民家庭收入的统计，比较接近真实收入。其二，因为大量外来人口在核心城市只赚钱不定居，导致对核心城市居民实际购买能力存在低估的情况。中国城镇存在大量的进城务工人员等外来人口，核心城市更是如此，这些外来人口很难在当地安家，但统计局的可支配收入统计将这些低收入外来人口纳入，低估了核心城市居民实际购买力。其三，因文化传统差异，中国部分人购房存在父母为子女提供部分住房首付款的情况。

全球学区房报告

导读

本节放眼全球学区房趋势，考察不同经济体和主要大都市圈学区房的情况和针对学区房价过高的应对措施。

基本结论：实行租售同权+教师流动的国家，不存在教育资源失衡和学区房较大溢价的现象，比如日本、德国；反之，优质教育资源集聚+买房才能上好学校的国家，存在教育资源不均衡和学区房较大溢价的现象，比如美国、英国、法国等。

全球学区房主要分为两类：

一类是以优质学区税收多、教育经费充足，各地教育资源相对失衡，精英教育文化盛行等为特征的美国、英国、法国、韩国。这些国家优质学区房溢价高。其中，国土面积较小的国家，优质教育资源集中于首都，如韩国首尔、法国巴黎、英国伦敦等；国土面积较大的国家，优质教育资源集中在核心城市，如美国纽约。经济条件好的家长选择去核心城市置业，进而获得优质学校学位，导致优质学区的房地产市场供需失衡,助推学区房价格。

另一类是以严格设定全国统一的中小学教师培养标准,教学硬件设施标准化,"租售同权"落实相对到位,教师流动制度严格执行等为特征的日本、德国,其优质学区房价溢价较低。[1]

哪些国家优质学区房溢价高

美国:房价高、富人多的地区税收多,有充足经费招聘优秀教师,教育资源好,吸引家长置业,助推学区房价

美国教育大致分为学前教育、小学、中学及高等教育四个阶段,公立学校和私立学校的招生原则不同。仅公立学校存在学区概念,实行划片就近入学原则,提供"K-12"义务教育,即可从学前教育阶段至12年级接受免费基础教育;私立学校不划片,通常会收取一定费用。在传统公立学校外,美国还存在磁石学校和特许学校两种特色公立学校,数量占比较少,这些学校招生不划片。磁石学校针对学生特殊的兴趣爱好,提供独特的课程与教学方法;特许学校则被政府在课程设置、教学进度等方面授予较大的自主权。

美国学区数量较多,由专门的学区委员会管理。房地产税是学区主要收入来源,房价高、富人多的地区因税收较多,教育经费更充足,进而完善了学区基建,能够招聘优秀教师等,形成良性循环,助推学区房价升高。

从总量看,全美有近15000个学区,学区数量多,划分精细。受不同州法律

---

[1] 国际数据统计存在偏差。

在学区建立和授权方面的作用，学区间"因地制宜"特征突出。根据纽约市教育局颁布的《2022年纽约市公立学校入学指南》，家长可填报12个志愿学校，在学校招生名额充足的情况下，学生可直接就读第一志愿学校，申请名额超过招生名额时，将使用优先权安排入学名额。另外，美国学区不属于一般的行政系统，除夏威夷州的学区由州政府直接管辖，其余各州的学区都设有学区委员会作为教育决策部门。学区委员会成员大多由当地居民选举产生，上级政府无权任免。学区划分精确至门牌号，并由美国教育部官网收录学区信息，学区边界确定后一般不轻易改变。

美国学区有独立财政权，教育经费主要来源于地方政府征收的学区内居民房地产税。由于美国贫富差距较大，不同学区教育经费差异也大。学区财政权的独立有利于因地制宜发展教育，但也导致各地基础教育发展不均衡。根据纽约州政府发布的《地方政府手册》，2010—2011学年，纽约州各学区分享的房

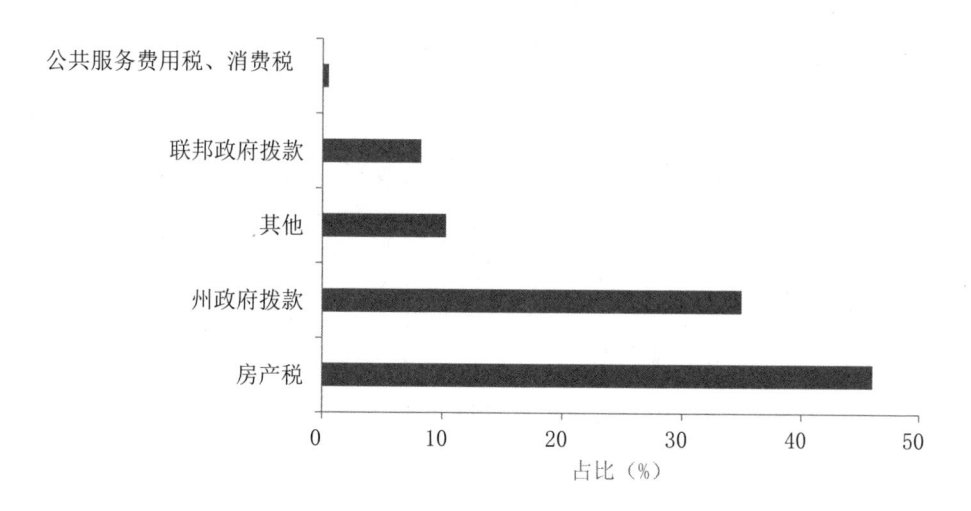

图1-12　2010—2011学年纽约学区的收入来源占比

数据来源：纽约州政府，《地方政府手册》

地产税有263亿美元，占收入总额的46%（如图1-12）。房价贵、富人多的地区学校教育经费充足，基础设施、师资水平等也更容易得到改善，这又会吸引更多人搬到周边居住，助推房租和房价上涨。

为促进教育资源均衡，美国倡导教师流动制度，试图促进中小学教师均衡流动，但由于学区拥有独立财政权，优质学区经费充足，进而转化为完善的教育设施、高薪聘请优秀教师等，各地教育资源仍存在差距，政策效果不明显。因此，美国联邦政府通过制定法案或项目推动教师流动，促进教育资源均衡。例如，2002年颁布的《不让一个孩子掉队》法案提出设立"全国教师流动委员会"，负责对各州教师流动政策的制定与评估，促进全国境内优秀教师的有效流动，特别是鼓励教师向经济贫困、师资短缺，难以吸引或留住教师的欠发达区域流动。另外，一些非政府组织也发起了促进教师合理流动的项目。例如，1990年温迪·科普创办了"为美国而教"组织，其目标是通过短期集训和网络培训的方式培养紧缺师资，吸纳一批致力于变革当下教育困顿状况的有识之士，满足经济不发达或师资紧缺地区对师资的大量需求。美国以法律法规为保障，叠加一批非政府组织共同推动教师流动，在一定程度上促进了中小学教师均衡流动和配置，但地区间教育资源差距依旧存在。

英国：公立学校采取评级制度，优质学区教育经费充足，多数家长倾向选择高评级学校，优质学区房价溢价高

英国的教育体系分为五个阶段，分别是早期教育、小学、中学、扩展教育和高等教育，其中小学到中学阶段为义务教育（如表1-1）。英国的中小学分为公立学校和文法学校，要进入文法学校要通过竞争性考试获得入学资格；而公立学校的入学名额，由当地教育局根据住房距离分配或由个别学校指定生源区

（Catchment areas）中获得资格。自2005年以来，伦敦各区的家长可以申请任何公立学校的学位，最多列出6个选择，然后交由当地教育局评估。考虑学校提供学位的标准排名为：特殊教育需求、已在该校就读的兄弟姐妹、与学校的距离及其他特殊能力。其中前两项标准通常只占录取人数的10%，因此，住房与学校的距离是能否获得学位的实际标准。学校越受欢迎，入学竞争就越激烈，分配学位的距离标准就越严格。竞争激烈的公立学校，每年招生录取的学生家庭住址到学校的直线距离甚至不超过200米。

表1-1 英国教育体制

教育阶段	年级	学校类型
早期教育	0~5岁	幼儿园、学前班
小学阶段	1年级~6年级（5~11岁）	公立小学、私立小学
中学阶段	7年级~11年级（11~16岁）	公立中学、私立中学
扩展教育	16~18岁	中学的高中部（Sixth Form）
高等教育	18岁~	大学

资料来源：英国教育部

伦敦作为英国首都，拥有优质教育资源，其中金斯顿、萨顿、哈罗和巴尼特为教育资源最集中的学区，均拥有30所以上的中小学，且大部分被教育部评为"优秀"及"杰出"。此外，里士满、肯辛顿和切尔西、雷德布里奇、伊灵等学区也有优质公立学校。不仅如此，这些学区还配备有完善的公共服务资源，如公园、图书馆及其他便利的设施。

根据英国国家统计办公室（ONS）数据，伦敦地区是英国平均房价最高的城市，2021年11月，伦敦地区的房屋平均成交价格为52.0万英镑，远超同期英国房屋平均成交价格（28.8万英镑）。其中，伦敦的肯辛顿和切尔西地区房屋平均成交价格为130.0万英镑，约为全英国平均房价的4.5倍。伦敦地区知名学区房价的涨幅高于市平均水平，2016年1月—2021年11月，里士满房价涨幅达16.7%、伊斯灵顿为14.6%、金斯顿为13.0%；同期全市的平均涨幅为10.4%（如图1-13）。根据英国教育部的报告，英国排名前十的中学附近的房屋价格，平均比其他地区高6.8%；而排名前十的小学附近的房屋价格，比其他地区高8.0%。

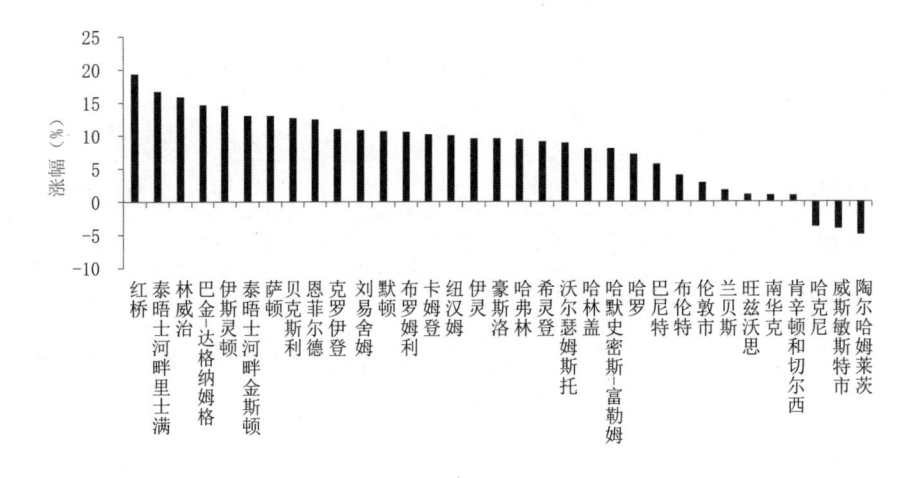

图1-13　2016年1月—2021年11月伦敦各地区房价涨幅

数据来源：英国国家统计办公室

英国采取公立学校评级制度，每年英国教育标准局会对英国所有公立学校进行评级，分为"杰出"（outstanding）、"良好"（good）、"有待改进"（require improvement）和"不合格"（inadequate）4个等级。公开的评级和学生成绩排行榜（普通中等教育证书GCSE和高中课程A-Level证书）会影响家长申请公立学校的决策，表现杰出的学校一般会被超额申请。为了学位名额，经济基础好的家长会选择在热门学区购买或租赁房屋，从而提升小孩申请通过的几率。这导致楼市供需失衡，进而导致优质学区周边房价上涨。根据伦敦政治经济学院关于房价和学校质量的研究，学校的成绩提升一个标准差（特征价格法），将会导致周边房价提高3%。

为改善学区教育资源不均衡现象，英国对教育系统进行了改革，在《教育改革法》中尝试扩大学校选择，划分新的生源区。但由于学校评级制度的存在，经济基础好的家庭仍倾向在优质学校的生源区内置业，所以改革效果并不明显。在布赖顿-霍夫的招生制度改革中，采取抽签或随机分配的方式，而不是根据从居住地到学校的距离。另外，英国政府改变了学校学位的分配政策，将弱势学区的学生分配到表现杰出的学校。2010年，英国教育部提出了"公平能力分组"（Banding test）的招生政策：通过智商测试，把11岁的小学毕业生分成7个或9个能力组。初中招生时会给每个能力组分配相同的名额，不涉及地区因素。但上述改革的受益人群数量有限，叠加学校评级制度，经济基础好的家庭仍倾向在优质学校的生源区内置业以获得学位，因此优质学校生源区楼市依旧火爆。英国的改革举措效果并不明显，高溢价学区房依旧存在。

法国：教育资源分配不均，精英教育文化盛行，优质学区房价溢价高

法国的教育制度可分为初等、中等和高等教育（如表1-2）。法国在教育行政上实行大区、省、市镇三级管理，大区负责高中和一些专科学校，省负责初中，市镇负责小学和幼儿学校。1959年发布的《贝尔敦法令》（第59-45号法令）规定，法国的公立教育年龄段是3~16岁，其间均为义务教育（如表1-2）。公立小学和中学免收学费，免费提供教材。高等学校除私立学校，一般也只缴纳少量注册费。法国的中小学分为公立学校和私立学校，后者又根据是否与政府签订合同，分为民办合同制私立学校和民办非合同制私立学校。合同规定了学校有义务遵守的教学大纲，以及国家教育部门颁布的一般规则，因此决定了不同的私立学校在实施教学方面自由度的差别。同时，民办合同制私立学校的部分开销受益于国家财政支持，而民办非合同制私立学校不接受政府任何财政援助。

表1-2 法国教育体制

教育阶段	年级	学校类型
初等教育	3~6岁	幼儿园、学前班
	1年级~5年级（6~11岁）	公立小学、私立小学
中等教育	6年级~9年级（11~16岁）	公立初中、私立初中
	10年级~12年级（16~18岁）	公立高中、私立高中
高等教育	18岁~	大学

资料来源：法国教育部

法国的优质学校资源集中于巴黎，巴黎最好的学校又位于中心区（第四区、第五区、第六区等）内。2021年，拥有好学区的第六区、第七区房价超1.3万欧元/平方米，高于巴黎平均房价（1.0万欧元/平方米）。法国的公立小学和初中实行就近入学原则，由各区域市政厅通过居住地划分公立小学学位。根据《大学生》（L'Etudiant）杂志对法国中学的排名统计，法国排名成绩最佳的学区也在巴黎，其次是马提尼克岛和科西嘉岛。而巴黎最好的学校位于中心区内。《巴黎人报》（Le Parisien）分析中学学生的学业水平数据并对首都巴黎的街区进行了排名，前三名为索邦、圣威克多、圣梅里，分别位于巴黎第五区和第四区。巴黎第五区的5所公立中学里，包含了两所法国排名前20的中学；学业水平排名前40的街区，有28个都在巴黎的前十区（巴黎市区）里。

根据地产经纪平台Meilleurs Agents的研究报告，在巴黎，升学率较高的中学相比升学率落后的中学,周边房屋价格差异高达17%。在图卢兹和蒙彼利埃,优质中学附近的房价分别比该地区均价贵大约27%、22%。根据大巴黎公证处统计数据,截至2021年12月,拥有好学区的第六区、第七区、第四区和第十六区房价分别为1.40万欧元/平方米、1.33万欧元/平方米、1.28万欧元/平方米、1.08万欧元/平方米(如图1-14),均超过巴黎平均房价(1.06万欧元/平方米)。巴黎第五区的房价为1.23万欧元/每平方米,2017—2021年涨幅为15.1%。

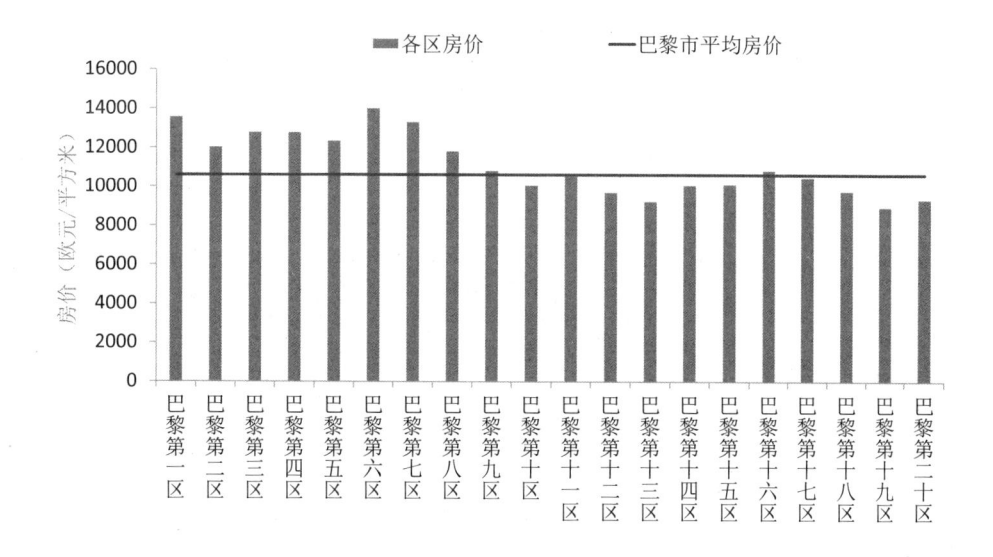

图1-14 2021年12月巴黎市各区房屋价格和巴黎市平均房价

数据来源:大巴黎公证处

优质学区房市场过热,与当地资源分配不均和精英文化教育促使家长购置顶尖学校房产相关。从资源分布看,法国著名的公立学校和私立学校都位于中心城区,教育资源不平衡。以巴黎为例,根据《大学生》杂志的排名,相比大巴黎地区,巴黎中心区的教育资源更丰富。更好的教育资源刺激了居民购置周边房产的需求,导致学区房市场热度提升。从文化看,法国的精英文化重视学校的连贯性，在就业时，从幼儿园、小学、中学、大学一路名校毕业的学生相较其他学生，更容易找到好的工作。而法国自1963年开始实施"就近入学"制，学生入学时根据"学校分区图"来分配学校，因此家长愿意花费较高价格在名校周边置业。

对此，法国采取重新制定"学校分区图"、设定"教育优先区"和教师轮岗制度等方式来改善学区房市场过热的现象。

第一，法国教育部重新制定了"学校分区图"，改革"就近入学"制度，扩大区段范围，实行"一个区段，多所初中"的政策。每个学区考虑纳入不同表现的学校，避免出现学区两极分化，重新平衡学区内各社会阶层的比例。

第二，将学生成绩落后明显的学校、所处的地方，划为"教育优先区"，对优先区里的学校增加教育经费拨款幅度，给区域内工作的教师额外补贴，对学生采取强化早期教育、实施个别教学或小班教学等方法改进教学质量，以求缩小教育资源不平均等问题。

第三，法国实行教师3年轮岗制度，以平衡各地区之间的教育水平。针对偏远地区教师推出补贴政策，依据地理位置、偏远程度、经济发展程度等诸多因素进行综合加权评估，提高轮岗教师的实际收入，充分调动、提升优势教师人才的积极性，保障他们的权益。轮岗教师的补助金额逐年调整，由2019年的每年2000欧元到2020年的3000欧元。

上述一系列措施在一定程度上缓解了教育资源不均的问题。但法国的精英教育理念盛行，叠加优质学校数量有限、经费充足、教育质量存在优势，所以经济基础较好的家庭依旧倾向在优质学区内置业，优质学区房市场还是存在供需失衡的情况。

韩国："学历崇拜"、教育质量差异、课外补习资源配置不均，叠加教师轮岗制度效果不佳，优质学区房市场火热

韩国的大学前教育体系为"6-3-3"模式，基本遵循划片招生的方式。在韩国，小学是6年制（1~6年级）的，称为初等学校；初中3年制（7~9年级）；高中也是3年制，可分为四大类：普通高中、特殊目的高中、自主型高中和职业高中。其中，特殊目的高中和自主型高中也被称为"精英高中"，它们通常拥有比普通高中更好的教育资源。另外，普通高中是通过在学区内抽签分配的方式来招生的，但是"精英高中"可以通过笔试、面试筛选出资质优秀的学生，因此，进入"精英中学"的学生有更高的概率进入韩国顶尖学府。

韩国优质的教育资源主要集中于大城市。以首尔为例，优质教育资源主要集中在江南学区（包括江南区和瑞草区）。首尔作为韩国的首都，优质的教育资源集中于此，其中韩国知名高中（现代高中、首尔高中、上文高中、徽文高中、瑞草高中等）均位于江南学区；广津区、芦原区、松坡区、阳川区等也有优质高中。根据韩国国会教育委员会2015年发布的"2014年中学学业成绩评估"分析数据，成绩达到"优秀"的学生比例最高的100所高中，有42所在首尔；而首尔排名前30的学校，有12所在江南区，8所在瑞草区。2018年以来，随着科学高中、英才高中的大学升学率逐步提升，很多家长选择搬到麻浦区和城北区。根据韩国国民银行数据，受基准利率骤升，以及对经济衰退担忧的影响，2022年首尔的公寓价格出现不同程度下跌，但一些区域由于区位和资源优势仍逆势上涨。例如：龙山区公寓价格上涨2.4%，钟路区上涨1.0%，瑞草区上涨0.7%，高于全市平均涨幅（-3.0%）。

韩国优质学区房溢价高，主要由于"学历崇拜"、教育质量差异、课外补习资源的配置不均衡。

第一，韩国家长追捧学区房，背后是"学历崇拜"的社会氛围影响。韩国作为儒家文化圈的一员，和中国一样有着重视教育的传统。根据OECD数据，2015—2020年，韩国15~24岁青年的失业率一直高居10%左右，高于日本（5%左右）。严峻的就业环境加重了韩国人对学历的追捧，使其愿意不计成本地对教育进行投资。

第二，区域间教育质量的巨大差异也是学区房现象愈演愈烈的重要原因。首尔聚集了韩国最优质的教育资源，因而成为韩国家长们租买房屋的首选。根据韩国祥明大学的研究，比较2000年和2011年的数据发现，首尔地区的高中毕业生进入首尔大学的比例从每万人90人上升到每万人95人，而釜山、大邱等城市的入学率则从每万人70人下降到每万人43人。

第三，课外补习资源的配置不均衡。高考被韩国人视为为数不多的改变命运的机会，而区域间的教育质量存在着巨大差距，"补课热潮"由此产生。韩国最好的课外补习班也集中在首尔，江南区的大峙洞以补习班众多而闻名。2021年11月，该区的公寓卖出了46亿韩元的高价，而2017年，同面积的公寓价格仅为18.9亿韩元。

第四，2019年韩国政府宣布将"精英高中"转为普通高中的计划，也刺激了学区房价格的上涨。此前，"精英高中"可以在全国招生，但转为普通高中后就只能在划片区内抽签招生，这刺激了韩国的家长们涌入"精英高中"所在的学区购置房产。根据韩国钟路学院对转学和入学变化的分析，2020年首尔江南区和瑞草区的小学生净流入1849人，同比增长73.8%；中学生净流入308人，同比增长80.0%。

韩国采用取消小升初、初升高入学考试，转而采取划区分配的入学方式，并确立教师轮岗制度等，来缓解教育不均衡问题。1962年，韩国通过《教育公务员法》明确了中小学教师公务员的身份及其权利和义务，1963年又通过《教育公务员任用令》明确了教师定期流动的要求，1974年还通过《岛屿、偏僻地教育振兴法》加强了对在这些地区工作的教师补贴。韩国的教师轮岗制度具有全员化（凡在教育机构任职的教育公务员必须定期轮岗）、全域化（在地方教育自治体制下，通常是以市、道和市、郡为轮岗区，统一实施区域内的全向度轮岗）、常态化的特征，并且设置了双向激励机制（如表1-3）。这些举措在一定程度上改善了教育资源不均衡的问题。但教师轮岗制度只适用于公立学校，私立学校的老师由学校董事会雇用，可以任职较长时间；而且当学校有体育竞赛或科学教育等办学特色，并且教师具有特长、有工作实绩，则可以申请暂不流动。这些漏洞加剧了"精英高中"和普通高中师资力量的不平衡，导致学区房房价持续上涨。

表1-3 韩国教师轮岗制度细则

韩国教师轮岗制度	
全员化	凡在教育机构任职的教育公务员必须定期轮岗。
全域化	在地方教育自治体制下，通常是以市、道和市、郡为轮岗区，统一实施区域内的全向度轮岗。
常态化	韩国的教师轮岗实行学校任职年限制和区域任职年限制，一旦到了规定的任职年限，就必须在校际和区域间轮岗。
轮岗类型	1. 定期3~5年，由教师提出； 2. 不定期。分为生活照顾类、职位调整类、奖惩类、能力（态度）不佳等，由校长提出。教师/校长提出后，教育支援厅每年基于教师流动分数、教师居住地（以距教师居住地车程少于90分钟为原则）、个人意愿等，按照排序进行教师轮岗。
教师流动分数组成	1. 工作经历分数：教龄、担任班主任、超工作量特殊经历等； 2. 工作业绩分数：年度工作考核、受到表彰奖励的加分等； 3. 特殊加分：特殊教育经历、专业特长等； 4. 额外加分：家中有70岁以上父母，配偶为公务人员但已死亡，配偶无工作且需养育小孩等。

（续表）

韩国教师轮岗制度	
激励机制	1. 正向激励。轮岗制度规定对在任职条件较差的学校和偏远地区任教的教师给予轮岗加分、晋升加分和定期轮岗时优先选择学校等优惠，以激励教师到偏远地区任教； 2. 反向激励。限制业务能力差、任职态度不端正或严重违背教师职业道德的人员轮岗。

资料来源：韩国教育部

哪些国家优质学区房溢价低

德国："租售同权"，采取全国统一的中小学教师培养标准，教育资源分布较均衡

德国教育体制分为三个阶段，分别为学前教育（幼儿园教育）、基础教育（小学和中学教育）和高等教育，实行12年义务教育和公立学校免费政策。德国的中学分为3种类型：普通中学、实科中学和文理中学。德国的高等院校则分为综合性大学、神学院、师范学院、艺术学院；未进入这些院校的学生，则属于应用技术大学、职业技术学校等相关领域。

德国学区房溢价率低，房价更多地与地段和区位挂钩。德国的城市化发展走出了一条不同于英国、法国等其他欧洲国家的独特道路，即多中心均衡发展的城市化布局。各地可结合自身资源禀赋发展优势产业，这使得全国产业资源布局相对均衡，也使得各地教育资源分配较为均衡。值得注意的是，德国不以房屋产权作为就近入学的参考资格，租房也能享受在该区域上学的资格。并且德国作为欧洲住房持有率最低的国家，国民普遍热衷于租房而不是购房，因

此，学区并不会成为房价上涨的重要因素。

德国学区房溢价较低的主要原因是设定全国统一的中小学教师培养标准，选拔严格；实行"租售同权"制度，住房即可入学；教育体制人性化，政府未设立学校评级制度。

（1）德国设定了全国统一的中小学教师培养标准，选拔需通过4个环节，且教师薪水是OECD成员国中最高的国家之一。2018年，德国教师薪酬是普通企业员工的1.5~2.0倍，同等级教师工资待遇基本相同，所以各地中小学教师质量较为均衡。

从教师培养看，德国以标准为引领。德国通过2004年发布的《教师教育标准：教育科学》和2008年颁布《各州通用的对教师教育的学科专业和学科教学法的内容要求》，设定全国统一的标准规定，包含师范生需具备的知识、能力等。2013年，德国进一步出台了《师范生能力倾向测验标准》，用来检验想成为教师的师范生是否真的适合成为教师。从教师选拔看，德国对中小学教师的选拔十分严格，自1810年起实行中小教师资格制度（普鲁士），要成为中小学教师需要经过4个环节，即师范类学生需要修读5年制的大学师范类专业课程，通过德国举办的第一次国家级考试后进入实习阶段，再通过第二次国家考试，才能获得教师资格（如表1-4）。仅80%的实习教师能够通过两次国家考试。层层筛选使得德国各中小学教师质量较为均衡。

从薪酬看，德国为教师提供的薪水是所有OECD成员国和伙伴国中最高的国家之一，根据OECD于2018年11月发布的报告《全球教育纵览2018：经合组织指标》，德国正式教师的薪酬比普通企业员工的平均工资高1.5~2.0倍。初中教师的年薪起薪为63600美元，是OECD平均水平（33100美元）的近2倍。在就职15年后，教师的薪水将会增加20%左右，在教师职业生涯最后阶段还会再增加近

10%。德国不同地方的中小学教师薪酬差异较小，一个州内同等级教师工资待遇基本相同，教师的教学质量不受工资待遇影响，缩小了各学校间的差距，有利于实现教育公平。

表1-4 德国教师培养制度细则

阶　段	内　容
大学教育阶段	大学教育阶段包含专业学习和短期实习。根据未来任教计划，如果未来任教小学或初中，学习时间为3~4年；如果任教高中，学习时间为4~6年。在完成本科学习后，都需要参加国家考试，通过后才能申请硕士学位。
第一次国家考试	第一次国家考试包含研究论文、笔试和口试，每年拥有两次考试机会。考试内容包含教育科学或学科教学法。考试通过后，学生可获得进入教育学院、实习学校和合作中小学单位进行为期1~2年的教育实习的资格。
实习阶段	实习阶段包含教育实践与集中培训。学生本人向州教育部申请实习后，可进入教育学院、实习学校或中小学实习，时长为1.5~2年。实习内容包含教育教学实践，即日常教学和班级管理工作；其次是集中培训，包含对教育工作中的实践问题进行讨论和学习。
第二次国家考试	第二次国家考试的侧重点在于表现型评价方式，考察学生经过实习后的教育教学实践能力的发展水平。考试内容包含教案、教学实践课和课后反思，考试方式包含研究论文、笔试和口试等。通过第二次国家考试后，考生即可取得国家教师资格证书。如果考生没有通过考试，则需要延长实习期，并且半年后补考。

资料来源：德国基础教育课程

（2）德国房屋产权不作为入学必要条件，实行"租售同权"制度，叠加教育体制人性化和政府未设立学校评级制度，在一定程度上减少了炒学区房的行为。

德国的房屋租赁市场非常发达，超过50%以上的人口租房居住。根据德国联邦统计局数据，2018年德国住房自有率为46.5%，53.5%的人口租房居住，远高于其他欧盟国家30%左右租房居住的平均水平。

从德国教育体制看，学区房不作为入学条件，租房同样享受入学资格。小学阶段的学生需根据就近入学的原则，进入住房所在地指定学校就读，但家长可以工作的时间、地点不便接送孩子为理由，向当地教育局提出申请更换学校，且教学质量不可作为申请理由。这一规定有效避免了炒作学区房的行为。而从初中起，入学条件主要为平时成绩、老师评价和家长选择，住房所在地不再成为入学标准。同时随着年龄的增长，学生可以乘坐公共交通前往较远的学校就读，故一般而言，学生可在同一个城市内的所有学校就读。家长也可为孩子申请就读其他城市的学校。

从评级制度看，德国学校无评级制度，所以没有重点学校与非重点学校的概念。家长在选择学校时无法以学校优劣作为标准，叠加德国整体学校资源平衡，家长一般以就近入学原则选择学校。这进一步弱化了学区房概念。

日本："租售同权"，教师流动制度比欧美更执行严格，教学硬件设施标准化

日本实行"6-3-3-4"的教育体制。尽管划分学区，但日本房屋的价格主要取决于地段、周边设施、房屋本身的质量等因素，学区对房价的影响较低。其中，小学和初中阶段教育属于义务教育的范围，公立学校是教育体系的主体。根据日本政府统计综合窗口（e-stat）的数据，2020年，日本私立小学、初中和高中的占比为1.25%、7.72%和27.18%。尽管高中教育阶段不属于义务教育，但是绝大部分初中生都可以成功升入高中。根据日本文部科学省的数据，日本高中升学率长期稳定在90%以上，2018年更是高达98.8%。

日本学区房溢价较低，主要的3个原因是"租售同权"制度、教师流动制度和硬件设施标准化。

（1）"二战"后，日本实行"租售同权"制度，即租房者和买房者享受同等待遇，叠加户籍和社会福利脱钩，一定程度抑制了购买学区房的意愿。自1968年开始，日本推行"通学区域制度"。根据该规定，学生需在通学区域内的公立中小学就近入学。判断是否处于通学区域的依据是居住地址，不论是租房居住还是购房居住。此外，日本没有户籍管理制度，而是实行"住民票登记制度"，户籍和社会福利脱钩，国民可以在全国范围内自由流动。所以，日本的家长没有为了孩子上学专门在学校附近购房的必要。即使家长崇尚精英教育，希望将孩子送入教育质量更好的私立学校，也无须在附近购房或租房，只需通过学校的入学考核即可。

（2）为促进全国范围内的教育公平，日本从1956年开始实施教师流动制度，学校所有职工均纳入轮岗体系，与欧美相比执行更严格。这在一定程度促进了日本各地教育资源均匀分布。1949年，日本政府颁布《教育公务员特例法》，将公立学校（从幼儿园到大学）的教师纳入公务员系统，身份为"教育公务员"，教师的调动属于公务员系统。1956年，日本政府颁布《关于地方教育行政组织及运营的法律法规》，开始在全国范围内实施教师轮岗制度，规定教师任职每隔几年（各地规定有所差异）就要被调动到其他学校轮岗。为了保障教师轮岗制度的落地，日本政府又在1959年出台《偏僻地教育振兴法施行规则》，为偏僻地区的教师提高特殊津贴。

随着轮岗制度的不断完善，医务室职员、营养师等教职工也被纳入轮岗范围，进一步促进了日本中小学师资和后勤力量的均衡分布（如表1-5）。

表1-5 日本教师轮岗制度细则

项目	内容
标志事件	1956年，日本政府颁布《关于地方教育行政组织及运营的法律法规》，将日本教师的人事管理权集中到县级（行政区划相当于我国的省）教育主管部门。
轮岗对象	主要有两类：公立学校的普通教师和校长（包括副校长） 以东京为例：1.教师：在同一学校任职满3年，可作为调动对象，满6年则必须调动； 2.校长：年龄在58周岁以下，在同一学校工作满5年（副校长满3年），可作为调动对象。
轮岗区域	1.同一市、街区、村之间的流动； 2.跨县一级行政区域间的流动。
轮岗流程	1.每年11月之前，各县级教育委员会对区域内各学校的教育资源情况进行统计摸底（如师资结构、教育水平、岗位需求等）； 2.每年11月上旬，县级教育委员会发布教师定期流动实施要旨，内容包括地区指定、有关原则、要求等； 3.符合轮岗条件的教师填写意向表，交由校长（掌握轮岗的申报权）决定人选，并报上一级主管部门审核，最终由县（都、道、府）教育委员会教育长（掌握轮岗的任命权）批准； 4.次年新学期前（一般为4月），轮岗教师全部到位。
保障措施	1.公务员编制：在日本，教师是"教育公务员"，且比一般公务员的收入高约5%； 2.同薪：教师的工资、奖金、福利待遇等在全国范围内基本统一； 3.《偏僻地教育振兴法施行规则》依据学校的交通情况、自然灾害发生情况、水资源情况等指标来评价各个地区的偏僻程度，通过评分形式将日本的偏僻地区分为5级，提供不同额度的津贴。此外，该规则还规定偏远地区教师的薪资待遇比发达地区的教师至少高出25%。

资料来源：东京都教育委员会

（3）日本基本实现了公立学校基础设施的标准化，促进教育设施的均衡分布，帮助轮岗教师快速适应新的教学环境，减少心理阻碍，提升教师轮岗制度的实施效果。日本1947年出台的《教育基本法》明确规定：学校基础设施主要由地方政府负责建设和维护，中央政府负担一部分费用。此外，日本文部省

（相当于中国的教育部）还规定了各级学校最低的设置基准，如学校必须设有图书室、保健室、体育馆等。地方政府可在此基础上量力增添设施。对于经济困难地区，中央政府会提供更多的经济援助和补贴。同时，中央政府鼓励对偏僻地区的教职工宿舍投入更多，以吸引优秀教师到偏僻地区任教。教学设施的标准化帮助轮岗的教师快速适应新的教学环境，减少心理阻碍，提升了教师轮岗制度的实施效果。

第 2 章

中国房地产大趋势

中国房地产六大趋势

导读

为什么要研究房地产周期?因为房地产是财富的象征、周期之母、大类资产配置核心,"十次危机九次地产"。

什么决定房地产周期?经过长期专注的探索,我们团队在一系列研究的基础上,试图建立分析房地产周期的逻辑框架,提出"长期看人口、中期看土地、短期看金融"的分析框架。从长期看,人是经济社会发展的基本要素和动力,房地产周期从长期来看是人口周期的一部分。从中期看,土地价格影响房地产供给,高地价是高房价的重要推手之一。短期来看,货币宽松、利率下行对房价刺激作用也十分明显。

基于分析框架,我们认为中国房地产未来有六大趋势:(1)大分化时代来临、大都市圈城市群化,大部分城市人口净流出、房子过剩;(2)城市内普涨时代结束,"产业+地段"为王;(3)大部分开发型房企消失,负债率下降,向"轻重并举"转型;(4)改善时代来临,产品力将成核心竞争力;

（5）多层次住房供应体系，低收入靠保障，中等收入有支持，高收入靠市场；

（6）取消预售制，逐步实现现房销售。

什么决定房地产周期

为什么要研究房地产周期？

其一，房地产是财富的象征。从财富效应看，房地产市值一般是年度GDP的2~3倍，是可变价格财富总量的50%，这是股市、债市、商品市场、收藏品市场等其他资产市场远远不能比拟的。2022年，中国住房市值是GDP的3.7倍，住房市值占股债房市值的比例达65.4%。

其二，房地产是周期之母。商品房兼具投资品和消费品属性，且产业链条长，房地产市场的销量、土地购置和新开工面积是重要的经济先行指标，每次经济繁荣多与房地产带动的消费投资有关，而每次经济衰退则多与房地产去泡沫有关。

其三，房地产泡沫是金融危机的策源地，全球历史上大的经济危机多与房地产泡沫破灭有关。比如，1929—1933年的大萧条跟房地产泡沫破裂及随后的银行业危机有关；1991年日本房地产崩盘后，日本经济陷入"失落的20年"。

其四，房地产是大类资产配置的核心，房地产具有非常典型的顺周期特征，而且由于购地购房环节可以加杠杆，因此可以放大财富效应。长期来看，多数国家大都市圈的房地产是能够跑赢货币超发的资产之一，具有抗通胀属性。

长期看人口：人口迁移的趋势，超大城市的未来，人地分离的解决之道，大都市圈战略的确立

人是经济社会发展的基本要素和动力，房地产周期从长期来看，是人口周期的一部分。人口影响房地产市场的逻辑是：初期，在房地产周期的左侧，人口红利和城乡人口转移提升经济潜在增长率，居民收入快速增长，消费升级带动住房需求；20~50岁置业人群增加（20~35岁以首次置业为主，35~50岁以改善型置业为主），带来购房需求和投资高增长；高储蓄率和不断扩大的外汇占款导致流动性过剩，推升房地产资产价格。随后步入房地产周期的右侧，随着人口红利消失和刘易斯拐点出现，经济增速换挡，居民收入增速放缓；随着城镇住房饱和度上升，置业人群数量达到峰值，房地产投资长周期拐点到来。

从国内看，由于人口老龄化、少子化加剧，房地产正在迎来置业人群需求的长周期向下拐点，这是跟过去20年的最大不同，也是2021—2022年房地产市场调整更为剧烈的深层次原因。房地产市场从大开发时代步入存量时代，由高增长阶段进入中速、高质量发展阶段。

在需求侧，中国20~50岁主力置业人群规模于2013年达峰值，而房地产投资增速在稍前的2010年达到峰值后放缓，住房新开工面积、商品住宅销售面积在稍后的2021年明显下降。少子化方面，中国的出生率持续大幅下降，2018年、2019年、2020年、2021年、2022年出生人口分别为1523万、1465万、1200万、1062万、956万人，总和生育率从1970年之前的6.00降至2021年的1.15。老龄化方面，2022年底，60岁及以上、65岁及以上人口占全国人口的19.8%、14.9%，分别比2021年上升0.9个百分点和0.7个百分点。预计2033年左右，中国将进入65岁及以上人口占比超过20%的"超老龄社会"，之后持续快速上升至2060年的约35%。

在供给侧，随着中国的城镇化空间逐渐减小，房地产行业从大开发时代步入存量时代。2022年，中国常住人口的城镇化率为65.22%，比上年末提高0.5个百分点；进城务工人员总量29562万人，其中本地进城务工人员12372万人，外出进城务工人员17190万人。如果推动户籍制度改革和基本公共服务均等化，中国城镇化率将达到75%左右。与此同时，1978—2022年，中国城镇住房套户比从0.80增至1.09，从供给短缺到总体平衡。综合考虑城镇化进程、居民收入增长情况和家庭户均规模小型化、住房更新等，预计2023—2030年，中国城镇年均住房需求为10亿平方米左右。

根据典型的工业化经济体房地产发展的经验，其发展过程具有明显的阶段性特征：从高速增长期到平稳期或下降期，从数量扩张期到质量提升期，从总量扩张期到"总量放缓、结构分化"期。

（1）从高速增长期到平稳期或下降期。经济高速增长、居民收入水平快速提高、城镇化率快速上升阶段，房地产销量和对房地产的投资都处于高速增长期，房价上涨有长期基本面支撑。而在经济增速换挡、城镇化率放缓阶段，大部分人群的住房需求基本得到满足，大规模住宅建设高潮过去并转入平稳或者下降状态。住房开工量与经济增速以及城镇化水平的关联度下降，而与每年出生人口数量及有能力、有意愿购买住房的适龄人口数量的关联性更强，房价受居民收入和利率政策影响较大。

（2）从数量扩张期到质量提升期。房地产市场发展初期，住房饱和度不高，住宅开工高速增长，以满足居民快速增长的最基本的首次置业居住需求；随着住房数量趋于饱和（比如城镇户均一套），居民对住宅质量、成套率、人居环境等改善性需求的要求开始提高。

（3）从总量扩张期到"总量放缓、结构分化"期。综合典型国家城市化过程中经济发展阶段、产业结构和人口区域分布结构的关系来看，人口空间的分布大体上经历了农村、城市化、大都市圈化集聚三个阶段。

从发达经济体的经验看，美国、日本等国家和地区的城市化和人口迁移呈两大阶段。第一阶段，人口从农村向城市迁移，不同规模的城市人口都在扩张，而且对总人口的占比均在上升。第一个阶段与经济快速增长、贸易、中低端制造业和资源性产业为主相关，城市化率还没有达到55%。第二个阶段主要是大都市圈化，人口从农村和三四线城市向大都市圈及其卫星城迁移，一些中小型城市人口增长放缓甚至净流出，而大都市圈人口比重继续上升，集聚效应更加明显，这可能跟产业向高端制造业和现代服务业升级，以及大都市圈学校、医院等公共资源富集有关。这一阶段，对应的城市化率在55%~70%之间。我们还发现，在城市化率超过70%以后，人口继续向大都市圈集中，这时服务业占据主导地位。

改革开放以来，中国人口迁移经历了从"孔雀东南飞"到回流中西部，再到近年粤浙人口再集聚和回流中西部并存三个阶段。2000—2020年，33个都市圈常住人口占比由52.0%升至58.4%，GDP占比由63.2%升至74.4%；全国19个城市群常住人口占比由83.4%升至86.7%；其中珠三角、长三角常住人口占比由13.8%升至18.1%，GDP占比由27.2%升至32.9%。预计到2030年，1.3亿新增城镇人口的约80%将分布在19个城市群内，其中的60%将分布在长三角、珠三角、京津冀、长江中游、成渝、中原、山东半岛七大城市群。人口集聚分化促使房地产市场不断分化，购房需求向大都市圈城市群集中，一二线城市房价涨幅较大。把国家统计局公布房价数据的70个大中城市划分为一、二、三线，2011—2020年，一线城市常住人口、新建商品住宅价格、二手住宅价格年均增长率分别为2.4%、8.2%、8.3%，二线分别为1.9%、5.2%、3.6%，三线分别为0.4%、

3.7%、2.0%，一二线城市远高于三线城市。

中期看土地：土地财政，"地王"之谜，人地错配

金融、人口因素是影响房地产需求的主要因素，而土地则是影响房地产供给的主要因素。由于从供地到开发商拿地、开工，再到预售或竣工待售形成住房供给，存在2年左右的时滞，且土地供给政策及计划还可能通过预期传导直接影响当期房地产市场，因此土地因素对房地产周期的影响主要在中期，介于人口因素和金融因素之间。土地供应量是住房市场供求平衡和平稳运行的重要基础，如果出现短期内土地供应过多（或过少），极易造成住房供给过剩带来的供求失衡（或供应不足造成的房价过快上涨），因此，土地市场供求平衡对中期住房供求平衡十分重要。

在发达经济体，土地大部分为私有，在用途和规划管制下可自由交易，获得许可后建设住宅，但各国、各地区具体政策差异较大。国内外普遍经验表明，土地供给对一个地区的房地产市场波动影响显著。德国房价之所以波动较小、长期稳定，一个重要原因就是住房供给稳定充足，1978年住房套户比就达到了1.21。在日本，除了货币宽松，1985—1991年房地产泡沫产生的另一个重要原因是土地投机过度、供给不足，而政府对此未能有效干预。在美国，2000—2006年，土地严格供给城市的房价年均涨幅，约为土地弹性供给城市的2倍。在中国香港，土地租批和限制土地供给制度导致房价奇高，1985年，当时的港英政府出台了"每年供地规模不超过50公顷"的政策规定，这是1985—1994年中国香港房价快速上涨的重要原因之一；2004—2011年住房价格大幅上涨，与2002年1月—2004年4月取消拍卖土地，暂停"勾地"一年的停止供地计划密切相关；2011年和2012年中国香港房价大涨，与前期土地供应量不足有密切关系。

中国内地与中国香港的土地政策较为类似，20世纪80年代，内地的改革开放在土地政策方面引入了中国香港的经验，效仿了土地批租和限制土地供给制度。在内地房地产发展的历程中，其整个发展轨迹乃至许多关键词都能看到中国香港模式的影子。从1987年"中国土地第一拍"在深圳落槌，到之后的制度（包括土地出让制度、预售制度、按揭制度等）、产品（包括外观、层高、园林、会所等），甚至营销模式、物业管理，内地一整套房地产运作规则都在学习中国香港的基础上发展而来。

中国实行土地公有制，因此在改革开放之初，中国制定了土地所有权与使用权分离的政策，对土地使用权出让、转让，实行国有土地有偿使用制度，并率先在深圳、广东、上海等试点，随后在全国推广，形成了中国的土地财政制度。中国土地出让先是以协议出让为主，但由于不透明容易产生腐败，2002年以来规定经营性土地出让必须采取"招拍挂"的方式。

过去10多年"地王"频出，高地价是高房价的重要推手，"地王"频出和高房价背后的制度因素则是土地财政。地方政府和开发商是房价上涨的受益者，个别地方政府甚至是"地王"产生的最大获益者。

（1）土地财政的历史和成因。土地财政是指地方政府通过"经营土地"获得收入，包括以出让土地所有权为条件的土地出让金收入、与土地出让相关的各种税费收入、以土地抵押为融资手段获得的债务收入。土地财政的形成过程可概括为：在分税制改革后，中央上收财权但把大量外部性事权留在地方，地方政府事权多财权少，于是在中央允许和土地收储制度下，地方政府开始经营城市土地。政府对农地征收的国家垄断和土地变更的政府用途管制是土地财政的基础。在地方政府"GDP锦标赛"的激励下，受益于快速城镇化带来的房地产业爆发式增长，最终形成土地财政的独特现象。

（2）土地财政是地方政府的核心。从宏观层面看，2021年地方政府与房地产相关收入总额为10.8万亿元，其中国有土地出让金收入8.7万亿元，5个房地产特有税种税收合计2.1万亿元。2012—2021年，土地出让金占地方财政收入的比例由20.0%增至30.0%；同时期，收入和房地产专项税合计占地方财政收入从27.1%升至37.1%。从中观城市看，选取北京、上海、广州、深圳、杭州、天津等11个城市进行房价构成核算，2020年土地成本占房价的43.8%，税收成本占16.8%，建安费用占比8.9%，企业收入毛利为30.5%，土地成本加税收成本占房价的六成左右。将2014—2020年房价增速对土地价格增速进行回归之后发现，土地价格每提高1个百分点，房价就提高0.2个百分点，且土地成本上涨对房价上涨的解释力很强。从微观企业看，选取6家企业进行房价构成核算，2010年以来随着地价上升，上市房企的营业收入中成本上升，利润占比下滑。2020年，拿地成本占房价四成以上，税收占比约14%，政府这两项收入之和占房价的六成左右。

（3）除了土地财政制度，在土地资源计划配置、城乡二元结构、中小城市战略等因素的影响下，建设用地在城镇、乡村之间配置失衡，城镇用地在地区之间配置失衡，人地分离、供需错配导致中国内地一二线城市房价过高，三四线城市房地产库存过高。由于市场无法对人口和土地进行有效配置，进城务工人员进城不能落户，迁徙不能定居，因此不愿无偿放弃乡村宅基地，导致这一群体在城镇和乡村"双重占地"。中国城镇化战略长期存在"控制大城市规模、积极发展中小城市"的倾向，但这与人口迁移趋势可能并不相符。分地区看，2010—2020年东部城市建设用地增速低于城镇人口增速3.3个百分点；而中部、东北、西部则分别高20.3个、17.4个、24.3个百分点。分规模城市看，

2010—2020年1000万人以上城市城区人口增长25.4%，但土地供给仅增长2.6%；20万人以下城市人口增长22.8%，而土地供给增长47.8%。

短期看金融：低利率，货币相对宽松

金融政策（利率、流动性投放、信贷、首付比等）既是各个国家进行宏观经济调控的主要工具之一，也是对房地产市场短期波动影响最为显著的政策。商品房需求包括居住和投机需求，居住需求主要跟城镇化、居民收入、人口结构等有关，反映了商品房的商品属性；投机需求主要跟货币投放、低利率和土地供给垄断有关，反映了商品房的金融属性。金融属性的驱动力主要是货币供应量和利率。根据货币数量方程$MV=PQ$（M为货币量，V为货币流通速度，P为价格水平，Q为交易的商品总量），货币供应增速持续超过名义GDP增速（生产活动所需要的资金融通），将推升资产价格。商品房具有很强的保值增值金融属性，是吸纳货币的最重要的资产池。住房的开发和购买都高度依赖银行信贷的支持，利率、首付比、信贷等政策影响居民的支付能力，也影响开发商的资金回笼和预期，对房市供求波动影响较大。国内外房地产泡沫的形成，大多受低利率和充裕流动性推动；而房地产泡沫破裂，则大多可归因于加息和流动性收紧。

房地产短周期是指由于利率、抵押贷首付比、税收等短期变量引发的波动，这些变量通过改变居民的支付能力和预期，使得购房支出提前或推迟。比如，如果政策为刺激房地产而下调利率和抵押贷首付比，就将提高居民支付能力，通过鼓励居民加杠杆来透支住房需求；如果政策要抑制房地产，则可以采取提高利率和抵押贷首付比的操作，以降低居民支付能力并延迟住房消费。由于商品房具有消费升级属性且产业链条长，因此，房地产市场的销量、土地购置和新开工投资是重要的经济先行指标。一轮完整的房地产短周期为：政策下调利率和抵押贷首付比，居民支付能力提高，房地产销量回升，商品房去库存，供不应求，开发商资金回笼后购置土地，加快开工投资，房价上涨，商品房作为抵押物的价值上涨又会放大居民、开发商和银行的贷款行为；当房价出现泡沫化，政策则上调利率和抵押贷首付比，居民支付能力下降，房地产销量回落，商品房库存增加，供过于求，开发商资金紧张，放缓购置土地和开工投资进度，房价回落，商品房作为抵押物的价值缩水会减少居民、开发商和银行的贷款行为。在这个过程中，情绪加速器、抵押物信贷加速器等会放大房地产短周期波动。

住房金融政策保持基本稳定，是住房市场保持基本平稳的最重要条件。例如，德国1981—2011年的房价年平均增长率在1.5%，而这30年间实际利率水平基本维持在8.5%左右。在稳健的货币政策和温和通胀水平背景下，德国房价基本保持长期稳定。

住房金融政策的大幅调整是房地产泡沫产生和破灭的主要原因。美国房地产泡沫的形成与其低息政策和流动性泛滥相关，而泡沫破灭则与加息和流动性收紧直接相关。美国经验表明，住房金融政策与住房市场波动密切相关。上一轮美国房地产泡沫开始于2001年美联储的低息政策刺激：2001—2003年，美联储连续13次降息，累计降息5个百分点，至2003年6月，基准利率降至1.00%，美联储的低息政策一直延续到2004年上半年。在此期间，过低的利率刺激抵押贷款大幅增加，造成了房地产泡沫。随后美联储的连续加息则刺破了美国房地产泡沫：2004—2006年，美联储连续加息17次，累计加息4.25个百分点，直至2006年6月基准利率升至5.25%；而美国标准普尔/凯斯-席勒10座大城市房价指数在2006年6月到达历史高点之后开始连续下跌，说明美联储加息政策是刺破美国房地产泡沫的主要原因。

在经济发展过程中，绝大部分国家存在不同程度的货币宽松，从而引发本国房价上涨；从国内看，货币相对宽松和利率下行，对房价的刺激作用也是十分明显的，而货币政策则收紧导致房地产下行。货币相对宽松的情况下，市场上流动资金变多，通过企业纾困资金、失业救济金等方式到了民众手中，同时房贷利率降低；货币贬值让民众急于寻找保值资产，具备保值增值属性的房地产成为投资的首选，推动房价上涨。2000—2020年，尤其是2014—2016年，中国房价涨幅远远超过了城镇化和居民收入增长等基本面数据能够解释的范畴。2001—2020年，M2、GDP、城镇居民可支配收入的名义年均增长率分别为14.90%、9.28%、8.89%，M2名义年均增长率分别超过GDP和城镇居民可支配收入名义年均增长率5.62个百分点和6.01个百分点。M2名义增速超过GDP名义增速较高的年份往往是房价大涨的年份，2015—2016年房价大涨，在相当大的程度上是货币现象，即低利率和货币相对宽松。随着2015年"3·30新政"[1]，2015年下半年两次"双降"（下调金融机构人民币贷款和存款基准利率），以及M2增长率超过GDP增长率达6.3%，房价启动暴涨模式。2020年新冠疫情期间房价涨幅较大，也源于货币宽松政策。2021年货币政策收紧，叠加"三道红线"[2]、贷款集中度管理、严查经营贷、严格预售资金监管，分别从房企、银行、居民、地方政府四个维度降负债，进而降低了现金流，导致房地产市场剧烈调整。

---

1 指2015年3月30日中国人民银行、住建部、银监会联合发布《关于个人住房贷款政策有关问题的通知》，将二套房最低首付比例调整为不低于40%。
2 指2020年8月央行、银保监会等机构针对房地产企业提出的指标，即剔除预收款项后资产负债率不超过70%，净负债率不超过100%，现金短债比大于1。

房地产大趋势

中国房地产未来的六大趋势

趋势一：大分化时代来临，大都市圈城市群化，大部分城市人口将净流出、房子过剩

区域分化是未来房地产市场的最大特征，具体有三个表现：一是东部沿海地区房地产发展潜力优于东北和西部地区，南方地区房地产市场整体好于北方地区；二是发达城市群、都市圈房地产增长潜力相对不发达城市群、不发达都市圈更高，不发达城市群、不发达都市圈房地产市场表现将好于非城市群、非都市圈；三是人口流入的一线城市、强二线城市与人口流出的三四线城市房地产市场分化。根据我们此前的研究结果，一国成熟市场的套户比一般在1.1左右，这个数字表明该国住房供求基本实现平衡。2020年，中国套户比超过1.1的城市数量占比已达56.7%，预计未来更多的城市房屋将过剩。

其一，人口向东部沿海地区集聚，东北和西部地区人口流失，北方人口增速不及南方，导致东部沿海地区与东北和西部地区房地产市场分化、南方与北方房地产市场分化加剧。分地区看，东部沿海地区人口增长，东北、中部、西部地区人口减少。2021年，东部地区总人口较2020年增加234.2万人，其中浙江、广东净增长人口分别为83.2万人、82.8万人，大幅领先其他省份；江苏、福建分别增长30.6万人、33.0万人。东北、中部、西部地区人口均减少，分别下降121.7万人、23.5万人、8.3万人。其中黑龙江、河南分别减少60.0万人、53.5万人。2010—2021年，北方经济占全国经济总量从42.8%快速下降到35.2%，南北经济总量差距从14.4个百分点扩大至29.6个百分点，南北经济差距推动人口由北向南流动。2021年，南方常住人口较2020年增长，北方则下降，分别增长281.5万人、-203.7万人。人口向东部沿海地区、向南方集聚，为当地的房地产发展提供了强劲动力，促进东部与其他区域分化，南北分化。

其二，人口持续向发达城市群、都市圈流动，导致城市群、都市圈与非城市群、非都市圈房地产市场分化，发达城市群、都市圈与不发达城市群、都市圈房地产市场分化。我国的人口流动正逐渐从城市化转变为以大城市为核心的都市圈化、城市群化，中国都市圈、城市群时代到来。

从城市群看，中国19个城市群经济发展水平高，创造了88%的GDP，其中珠三角、长三角、京津冀、长江中游、成渝五大城市群经济规模稳居前列，合计GDP达53.8万亿元，占全国的47%。发达城市群交通便利、物流网络完备、基础设施完善、经济增长创造了大量就业机会，因此吸引众多人口流入，中国19个城市群集聚了全国83%的人口。珠三角、长三角2018—2022年常住人口年均增量领跑全国，分别年均增长385万人、282万人。人口流入推动发达城市群住房需求增长。2022年12月，珠三角、长三角、京津冀城市群二手房平均房价以24921元/平方米、18445元/平方米、15351元/平方米居前列；而不发达的城市群、非城市群地区住房需求萎缩、库存高企，房地产发展潜力较低。例如，哈长城市群由于人口净流出，2022年12月该城市群二手房平均房价仅5956元/平方米，远低于发达城市群房价。

从都市圈看，中国34个1000万人以上大都市圈经济总量占全国的78%，上海都市圈、深圳都市圈、广州都市圈、苏锡常都市圈、南京都市圈经济规模领先，带来大量人口流入。深圳都市圈、上海都市圈、广州都市圈近年人口增长领跑全国，2018—2022年常住人口年均增量均超过百万，分别为180万人、152万人、145万人；成都都市圈、杭州都市圈、郑州都市圈、苏锡常都市圈、珠江口西岸都市圈2018—2022年常住人口年均增量均超过60万人，也处于靠前位置；而哈尔滨都市圈、汕潮揭都市圈、沈阳都市圈、南昌都市圈、湛茂都市圈人口出现负增长。各都市圈人口流动的差异，导致住房需求分化。人口净流入的都市圈，房地产发展更具潜力，2022年12月，北京都市圈、深圳都市圈、上海都市圈、厦漳泉都市圈、广州都市圈二手房平均房价居前五，分别为38806元/平方米、36100元/平方米、29487元/平方米、28641元/平方米、23842元/平方米；哈尔滨都市圈、沈阳都市圈以5964元/平方米、5763元/平方米垫底。

其三，人口流动导致不同城市房产供需关系出现明显分化，人口净流入的一线城市、强二线城市房地产市场热度高，人口流出的三四线城市市场趋冷。从需求端看，由于一线城市、强二线城市拥有相对完善的基础设施，优质的教育、医疗、养老等资源，完整的产业布局，有利于吸引大量外来人口流入和定居。2013—2022年，一线城市人口年均增长率为2.4%，人口持续流入但增速放缓；二线城市人口年均增长率为1.9%，人口持续流入且增速小幅上升；三、四线城市人口年均增长率为0.4%、-0.5%，人口持续净流出。由此，一二线城市住房需求较强，三四线城市需求相对低迷。从供给端看，一二线城市土地供给偏紧，三四线城市土地供给偏松。根据中指研究院数据，2022年，一、二线城市供给的住宅用地规划建筑面积分别为3107万平方米、26177万平方米，成交楼面均价22277元/平方米、7412元/平方米；三四线城市供给的住宅用地规划建筑面积为47349万平方米，成交楼面均价3071元/平方米。一二线城市与三四线城市土地价格的差异，决定了各线城市住宅价值分化。

各城市房地产供需关系差异，导致城市之间住房成交量、价格、库存分化。从成交看，根据中指研究院数据，2022年受行业下行影响，各线城市商品住宅成交面积均出现不同程度的下滑，但各线城市下滑程度分化。一线城市需求韧性更强、住宅用地供给更紧，因而下滑程度最小，同比下降23.7%；二线城市受到重庆、武汉等成交体量较大的城市成交低迷、部分弱二线城市成交大幅下滑等影响，同比下降程度最高，为38.6%。三四线城市由于需求不足且土地供给偏松，同比下降34.8%。2021年的数据相对2022年更具代表性：一、二线代表城市新建商品住宅成交面积同比均增长，分别同比增长18.0%、5.8%；而三线代表城市同比下降2.0%。从价格看，一线城市房价最高、涨幅最大；三四线城市房价低、涨幅小。根据中国房价行情平台数据，2022年12月，一线城市二手房平均价格为63219元/平方米，而二线城市、三四线城市为18304元/平方米、7585元/平方米。2017年12月—2022年12月，一线城市二手房成交均价增长28.2%，二线城市、三四线城市分别增长21.7%、24.1%（如图2-1）。二线城市涨幅最低，主要受到了弱二线城市的"拖累"。从库存看，供需偏紧的一线城市库存压力较小，而供大于求的三四线城市库存高企、去化困难。根据房地产信息平台克而瑞数据，截至2022年11月末，一线城市去化周期为14.8个月，二线、三四线城市去化周期分别为22.2个月、26.0个月，可见三四线城市面临较为严峻的去库存压力。

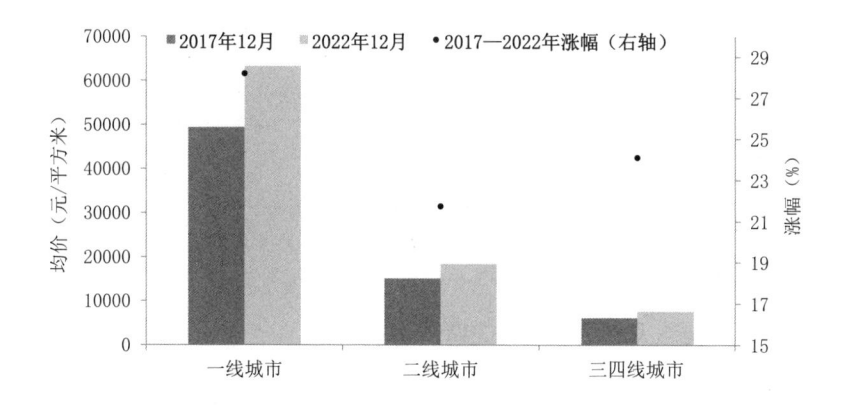

图2-1　2017年12月、2022年12月各线城市二手房均价与涨幅

数据来源：中国房价行情

趋势：内普涨时代结束，"产业+地段"为王

1978—2022年，中国城镇套户比从0.80增至1.09，住房从供给短缺到总体平衡，房子全面普涨、"闭眼买房"时代结束，城市内部房地产市场分化将加剧，产业和地段对房地产价值影响深化。从政策看，2016年以来，随着"房住不炒"提出、因城施策深化，各城市立足当地实际情况，提高房地产调控频率与精细度。从环境看，2022年中国人口开始负增长，总和生育率跌破1.1，热点城市人口净流入放缓，非热点城市人口净流出。房地产从大开发时代进入存量时代。

其一，历史积淀造就老城区"地段"，城市规划与发展创造新"地段"，"地段"通过吸引高购买力人群影响房地产价值。

"地段"随着城市发展形成，好地段的形成可能受两种因素驱动：一方面，历史积淀、物质文化遗产、人文资源集聚造就地段价值。比如上海徐汇衡复[1]历史文化风貌区，是上海首批以立法形式认定和保护的12个历史文化风貌保护区之一，区域内遍布红色革命旧址、音乐文化场馆等，历史建筑类型丰富且居住功能比例大。根据统计，衡复历史文化风貌区的历史建筑数量占总建筑比例的67%，建筑类型包括花园洋房、高层现代建筑、西式别墅、中式里弄。尽管衡复没有目前南京路、陆家嘴的繁华，但由于丰富的文化资源、风格各异的历史建筑具有稀缺性，该地段房价基本10万元/平方米起步。另一方面，城市规划与发展创造新"地段"、赋能新"地段"。此前，众多城市依照环线发展路径，以一个点为圆心，不断向外规划、辐射发展，比如北京、郑州。按照环线逻辑规划与发展的城市，一般距离中心越近，地段价值越高，对高购买力人群

---

1 衡复：衡山路—复兴路

的吸引力越强，住房价值越高。在环线发展路径的基础上，近年部分城市调整发展战略，向多中心发展模式转变，比如北京中关村、望京、国贸等区域的崛起。由此可见，城市发展模式的调整、发展规划的变化，能够创造新的优质地段。但随着人口出现负增长、城镇化率进程放缓，中国城市格局固化，一线、二线、三四线城市分化，各城市通过新城开发塑造新地段将越来越难。

其二，产业集聚通过创造高购买力人群、影响土地成本，进而影响板块内房地产发展，产业外溢又会带动周边板块房地产发展。从需求端看，产业集聚创造高购买力人群在板块内就业、置业。板块内某一产业具备产业优势，就会形成产业集聚，产业集聚吸引越来越多的企业来此，并推动企业变革创新、配置行业资源，促进产业集聚板块经济增长，提升板块内居民的收入水平。同时，为引进产业，增加税收，地方政府也会推动板块内地铁、学校、医院等基础设施的建设，从而使配套更加完善。居民收入增长、公共设施配套完善，进一步有利于板块内居民置业。从供给端看，高端产业集聚影响土地供给数量、房地产开发成本，影响住房价值。根据我们的测算，目前我国的土地加税收成本占房价的六成左右。产业在板块内集聚，带来各种生产要素的流入，推动企业用地需求的增长。一方面，由于板块空间、土地数量有限，用地需求增长将促进板块内所有用途土地价值的增长，因此，房地产开发商购入住宅用地、商住用地的成本增加。另一方面，在有限的空间内，工业用地需求与住宅用地需求存在竞争关系，产业集聚、企业集聚导致工业用地规模和占比提高，挤占住宅用地供给，进而影响住房价值。

我们以上海浦东新区张江板块为例，分析高端产业集聚对住房价值的影响。根据相关机构统计，2006—2021年上海涨幅超过900%的小区排名中，张江板块某小区以1576%的涨幅排名第一。环线发展理论不适合解释张江房价高企的原因。张江自1992年启动起，持续在上海"先行先试"优化营商环境，吸引众多高端产业企业入驻。到2021年，张江板块已集聚了10万家科技企业、9000多家国家高新技术企业，形成"集成电路、生物医药、人工智能"三大先导产业，此外，互联网IT（信息技术）产业也是张江支柱产业之一。互联网与高端制造业企业的集聚，创造了大量高薪岗位，吸引了高购买力群体，2021年底，张江板块内企业从业人员有238万人，这些从业人员对住房的需求更倾向离公司近。但是由于张江板块规划时重点在产业，住宅用地相对稀缺。根据相关统计，2013—2021年张江新房供应数量为4402套，与从业人员数量之间形成巨大缺口。这一方面导致张江房价高企，另一方面也推动张江购房需求外溢到周边板块。

趋势三：大部分开发型房企消失，负债率大降，向"轻重并举"转型

2017—2021年供给侧去杠杆政策的不断出台，推动房地产行业出清，未来房地产行业将向高质量转型，头部房企将拥有大部分市场，大量房企将消失。2016年，"房住不炒"提出；2017—2021年，国家为防止房地产行业过度金融化实行去杠杆政策，包括"三道红线"、贷款集中度管理、土地"两集中"[1]、预售资金监管收严等，各部门政策集中出台，一系列严厉的融资紧缩政策使房地产行业下行，叠加2021年、2022年新冠疫情反复，房企尤其是民营房企此前的"三高"（高周转、高负债、高利润）经营模式难以为继，借新还旧受阻；同时，销售下滑与保交付政策下的监管压力巨大，使得房企面临流动性风险，

---

[1] 2021年2月，自然资源部要求22个试点城市实施住宅用地"两集中"政策，即集中发布出让公告、集中组织出让活动，且2021年发布住宅用地公告不能超过3次，同时要求试点城市单列租赁住房用地占比一般不低于10%。

房企违约事件频发，行业出清，众多经营不善的房企破产重组。2023年政府工作报告提出"防止无序扩张，促进房地产业平稳发展"。未来，在人口增长放缓和城镇化率放缓的背景下，房地产行业会向高质量发展转型，房地产开发总量将有降低趋势，大部分开发型房企将消失，而头部房企凭借融资成本优势，市场占有率将进一步提高。根据国家统计局数据，2021年全国有房地产开发商10.5万家，商品房销售额18.2万亿元，而前100强房企销售总额达90802亿元，市占率49.9%。

"三高"模式终结后，房企整体负债率将下降。其中，负债高企的房企将会重组、缩表、降规模，债务结构优质的房企则将超越行业、规模扩张。过去20年里，随商品房改革开启，土地市场"招拍挂"制度、商品房预售制度推行，房企通过预售期房获得了大量资金，并将资金用于偿还贷款、新一轮拿地、新开工项目等，通过不断加杠杆、滚动开发、连续预售等方式，实现了高杠杆、高周转、高负债的经营模式，推动中国房地产市场快速扩张增长。2005—2021年，中国上市房地产公司平均资产负债率从60.0%上升至79.2%；中国头部房企平均资产负债率从67.9%增至74.2%。对比发达国家，2020年美国、日本、英国、法国、德国上市房企资产负债率分别为57%、69%、37%、38%、54%；美国、日本头部房企资产负债率在40%、70%左右。因此，中国房企资产负债率远高于发达经济体。2023年政府工作报告也提出，要有效防范化解优质头部房企风险，改善资产负债状况。未来，防范房企风险、优化资产负债表将是房地产行业的重中之重，行业整体负债率将下降。

都市圈化、城市群化背景下，扎根热点区域的房企将继续深耕本地市场，同时布局省会城市、都市圈、城市群等人口净流入区域。中国人口整体负增长，但由于区域分化，一线和热点二线城市人口净流入，能够支撑住房需求增长；众多三四线城市人口净流出，人群购买力不足，房企库存高企。因此，房企投资布局将持续调整，更加向重点区域集中。2022年，长三角城市群是房企拿地重中之重，前10强房企在长三角的拿地金额高达2483亿元，在四大城市群中排名首位；粤港澳大湾区、京津冀分别排名第二、第三。未来，地处热点区域的房地产企业将持续深耕所在区域市场。之前布局全国的超大型房地产企业，将把二级、三级、四级公司收缩，集中资源投资人口净流入的省会城市、都市圈、城市群，尤其是人口千万级以上且持续净流入的大型城市。

越来越多的纯开发型房企正在探索新发展模式，向"轻重并举"新经营模式转型。2021年以来，随着房企融资环境收紧、市场快速降温，部分长期采取"三高"模式的开发型房企出现严重困难，信用违约，因此行业转型是大势所趋。越来越多的纯开发型房企在坚持开发业务的同时，也在探索新的发展模式，其中，"轻重并举"模式得到了市场和周期的考验，能持续提供稳健现金流的经营性业务收入，正在成长为部分房企穿越周期的力量。相对开发业务的"重"，广义的"轻"包括所有可以持续性经营的资产和业务模式。按建筑生命周期顺序看，在开发建设阶段，轻资产业务以房地产代建为主，主要为住宅代建，包括各类商品住宅、保障性住房等，目前亦在向写字楼、产业园区、酒店等领域进行延伸；在物业运营阶段，轻资产涵盖领域较广，目前房企在住房租赁、商业、产业园区的探索较多；此外，部分房企亦在积极探索酒店管理、养老地产、文旅地产等轻资产业务。

趋势四：改善时代来临，产品力将成核心竞争力

中国住房整体紧缺的时代已经过去，消费者对住宅的追求从单纯的"有房住"向"住好房"转变。人人都有房住不意味着人人都住上了好房子，居民对住宅品质有了更高的需求，住房产品力的不同，推动住房价值分化。

户型方面，"改善为王"代表改善性需求的户型正在成为主流，三房户型成交套数占比变高，四房户型成交占比也呈增长趋势，二房户型的需求量则逐年下降。多居室的户型能提高居住体验，随着人均住房面积增长，消费者从"住小房"向"住大房"转变，大户型未来也许会逐步成为购房主流。根据中国房地产决策咨询系统的数据，2022年上半年，194个重点监测城市中，普通住宅三房户型、四房户型成交占比达80.0%，其中三房成交占比最高，其次是四房，二房成交占比跌至14.1%。分线城市看，2022年上半年，各线城市三房户型占比均超50%，一线城市二房成交明显下滑，成交占比较2020年下降近10个百分点。与之形成对比的是，三房及以上户型成交占比均出现明显上涨，其中四房成交占比从2020年的13.6%增至2022年上半年的18.9%。二线城市四房户型成交套数占比增长幅度最大。由此可见，房地产市场正在进入"改善为王"的时代。

品质方面，住房品质影响住房价值，住房消费需求从"有房住"向"住好房"转变，居民对住房品质的要求提高。过去，中国住宅建设重视量的扩张，对品质关注度不足，导致部分住房存在品质不高、居住体验一般等问题。随着消费者需求从"住有所居"向"住有宜居"转变，提高住房品质势在必行。居民在能力范围内，将更倾向外观好且房龄新的房子。外观方面，地段、户型类似的情况下，外观较好的住宅在外立面上有3个特征，一是外立面风格升级优化、色彩搭配更加协调，二是使用干挂石材、铝板、玻璃幕墙等升级材料，三是外立面设计线条感精致。而外观较差的住宅外立面往往采用传统涂料，经过较长时间的使用后，建筑外观存在墙皮脱落、渗水等问题，外立面色彩搭配不和谐、线条粗糙。房龄方面，相对房龄较老的房子，近年建成的房子在建筑用料、建设工艺方面可能更先进，建筑主体磨损相对较小，建筑结构更稳定，室内墙面、电路管道等老化、腐蚀程度低，因此居住舒适度、体验感更高。因此未来，在购房者能力范围内，地段、户型、学区类似的情况下，外观好且房龄新的房子将成为越来越多购房者的选择。

物业管理方面，物业服务影响居住体验和住房价值。随着消费者对住房居住体验、生活品质的追求越来越高，物业管理服务质量成为购房时的重要考虑因素，包括物业资质、物业费、物业服务内容等，消费者越来越愿意为物业管理买单。当户型、面积、外立面、景观、开发商等要素基本相同，但由不同物业管理的小区，物业管理较差的小区住房价值可能低于拥有优质物业管理的小区。以杭州为例，西湖区某两个相邻小区，开发商、地段相同，建筑外表和内部环境相似，尽管A小区房龄甚至更高，但A小区物业管理服务团队优质，除提供基础的环境卫生服务、硬件设施升级服务，该物业管理公司还引入了智慧化管理服务，极大地提高了生活便利度。两个小区物业管理公司的差距，反映到了小区二手房挂牌价上，A小区房价略高于B。同样，2022年上海浦东唐镇某小区通过业主大会改换物业，从普通物业升级为优质物业，随着优质物管公司整改垃圾点位、补栽绿植、修缮公共设施，排除其他因素，小区住宅价值有了一定程度的提升。

趋势五：多层次住房供应体系，低收入靠保障，中等收入有支持，高收入靠市场

市场化住房供应无法解决所有居民的住房问题，多主体供给、多渠道保障、租购并举的住房制度是大势所趋。中国住房制度改革在改革开放后的40多年里持续进行，1998年，中央首次提出要建立和完善以经济适用住房为主的多层次城镇住房供应体系(《国务院关于进一步深化城镇住房制度改革加快住房建设的通知》),此后,住房供应体系经历了1998—2003年以经济适用房为主的阶段,2003—2007年以商品房为主、保障性住房为辅的阶段,2007—2010年商品房与保障性住房并重的阶段,以及2011年至今的多层次住房供应体系初步形成的阶段。目前,中国初步形成了以市场化供应为主的商品房,以政府供应为主的经适房、公租房、棚户区改造、保障性租赁住房的住房供应体系。未来,多主体供给、多渠道保障、租购并举的住房制度将建设得更加成熟。

低收入家庭住房靠保障,中等收入家庭住房有支持,高收入家庭住房靠市场。第一,对于低收入、中等偏下收入的住房困难家庭,政府为其提供最基本的保障,提供的住房类型包括廉租房、棚户区改造、经适房、公租房、限价房、保障性租赁住房等,每种保障性住房相对同质化。保障性租赁住房是缓解住房压力的重中之重。第二,中等收入的"夹心层"家庭面临双重难题:一方面,房价过高,掏空"六个钱包"可能勉强购买市场化的商品房;另一方面,由于收入或住房不符合购买保障性住房的条件,这些家庭无法申请政府提供的保障性住房。因此未来可能通过发放住房补贴等方式,支持中等收入家庭购房。第三,对高收入家庭,以市场供应为主,叠加适度的调控政策抑制不合理住房需求,满足高收入家庭多方面的住房需求,提供普通商品房。

趋势六:商品房预售制或将逐步取消,现房销售可期

商品房预售制最早源于中国香港。20世纪50年代,楼宇出租是中国香港地产行业盛行的方式,但这种模式面临转让难、出租资金周转期长等问题,于是分层销售应运而生。在此基础上,"按揭"模式被引入房地产销售,俗称"卖楼花",先收买家订金,采用类似租金的分期付款形式,等新楼落成时收齐买家的钱，买家就拥有了自己的房产。1998年中国内地住房制度改革中，由于商品房短缺且房企缺资金，内地便借鉴香港模式，引入预售制，房地产开发商在商品房未建成时就拿到全部房款，以高周转、高杠杆模式运营企业。

当前世界也有不少国家的房地产企业采用预售制，但是发达国家一般有严格的监管保障措施。开发商在项目获得政府批准后才可以开始销售，买家在购买期房后只支付少量的预付款甚至不支付预付款，此后根据开发商工程进度，在完全交房前进行分期支付或者在交房后才开始支付尾款。同时，这些国家也有预防房屋"烂尾"的保险以及交付后的保修期。所以，国外的预售制度是有严格的资金监管、分期支付以及违约处罚措施作为保障的。

从个人层面看，预售制有一定的弊端，比如，交房等待期一般为两年，在此期间，购房者不仅要承担银行利息，还要承担延迟交房、房屋质量发生问题、房产证延期办理甚至不能交房的风险。从行业层面看，预售制助推部分房企过度举债、高杠杆扩张，若遇到行业下行周期，会引发资金链断裂、项目搁置等系列风险。取消预售制，改为现房销售，开发商拼的就不再是五花八门、让人眼花缭乱、不知道能不能兑现的营销手段，而是所见即所得的过硬的产品质量和诚信。现房销售将极大地提升开发商的建筑质量，实现"良币驱逐劣币"，同时也有助于落实中央"房住不炒"精神，有助于保障购房老百姓的权益，一举多得，谋划长远。

未来，取消商品房预售制是大势所趋，逐步实现现房销售可期。这是房地产从大开发时代步入高质量发展阶段的必然趋势，也是对购房的老百姓的最大保护。预售制只是住房制度改革之初的权宜之计，现在全国套户比已经超过1，房地产行业已进入存量时代。当然，这是个技术活，必须兼顾化解停贷、复工保交楼、重组房企债务、恢复市场信心以及新模式，而新模式的关键是推动城市群战略、人地挂钩、金融中性稳定和房地产税。如果按照经济规律办事，中国一定能实现房地产行业软着陆和长期平稳健康发展，跨过这道关，解好这道世界难题。

启示：构建五大支柱住房制度，推动向新发展模式转型

根据我们对各个发达经济体住房制度和房地产市场的研究，结合中国住房制度现状和发展阶段的特点，我们建议，以城市群战略、人地挂钩、金融稳定、房地产税、租购并举为核心加快构建房地产新模式。

其一，推动都市圈城市群战略。根据对世界上几十个国家上百年的人口大迁移的研究，人口往都市圈、城市群迁移集聚是基本规律，人随产业走，人往高处走。中国人口持续向珠三角、长三角城市群集聚，也符合这一规律。2013—2022年珠三角、长三角城市群年均常住人口增量超180万人，成渝、中原城市群年均常住人口增量超65万人，但东北、西部等区域面临产业结构单一等问题，呈现人口净流出趋势。

长期以来，中国城市规划政策的指导思想是"控制大城市人口、积极发展中小城市和小城镇、区域均衡发展"，因此尽管人口向大都市圈集聚，但土地供给却向三四线城市倾斜，人口城镇化与土地城镇化明显背离，由此造成了人地分离、土地供需错配，这是导致一二线高房价、三四线高库存的根源。

其二，以常住人口增量为核心，改革"人地挂钩"，优化土地供应。未来我国应坚持都市圈城市群战略，推行新增常住人口与土地供应挂钩、跨省耕地占补平衡与城乡用地增减挂钩，严格执行"库存去化周期与供地挂钩"原则，

优化当前土地供应模式。如东北和西部地区售卖用地指标，可以有效解决目前东北、西部用地指标大量浪费的问题，以及东南沿海用地指标短缺的问题。可以支持人口净流入多、房价涨幅大的城市如杭州、深圳，与人口净流出、城镇建设用地指标富余的城市如哈尔滨、兰州"结对子"，进行农业用地指标与城镇建设用地指标的动态交易。

根据我们此前的研究，在全国大部分一二线城市房价大涨的背景下，长沙的房价、房价收入比、涨幅在主要城市中处于较低水平。2021年，长沙二手房均价1.1万元/平方米，低于武汉、郑州、南昌等二线城市；2012—2021年长沙商品住宅年均增长率低于9.4%，低于大部分二线城市。长沙房地产调控得好的原因在于长沙是典型的多中心组团空间结构，土地供应量大，并且严格限制土地成交溢价率，设定商品房"成本+利润+税金"价格构成，既确保房企有一定的盈利空间，也确保了房价相对稳定。

其三，保持货币政策和房地产金融政策长期稳定。根据我们在专著《全球房地产》中的研究，"房地产过度金融化"是风险之源，因此应当实行长期稳定的住房信贷金融政策，稳定购房者预期，支持"刚需"和改善型购房需求，同时抑制投机性需求；规范房企融资用途，防止过度融资，同时支持房企合理的融资需求，提供一定时间窗口让存在问题的房地产企业有自救机会，即自身债务自清。

从德国的经验来看，中性稳健的货币政策与住房金融体系是德国房价长期稳定的住房制度"三支柱"之一。"二战"后，德国央行首要目标是保持物价稳定，严格自律不超发货币；德国M2增速与经济增速基本匹配，货币供应水平合理，2020年M2占GDP比重为102.9%，在主要发达国家中处于中等水平，低于欧元区126.2%的平均水平。在稳健货币政策和温和通胀水平的背景下，德国房价和物价基本保持长期稳定，1970—2020年名义房价指数上涨185%，CPI指数上涨162%，远低于同期美国、英国等发达国家。

其四，稳步推动房地产税试点。2021年10月，全国人大常委会授权国务院在部分地区开展房地产税改革试点工作。2023年4月25日，自然资源部部长在全国自然资源和不动产确权登记工作会议上宣布，我国全面实现不动产统一登记。随着房地产大开发时代结束，存量房时代下土地出让金减少、交易环节税收减少，推出房地产税替代土地财政是大势所趋。从国际经验看，房地产税通常被拥有成熟房地产市场的经济体作为地方财政收入重要、稳定的来源。

其五，租购并举，对低收入家庭和应届毕业生的租房支出给予适当补贴。党的二十大报告强调"加快建立多主体供给、多渠道保障、租购并举的住房制度"。租房问题是重大民生问题，住房租金补贴是构建租购并举住房保障体系重要举措之一。对低收入家庭和应届毕业生的租房支出给予适当补贴，能够让更多城镇中低收入家庭实现"住有所居""住有宜居"。其中，公共租赁住房租金补贴能有效缓解已配租公租房家庭的租金压力，市场租房补贴能够解决公租房房源少、轮候时间长等问题，让符合条件的住房困难群体通过市场租赁解决住房困难问题，缓解租房的经济压力，降低居住成本。

房地产大趋势

中国住房过剩了吗

导读

在我们提出的标准分析框架的基础上，作为土地部分研究的深化，我们在2018年报告《中国住房存量测算：过剩还是短缺》中首次测算了全国、各省级、各地级单位的城镇住房存量情况，受到市场广泛关注。本节对该报告进行了相应更新和完善，进一步探明当前中国城镇住房存量面积有多大，未来中国房地产市场又有多少空间。

研究结果表明，2022年中国城镇住房套户比为1.09，一线、二线、三四线城市的套户比分别为1.03、1.10、1.09。中国住房整体已经达到静态平衡，但是区域供求差异极大，都市圈、城市群随着人口不断流入，未来仍面临住房短缺现象，但东北、西北以及非都市圈城市群的低能级城市，由于人口外迁严重，不仅已经出现供给过剩的情况，而且未来过剩程度还将加深。因此，须重视区域差异中的结构性机会和风险。[1]

1　因数据缺失及部分数据质量问题，本节使用了部分假设，相关估算可能存在一定偏差。

中国城镇住房存量

现有城镇住房数据真伪识别

当前中国到底有多少城镇住房？2022年4月25日，自然资源部部长在全国自然资源和不动产确权登记工作会议上宣布，我国全面实现不动产统一登记，但全国的住房存量数据尚未公布，未来是否公布也未可知。官方已公布的中国城镇住房数据，存在统计部门和建设部门两个来源，主要涉及人口普查家庭户住房面积、城镇人均住房建筑面积、早期部分年份城镇住宅存量、城镇住宅竣工面积等四类数据，有一定参考价值，但均存在明显问题。

第一，人口普查资料公布了家庭户住房数据，但未公布集体户住房数据。在不考虑漏报瞒报的情况下，直接以城镇家庭户人均住房面积乘以城镇人口来计算城镇住房存量，可能存在高估。住房数据从1995年开始被纳入全国人口1%抽样调查（"小普查"）及后续的人口普查。但人口普查只公布家庭户住房数据，不公布集体户情况，而2010年城镇集体户人口已近8000万，占城镇常住人口比重达12%。根据人口普查的定义，集体户是指相互之间没有家庭成员关系，集体居住、共同生活在一个房间里的人口。显然，集体户人均住房面积远小于家庭户，以城镇家庭户人均住房面积乘以城镇人口，得出的城镇住房面积明显是高估的。此外，对一户多宅情况，人口普查规定，若未出租或借出住宅，调查时要将这几处住房的面积相加，这意味着人口普查理论上包括了空置房，但事实上居民可能有漏报瞒报的情况。

第二，国家统计局公布的城镇人均住房建筑面积数据因抽样偏差，可能存在高估。国家统计局基于约16万住户的全国城乡住户一体化调查，公布人均住房建筑面积数据（2013年以前城镇住户调查和农村住户调查单独开展）。2020

年，第七次人口普查（以下简称"七普"）数据显示中国城镇和乡村人均住宅建筑面积分别38.6平方米和46.8平方米。虽然住户调查理论上既包括家庭户也包括集体户，但由于住户调查样本每五年轮换一次，需保证一定稳定性，所以实践中抽取的样本多为当地有房户籍家庭，对流动性较大、居住空间较小的常住外来人口、无房户覆盖不足，因此存在一定高估。此外，住建部依据地方逐级上报，也曾统计过人均住房建筑面积，比如2008年9月中国统计出版社出版的《中国统计年鉴》公布了1978—2006年城市人均住房建筑面积情况，2022年住建部发布的《2021年中国城乡建设统计年鉴》公布了1990—2021年村镇人均住房建筑面积情况，但县城和2007年之后的城市人均住房建筑面积数据缺乏，这使得难以通过市县镇加总，得出全国城镇住房存量数据。此外，住建部定义的"人均"以"户籍人口+暂住人口"为分母计算得出（2006年之前以户籍居住人口为分母），与一般的常住人口人均住房建筑面积不同。

第三，官方公布的部分年份城镇住房存量数据，范围可能存在偏差。1985年，原城乡建设环境保护部和国家统计局组织开展了全国第一次城镇房屋普查，公布住宅建筑面积22.91亿平方米、使用面积15.09亿平方米，但涉及人口仅占当时城镇常住人口的约60%，范围偏小。原建设部曾在2002—2005年的《城镇房屋概况统计公报》中公布了2002—2005年全国城镇国有土地上的住房存量（不含建制市城市规划区和县城以外的建制镇），加上原建设部公布的2002—2005年《村镇建设统计公报》中的建制镇住房存量，可得2002年、2005年全国城镇住房存量分别为111.6亿平方米、144.4亿平方米。但是，我国住建部定义的城镇范围可能长期存在偏大或重复统计的情况，比如其中2010年城市及县城建设用地、建制镇建成区面积加总为8.8万平方千米，较自然资源部公布的城镇建设用地7.6万平方千米大16%（如图2-2）。

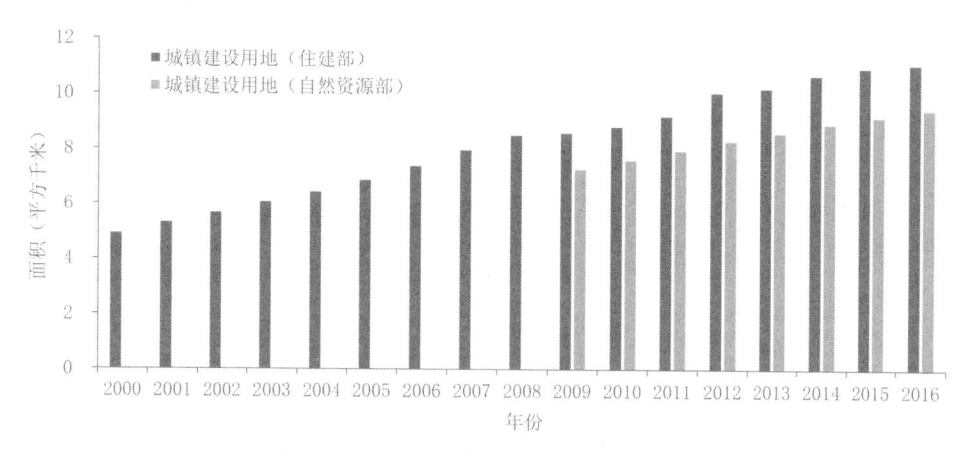

图2-2 建设部门、自然资源部城镇建设用地面积比较

数据来源：住建部，自然资源部

第四，国家统计局公布的城镇竣工住宅面积数据可能存在低估，无法简单通过"某年住房存量+竣工住宅面积-折旧拆迁面积+农民带房入城面积"推算当前存量。国家统计局从1995年开始公布固定资产投资项目下的城镇竣工住宅面积（含商品住宅），1997年开始统计起点变为50万元及以上，2011年指标调整为固定资产投资（不含农户）竣工住宅面积（原城镇竣工住宅口径+农村企事业竣工住宅面积），统计起点调整到500万元及以上，但该数据因为口径及统计问题，明显小于真实城镇竣工住宅面积。根据2000年、2010年两次人口普查，我们估算2000—2010年城镇住房增量达92亿平方米，而2001—2010年城镇竣工住宅面积合计67亿平方米，拆迁约15亿平方米（依据房龄、面积、建筑结构估算），农民带房入城7亿~10亿平方米，尚余30亿~33亿平方米未被统计。

研究思路与主要假设

鉴于上述情况，我们的研究思路是：以2000年、2010年、2020年人口普查数据公布的家庭户住房数据为基础，通过合理假设城镇集体户人均住房面积与家庭户人均住房面积的比例，估算全国城镇集体户住房面积，从而得到2000年、2010年、2020年全国城镇住房存量，再依据2000—2020年全国城镇住房面积增量，推算该时期未被统计的农民带房入城和城镇竣工住宅面积年均增量，并以此为假设，通过"2020年城镇住房存量+历年城镇竣工住宅面积-拆迁面积+未被统计的农民带房入城和城镇竣工住宅面积合计"，得到2021年、2022年中国城镇住房存量。同时，参考国家统计局1978年户均、人均住房面积统计，1985年全国房屋普查、人口普查和"小普查"房龄数据，1999年以来商品住宅竣工套均面积，以及官方历年住房建设标准等，估算出套均面积和其他主要年份住房存量，由此计算1978—2022年主要年份的套户比数据。

其中主要有三点需要说明：

第一，假设城镇集体户人均住房面积为家庭户的35%。根据人口普查规定，初中、小学的住校学生，幼儿园全托的孩子，一律视为在家中居住，作为所在家庭的现有人口；高中及以上阶段住校生按其实际居住情况登记，作为学校的现有人口。我们基于集体户定义、家庭户居住情况和教育部统计的城镇学生宿舍面积，估算城镇集体户与家庭户人均住房建筑面积比例应在27%～45%之间，并依据唯一公开的宁波鄞州区集体户住房数据样本，假设全国平均比例为35%，由此测算全国城镇集体户住房面积。我们发现，即使35%的比例有偏，对全国城镇住房存量的影响最多只有2亿平方米，对结果影响很小。

第二，发现2015年"小普查"的住房数据存在高估，因此未予采用。依据人口普查、"小普查"资料计算，2000—2005年、2005—2010年、2010—2015

年三个阶段，城镇家庭户住房存量增量分别为65.5亿平方米、20.6亿平方米、62.4亿平方米，这显然是不合理的。因此，我们认为2015年"小普查"的城镇家庭户住房数据与2005年均存在高估，因此未基于2015年数据，而是基于2010年、2020年普查情况推算当前情况。

第三，城镇家庭户均规模数据，依据人口普查、"小普查"及年度人口变动抽样调查计算。从国际经验看，家庭户均规模具有小型化趋势。但由于劳动力回流中西部、生育政策有所放开等因素，至2015年，家庭户均规模稍有回升。2015年"小普查"统计城镇家庭户均规模为2.93人，高于2010年的2.85人。但从国家统计局发布的《第七次全国人口普查公报》看，2020年全国家庭户均规模为2.62人，比2010年的3.09人减少0.47人。家庭户规模缩小，主要是受我国人口流动日趋频繁、住房条件改善、年轻人婚后独立居住等因素的影响。因此本节假定2021年城镇家庭户均规模为2.48人（如图2-3）。

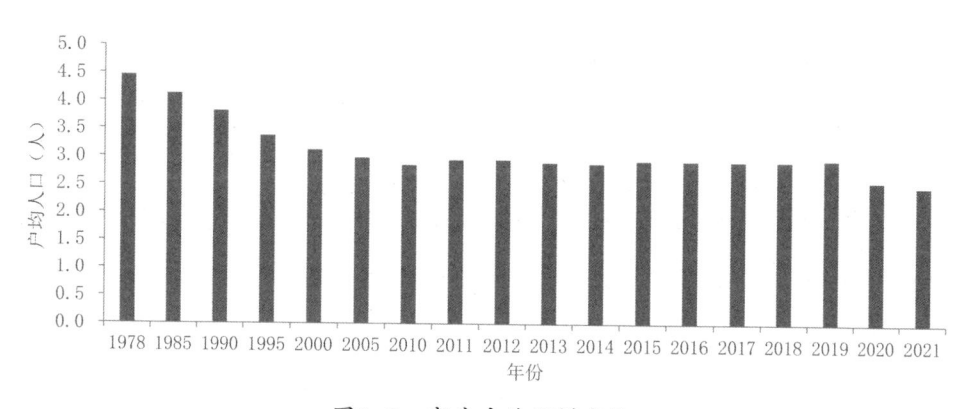

图2-3 家庭户均规模变化

数据来源：国家统计局

中国城镇住房40年：从供给短缺到总体平衡

中国城镇住房套户比数据变化

改革开放40多年来，中国城镇居民从筒子楼住到住宅小区，住房事业取得巨大进步，这主要得益于20世纪90年代从福利分房转变为住房商品化的住房制度改革。根据我们测算，1978—2022年，中国城镇住宅存量从不到14亿平方米增至329.8亿平方米，城镇人均住房建筑面积从8.1平方米增至34.8平方米，城镇住房套数从约3100万套增至3.63亿套，套户比从0.8增至1.09（如图2-4、图2-5、图2-6）。与住建部公布的2019年城镇人均住房建筑面积39.8平方米相比，我们测算的城镇人均住房建筑面积要小5平方米左右。一般而言，套户比小于1，表明该地区住房供给总体不足；套户比等于1，表明该地区住房总体基本供求平衡；考虑到休闲度假需求、因人口流动带来的人宅分离等情况，成熟市场的套户比一般在1.1左右。从国际看，当前美国、日本的套户比分别为1.17、1.16，德国为1.03（如图2-7），英国为1.02；中国城镇住房套户比接近1.1，表明住房供给总体平衡。

改革开放前，我国住房建设严重滞后，1978年全国城镇人均住房建筑面积较1950年反而下降20%，缺房户占比达47.5%。随着改革开放后住宅建设加快，到1985年，城镇人均住房建筑面积增长至10.9平方米，但缺房户依然高达26.5%。其中，婚后无房、暂住非住宅房、暂住临时简易房、暂住亲友房等"无房户"占比3.2%；三代同室、父母与成年子女同室、成年兄妹同室、二户同室等"不便户"占比10.4%；人均住房建筑面积在5.7平方米以下（原数据为人均居住面积4平方米以下，按0.7系数折合）的"拥挤户"占比12.8%。

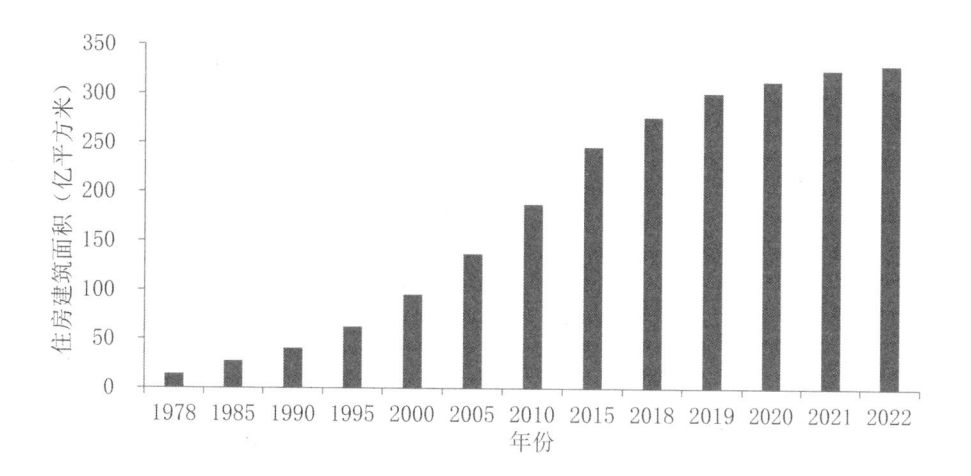

图2-4　1978—2022年中国城镇住房建筑面积增长情况

数据来源：国家统计局，住建部

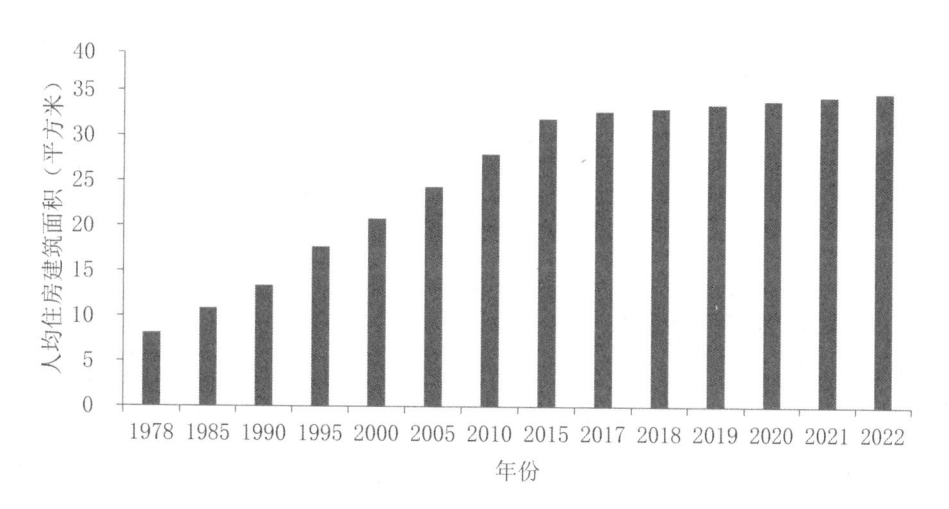

图2-5　1978—2022年中国城镇人均住房面积增长情况

数据来源：国家统计局，住建部

房地产大趋势

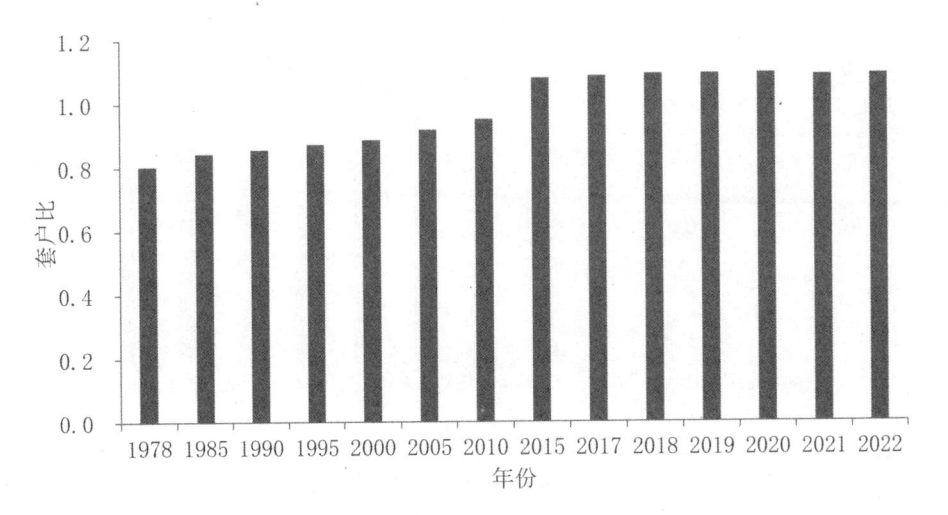

图2-6　1978—2022年中国城镇套户比增长情况

数据来源：国家统计局，住建部

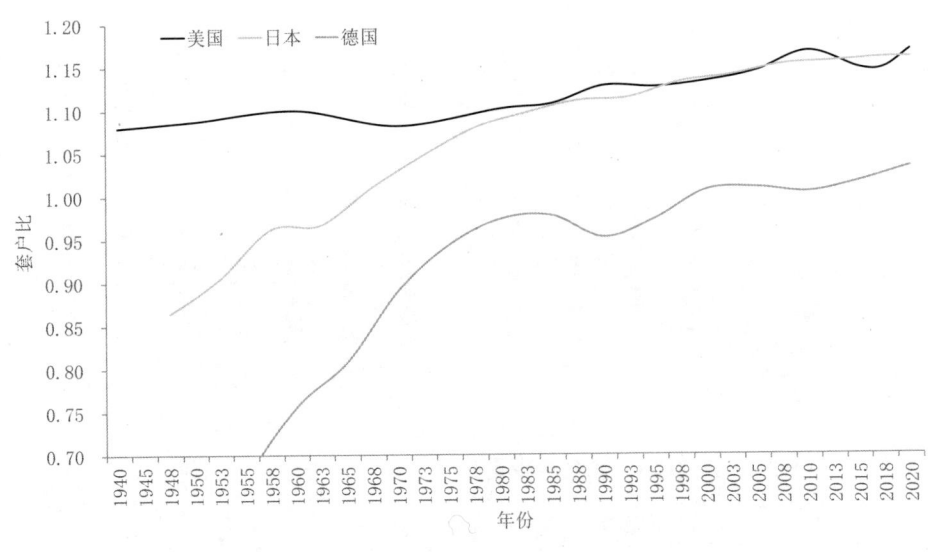

图2-7　1940—2020年部分国家套户比变化

数据来源：各国统计部门

随着20世纪90年代住房制度改革推进，特别是1998年国务院下发《国务院关于进一步深化城镇住房制度改革加快住房建设的通知》后，商品住宅带动城镇住宅竣工面积大幅攀升。按照国家统计局的口径估算，1978年全国城镇竣工住宅面积不足1亿平方米，1998年则超过5亿平方米，2011年超过10亿平方米；其中，竣工商品住宅面积占城镇竣工住宅面积的比例，从1995—1999年的不足32%，跃升至2000年的38%，2003年超过60%，2007年超过70%。从全国人口普查和"小普查"的房龄结构数据看，有约97.5%的城镇住房为1978年以来建造，约89.3%为1990年以来建造，约69.7%的城镇住房为2000年以来建造。与中国不同，欧美发达经济体的住房平均房龄较老，比如英国、美国住房房龄超过50年的比例均超过40%，超过100年房龄的比例分别为20%、7%。

从住房来源结构看，当前全国城镇住房存量中，商品房约占四成，自建房约占三成，还有三成为原公房、保障性住房及其他。根据国家统计局数据，1999—2021年竣工商品住宅合计125亿平方米，占当前城镇住宅存量的40.6%。而根据人口普查及"小普查"中的城镇家庭户住房来源数据，2000—2020年购买新建商品房的城镇家庭户户数占比从8.9%升至31.9%；自建住房比例从35.7%降至20.1%，购买原公有住房比例从23.5%降至6.1%，购买经济适用房、两限房（限房价、限套型普通商品住房）比例从6.0%降至3.8%；租赁廉租房、公租房从14.4%降至3.4%；租赁其他住房比例从6.1%增至17.7%；其他比例从5.4%降至5.0%（如图2-8）。由于人口普查中的购买二手房、租赁其他住房并未说明来源是商品房还是非商品房，我们需要依靠商品住宅竣工面积判断存量房中的商品房比例。

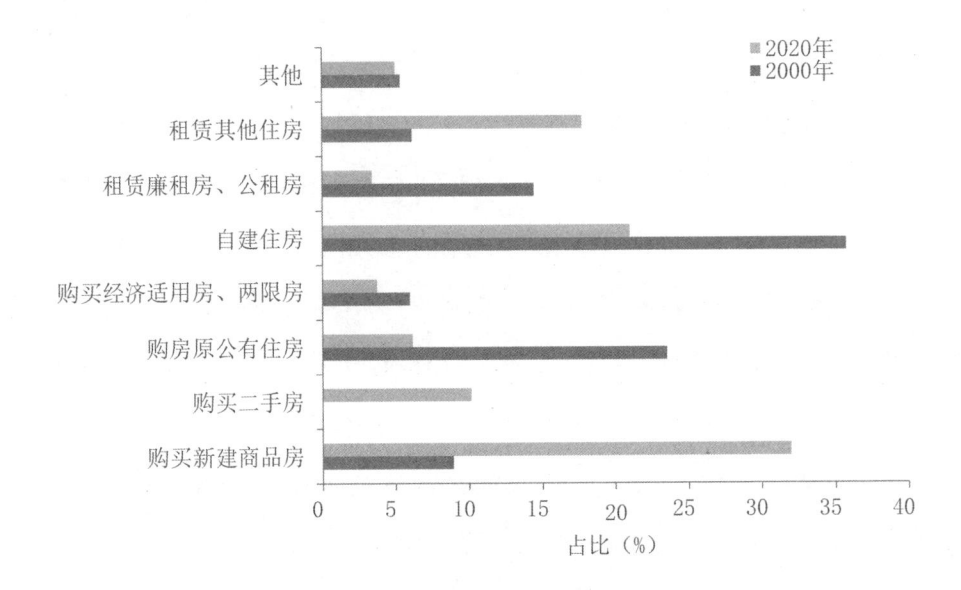

图2-8　2000年与2020年中国城镇住房来源结构

数据来源：国家统计局

中国城镇居民住房来源

中国城镇居民约70%居住在自有住房里，约20%租房，其他10%为借住、住单位宿舍等。与建制镇居民相比，城市居民住房自有率更低，且自有率呈下降趋势，租房比重更高且呈上升趋势。

根据2000年人口普查家庭户住房来源统计，有74.1%的城镇家庭户居住在自有住房里，有20.5%的租房，还有5.4%的住房来源为其他（比如，借住亲友住房但不付租金，住单位单人或夫妻宿舍但不付租金等情况）。到2020年，上述比例分别为73.8%、21.1%、5.0%。此外，2005年、2015年"小普查"统计的城镇家庭户住房自有率分别为77.9%、79.2%，住房自有率偏高，可能存在抽样问题。

把居住在自有住房的比例简单地看作住房自有率，则2020年城镇家庭户住房自有率较2000年有所上升（如图2-9），但主要原因是建制镇家庭户住房自有率从78.0%增至82.7%，而城市家庭户住房自有率从72.0%降至69.2%。租房人口主要集中在城市，城市家庭户租房比例从2000年的23.2%上升至25.6%，建制镇家庭户租房比例从15.6%降至12.6%。假设城镇集体户人口都没有自有住房，我们估算2000年、2020年中国城镇居民住房自有率分别为66.0%、63.8%。从现实情况看，把居住在自有住房的比例简单看作住房自有率，从而估计全国城镇住房自有率，可能稍有低估，因为可能存在因本地无房而租房、但在外地（如老家）有房等情况。从国际比较看，中国城镇住房自有率，较高，仅低于美国。2020年美国住房自有率为64.2%、日本为61.7%、德国为46.0%，这与中国重视"家"的文化传统以及过去房价基本持续上涨的预期等，存在一定关系。

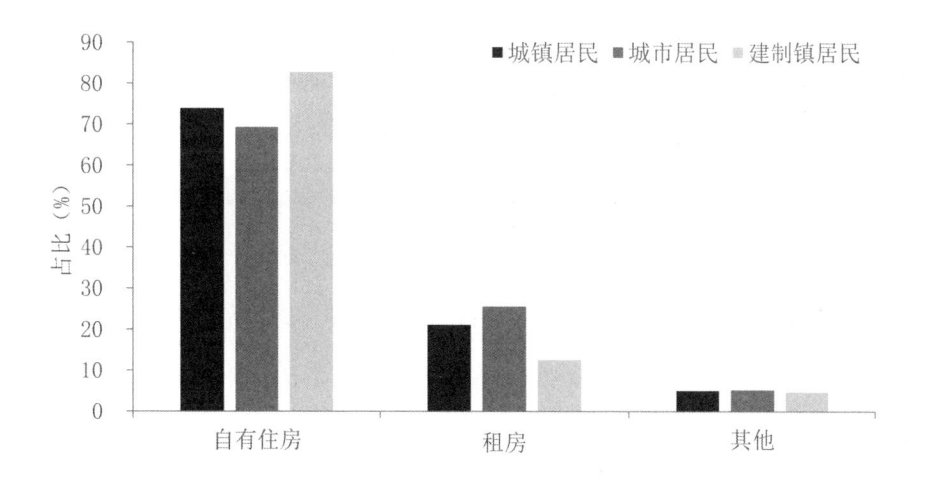

图2-9　2020年不含学生的中国城镇居民住房来源结构

数据来源：国家统计局

从人口普查定义的家庭户人均使用住房面积分布推测,当前城镇家庭拥有住房的不平衡程度较为严重,将城镇家庭户按住房使用面积5等份分组,住房平均面积最低的1/5的城镇家庭户或拥有约7.0%的住房面积,而最高1/5的家庭户拥有约36.7%的住房面积。根据人口普查资料定义,当一个家庭有多套住房且未出租或借给他人居住时,其"使用"的住房面积为全部住房面积。但如果该家庭有住房出租或借给他人居住,则该住房面积为实际居住人"使用",计入实际居住人的住房面积。从现实来看,租房人群的人均住房面积建筑面积一般在30平方米以下;如家庭人均住房面积超过50平方米,则该住房面积很可能为该家庭产权所有。因此,考虑出租等情况,人口普查的使用住房数据可能会低估富裕家庭的产权住房面积,高估贫困家庭的产权住房面积,因此低估实际拥有产权住房情况的不平衡程度。

我们对人均住房面积在8平方米以下的家庭户,乐观假设其人均住房面积为7平方米;对人均住房面积在70平方米以上的家庭户,保守假设其人均住房面积为72平方米,由此计算不同类型家庭户拥有的住房面积。研究发现:

其一,住房困难的家庭户比例明显下滑。1995—2020年,人均住房建筑面积在8平方米以下的家庭户数占比从12.6%降至2.0%,人均住房建筑面积9~16平方米的家庭户数占比从35.3%降至9.3%。

其二,高收入家庭使用的住房面积占比与其户数占比的比例趋于下降,但与此同时,低收入家庭使用的住房面积占比与其户数占比的比例也趋于下降。2000—2015年间该趋势尤其明显,人均50平方米以上的城镇家庭户住房面积占比与其户数占比的比例,从2000年的2.30降至1.78;人均60平方米以上、70平方米以上的城镇家庭户住房面积占比与其户数占比的比例,分别从2.30(2005年)降至1.89、从2.41(2005年)降至1.96;而人均住房面积在8平方米以下、

9～16平方米的家庭户住房面积占比与其户数占比的比例，分别从0.35（1995年）降至0.19、从0.61（1995年）降至0.35。

其三，即使从使用情况看，住房分布的不平衡程度仍然严重。如图2-10、图2-11所示，换算为5等份或10等份看，2000年，最低10%、20%城镇家庭户使用的住房面积占比，分别为3.0%、7.1%；最高10%、20%的城镇家庭户使用的住房面积占比分别为22.4%、39.0%。到2010年，情况变化为最低10%、20%城镇家庭户使用的住房面积占比分别为2.3%、6.2%；最高10%、20%城镇家庭户使用的住房面积占比分别为21.8%、39.4%。2015年"小普查"数据存在一定抽样问题，导致最低10%、20%城镇家庭户使用的住房面积占比分别升至为2.8%、7.2%；最高10%、20%城镇家庭户使用的住房面积占比分别降至19.6%、36.9%。2020年"七普"数据显示，最低10%、20%城镇家庭户使用的住房面积占比分别回归至为2.6%、7.0%；最高10%、20%城镇家庭户使用的住房面积占比分别降至21.5%、39.7%。

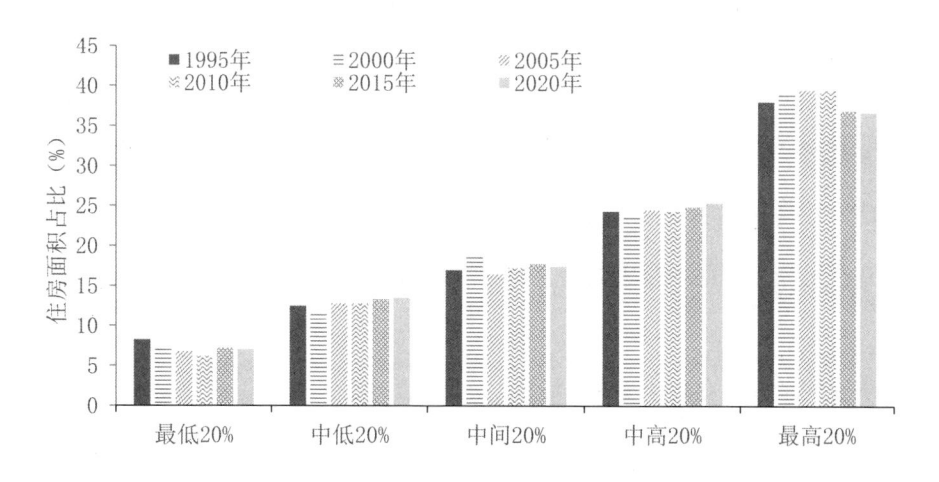

图2-10 城镇家庭户按住房使用面积5等份分组

数据来源：国家统计局

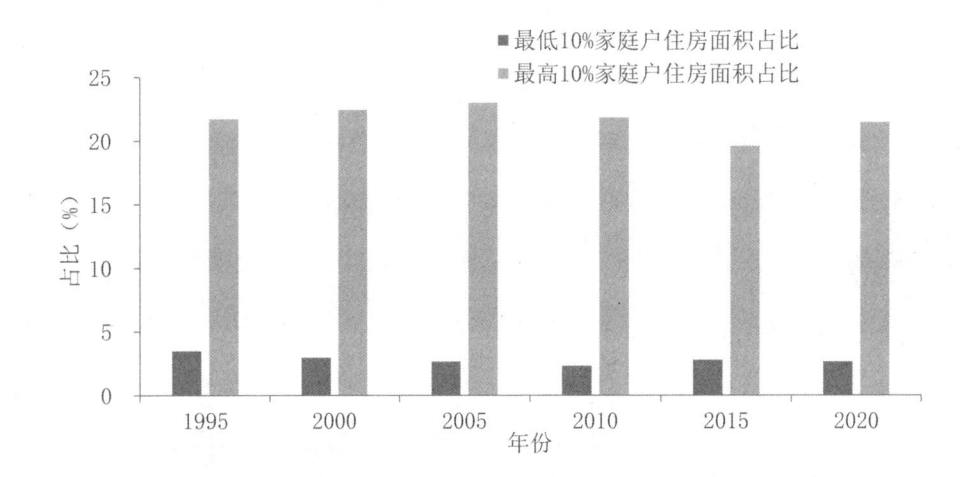

图2-11 按住房使用面积10等份分组后，最低和最高10%城镇家庭户住房使用面积
数据来源：国家统计局

根据人口普查资料中城镇家庭户住房"使用"情况的数据估算，1995—2020年全国城镇家庭户住房使用分布的基尼系数大致保持在0.3左右，这显然存在低估。如果考虑20%的城镇家庭户租房，人均住房面积更低的城镇集体户人口，以及2亿多进城务工人员在城镇置业比例较低等情况，低收入群体实际拥有的住房面积占比与其户数（即人口）占比的比例无疑将更低，即产权层面的城镇家庭住房分布基尼系数无疑更高。

中国房地产市场仍有较大发展空间

房地产长期看人口，尽管中国20～50岁主力置业人群的比例在2013年左右达峰值，但综合考虑城镇化进程、居民收入增长、家庭户均规模小型化、住房更新等，中国房地产市场未来仍有较大发展空间，将逐步从高速发展转向中速、高质量发展阶段。我们将我国房地产需求分为三类：（1）新增城镇常住人口带来的城镇化居住需求；（2）生活条件提升推动的居住改善需求；（3）因城市更新带来的居住需求。围绕三项新增居住需求，我们设计了基于人口普查等数据量化测算城镇新增居住需求的模型：城镇常住人口居住需求=新增城镇常住人口的居住需求+生活条件提升带来的改善性需求+城市更新需求（计算新增常住人口的居住需求时需剔除行政区划变动产生的农民带房入城住房面积）。

第一，虽然未来我国人口增速、城镇化率增速放缓，但预计至2032年城镇常住人口约增至11.0亿人，城镇常住人口增加的居住需求规模维持稳定。根据国家统计局发布的《中华人民共和国2022年国民经济和社会发展统计公报》，2022年末常住人口城镇化率65.2%，但按户籍人口估算，2022年城镇化率仅略高于46%。联合国《世界城市化展望（2018年修订版）》预计，2020—2035年中国常住人口城镇化率年均增幅约0.85个百分点，推算2023—2032年我国城镇常住人口约从9.7亿增至11.0亿。根据我们在报告《中国人口大迁移》中测算，2011—2018年，中国城镇人口增量中来自自然增长、区划变动、乡城迁移的平均比例为18.3%、35.1%、46.7%，与国家统计局测算2018年的23.6%、36.8%、39.6%相差不大。

第二，与主要发达经济体相比，中国城镇人均住房面积较小（如图2-12），随着居民收入增长和家庭规模迅速小型化等，人均住房面积未来存在至少15%的提升空间。

一方面，因生育率下滑、晚婚不婚率提高、年轻人婚后独立居住等因素，中国家庭户规模迅速小型化，带来更多的住房和更大的人均住房面积需求。家庭规模小型化是世界各国人口发展的普遍趋势，当前日本、美国、韩国家庭户均规模分别降至2.27、2.53、2.4人；"七普"数据显示，2020年中国平均家庭户规模为2.62人，比2010年的3.10人减少了0.48人，已跌破"三口之家"的数量线。

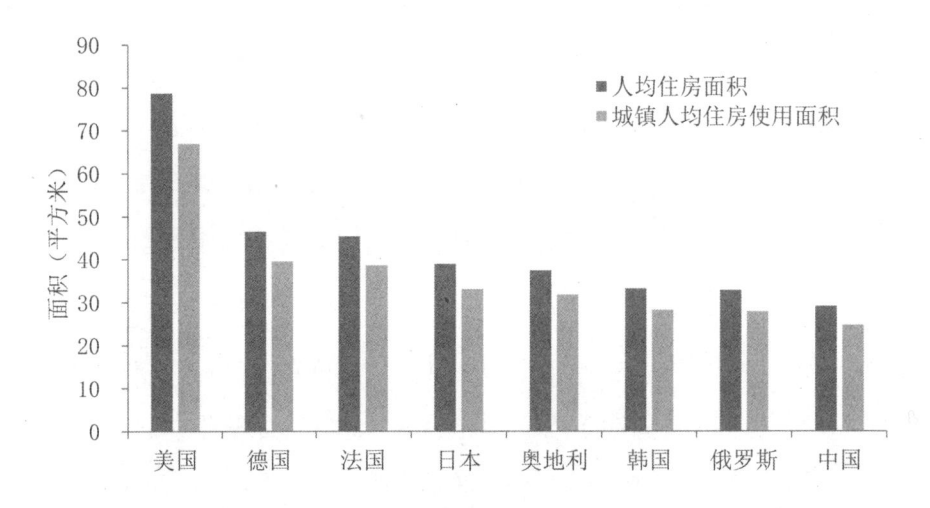

图2-12　2021年世界各国城镇人均住房使用面积

注：国际数据按全国人均的0.85系数折算。
数据来源：各国统计局

另一方面，当前中国已进入中高收入经济体行列，随着未来向高收入经济体行列迈进，城镇居民对人均住房面积的需求还将进一步增加。国际上一般对住房面积统计的口径为使用面积，把2022年中国城镇人均住房建筑面积按0.7系数折合为人均使用面积为24.3平方米，明显低于主要发达经济体水平。考虑到国际上对人均住房面积的统计一般不分城乡，如简单地以0.85的系数把各国人均住房面积换算为各国城镇人均住房面积，则当前韩国、俄罗斯的城镇人均住房面积均为27.9平方米，日本为32.9平方米，德国、法国分别为37.9平方米、34.0平方米，美国为66.9平方米。因此，如果以人均使用面积28平方米（人均建筑面积40平方米）为标准算，未来中国城镇人均住房面积存在约15%的改善空间。

第 2 章　中国房地产大趋势

第三，中国现有城镇住房成套率尚未达到100%，并且尚有14%的家庭居住在条件较差的住房里，存在住房更新需求。1985年，中国城镇住房成套率（一套房子同时拥有厨房和卫生间）仅为24%，1995年居住在成套住宅的家庭户比例快速提升至61%。根据"七普"数据，2020年中国现有城镇住房成套率约95%（如图2-13），且有14%的家庭居住在砖木、竹草土坯结构住房，存在住房更新需求。

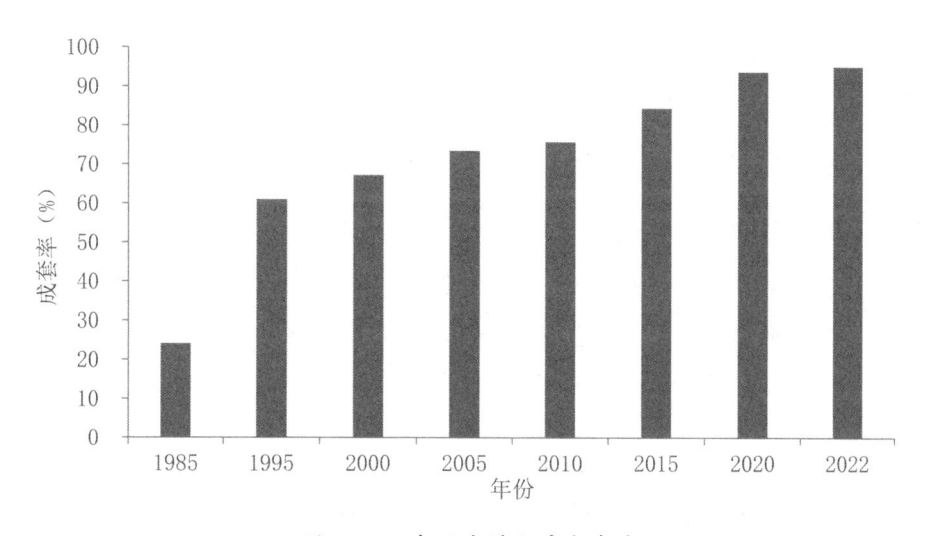

图2-13　中国城镇住房成套率

数据来源：国家统计局

2023—2032年，中国城镇年均现房需求大致为10.0亿～11.7亿平方米，预计2023年我国新增城镇居住需求约12.0亿平方米。人口普查公布的家庭户人均住房面积为基础，2010—2015年、2015—2020年中国城镇人均住房建筑面积年均增长率分别为2.5%、1.3%，这10年里中国城镇化快速发展，大量楼盘竣工、销售快速提高了我国人均住房建筑面积。未来中国房地产进入平稳、健康的高质量发展阶段，预计2023—2032年城镇人均住房面积由35.2平方米增加到39.1平方米。预计2032年，中国城镇住房存量需达430亿平方米，较2020年净增90亿平方米，年均净增10亿平方米。根据住建部棚户区开工数据计算2015—2018年拆迁率，以1.1%～1.2%的折旧率推算未来情况，2023—2032年均折旧拆迁3.7亿～3.8亿平方米。并且从历史经验看，2000—2010年每年约有4亿平方米属于农民带房入城和未纳入国家统计局城镇竣工住宅面积统计的住房面积。假设2023—2032年，这部分降至年均3亿平方米，最终测算出2023—2032年每年需新增城镇现房10.0亿～11.7亿平方米。2023—2032年年均新增城镇居住需求约10.9亿平方米，相较2011—2022年年均新增城镇居住需求的12.8亿平方米有所下降。其中，2023年我国新增城镇居住需求约11.7亿平方米，城镇常住人口增加（剔除行政区划变动，后同）、居住条件改善、城市更新需求分别占总需求的31.5%、32.7%、35.8%，至2032年总需求波动降至10.0亿平方米，城镇常住人口增加、居住条件改善、城市更新需求分别占总需求的15.4%、37.4%、47.2%。

哪些地方房子多，哪些地方少

基于《中国2010年人口普查资料》分省数据、《2015年全国1%人口抽样调查资料》分省数据、《2020中国人口普查年鉴》分省数据等，结合全国城镇住房情况，我们估算了2010年和2022年各省级、地级单位城镇住宅存量、人均住宅建筑面积、套户比及相关情况。

省级：东部地区套户比平均0.99，粤苏浙等6省市套户比低于1.00

当前全国近50%的城镇住宅存量集中在山东、江苏、广东、河南等8个省。分地区看，2022年，我国东部、中部、西部、东北地区城镇住房存量分别占全国的42.1%、26.7%、23.6%、7.5%，而对应的城镇常住人口比例分别为44.3%、24.0%、24.4%、7.3%。分省看，2022年，山东、江苏、广东、河南的城镇住房存量超过20亿平方米；浙江、四川、湖南等10个省份在10亿～19亿平方米之间；其他省份则不足10亿平方米，海南、宁夏、青海、西藏更是不到2亿平方米。

鄂、湘、赣等16省城镇人均住房建筑面积超过35平方米，而甘、琼、粤三省不到30平方米。分地区看，2022年我国东部、中部、西部、东北地区城镇人均住房建筑面积分别为33.9平方米、39.7平方米、34.4平方米、37.0平方米。分省看，2022年湖北、湖南、江西等16省城镇人均住房建筑面积超过35平方米，内蒙古、北京、上海等9省市区城镇人均住房建筑面积在30～34平方米之间，甘肃、海南、广东这3个省城镇人均住房建筑面积低于30平方米。

从城镇套户比看，我国东部、中部、西部、东北地区分别为0.99、1.10、1.05、1.27，黑、吉、青、内蒙古4省区套户比超过1.15，粤、苏、浙等6省套户比小于1.00。分地区看，我国东部、中部、西部、东北地区分别为0.99、1.10、1.05、1.27（如图2-14）。分省看，2022年黑龙江、吉林、青海、内蒙古4省区城镇住房套户比超过1.15，天津、北京、江西、辽宁等10省区市套户比在1.10～1.15之间，安徽、河南、湖南、贵州4省套户比在1.05～1.10之间，海南、广西、福建等7省区套户比介于1.00～1.05之间，广东、江苏、浙江等6省市套户比小于1.00。

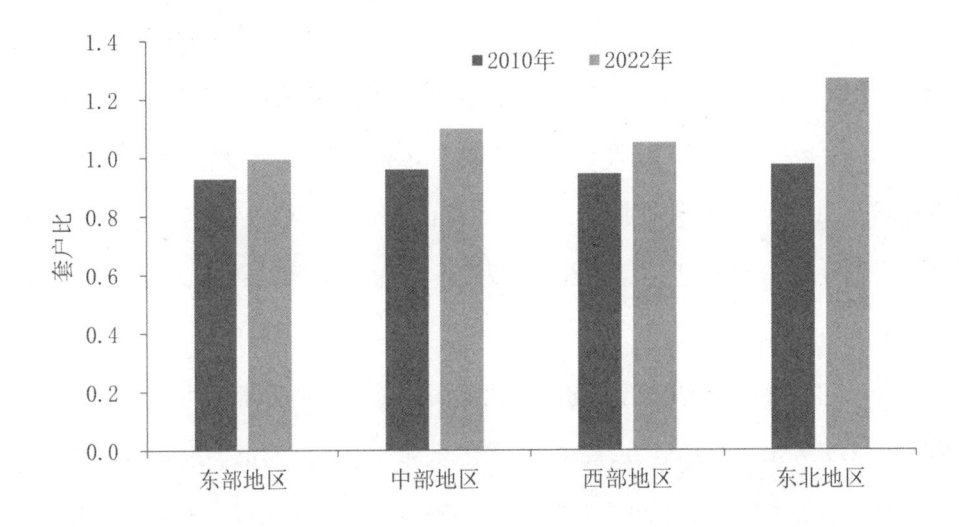

图2-14 我国分地区城镇住房套户比

数据来源：国家统计局

地级城市的套户比情况

在全国336个地级单位（不含三沙）中，47个城市人均住房建筑面积小于30平方米，99个城市人均住房建筑面积大于40平方米；82个城市的套户比小于1.0，73个城市的套户比大于1.2。未来更需重视区域差异中可能存在的结构性机会。

从人均住房面积看，2022年，有47个城市的人均住房建筑面积小于30平方米，占比14.0%；有83个城市的人均住房建筑面积介于30~35平方米，占比24.7%；有107个城市的人均住房建筑面积介于35~40平方米，占比31.8%；有99个城市的人均住房建筑面积大于40平方米，占比29.5%。

从套户比看，2022年，有33个城市的套户比小于0.9，占比9.8%；有49个城市的套户比介于0.9~1.0，占比14.6%；有86个城市的套户比介于1.0~1.1，占比25.6%；有95个城市的套户比介于1.1~1.2，占比28.3%；有73个城市的套户比高于1.2，占比21.7%。

分线看，当前一线、二线和三四线城市人均住房建筑面积分别为29.2平方米、36.1平方米、37.8平方米，套户比分别为1.03、1.10、1.09，一线城市住房供给偏紧。从人均住房面积看，2010年，一线、二线和三四线城市人均住房建筑面积分别为22.9平方米、26.8平方米、28.5平方米，到2022年分别增至29.2平方米、36.1平方米、37.8平方米，分别增长27.6%、35.1%、32.8%。从城镇住房套户比看，2010年一线、二线、三四线城市套户比分别为0.92、0.93、0.96，到2022年套户比分别为1.03、1.10、1.09（如图2-15）。

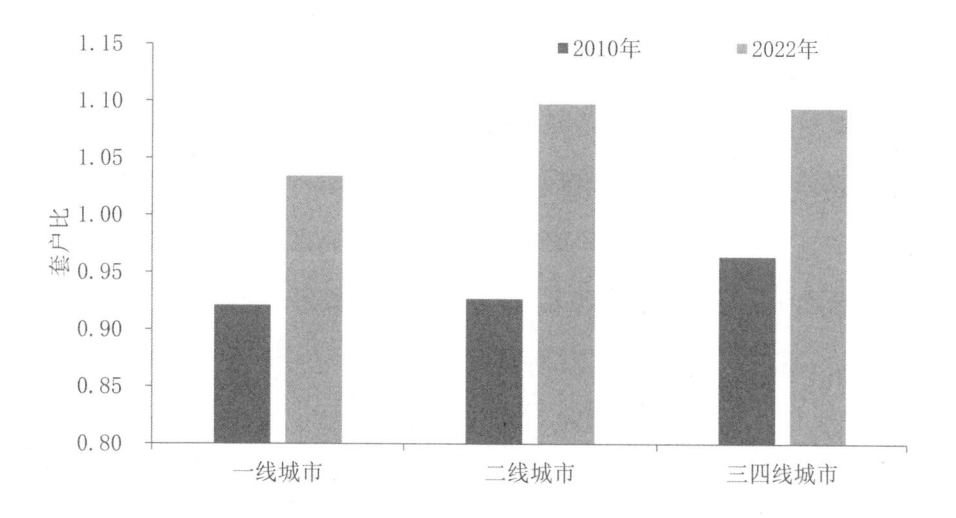

图2-15 一线、二线和三四线城市套户比的比较

数据来源：国家统计局

中国住房有多少市值

导读

当前中国住房市值是多少？在国际上处于什么水平？上述问题关系到认清中国房地产市场未来、住房政策调整等。以本章第一节为基础，我们测算了全国、各省级、各地级单位的住房市值。

2022年，中国住房市值为433万亿人民币，折合63.3万亿美元，明显大于美国的41.9万亿美元、日本的13.8万亿美元、英法德三国合计的37.3万亿美元。从住房市值与GDP的比例看，2022年中国约为36%，高于美国、日本、德国的180、279%、316%，低于英国、法国的392%、391%。在2008年金融危机前后，美国住房市值与GDP比例最高为169%。在20世纪90年代日本房地产泡沫破灭前，日本的住房市值与GDP比例一度高达391%。中国住房市值与GDP比例较高，源于人地错配、一二线高房价、三四线高库存，导致全国住房市值高。

从住房市值占股债房市值的比例看，2022年中国为65.4%，高于美国的30.2%、日本的42.9%、英国的56.2%、法国的60.2%，低于德国的68.2%。中国住房市值占股债房市值的比例较高，主要是因为住房市值高，以及中国资本市场发育尚不成熟，直接融资比例较低，股票、债券市值较低。[1]

如何研究住房市值

现有住房市值数据真伪识别

当前中国住房市值是多少？与GDP的比例是否偏高？发达国家的情况又是如何？对上述问题的解答，不仅关系到中国房地产市场未来发展的走向，也关系到住房政策应如何调整。但现有住房市值研究均存在明显问题，或夸大其词，或混淆口径。

市场上计算住房市值的普遍做法是"国家统计局公布的新建商品房销售金额除以销售面积得到单价，乘以人口和人均面积"，这存在以下两方面问题。第一，在量上，高估住房存量，错误地把商品房等同于商品住宅，实际上商品房包括商品住宅、商业用房以及其他建筑物。而且，国家统计局公布的人均住房建筑面积数据因抽样偏差，可能存在高估。虽然住户调查理论上既包括家庭户也包括集体户，但由于住户调查样本每五年轮换一次，需保证一定稳定性，所以实践中抽取样本多为当地有房户籍家庭，对流动性较大、居住空间较小的常住外来人口、常住外来人口、无房户覆盖不足，因此可能存在一定高估。第二，由于中国城乡土地二元分割，农村土地不具有市场意义的流通、交易价值。因此，把新建住房平均价格当作中国全部房产平均价格是存在问题的。

---

1 结合城镇住房来源结构，假设了各类城镇住房的折价系数；农村住房市值以成本法估算，但未考虑折旧；省直辖县数据缺失。

研究思路与主要假设

鉴于以上情况，我们的研究思路是：以市价法测算中国不同类别的城镇住房市值，以成本法测算中国农村住房市值，并主要以OECD公布的国际住房市值数据为基础，推算当前值作为比较。在数据处理过程中，剔除了省直辖县。

第一，地级层面，不同类型的城镇住房存量乘以相应单价，得到地级城镇住房市值；地级层面加总，得到各省及全国城镇住房市值。房价使用中国房地产业协会旗下中国房价行情平台公布的2022年地级层面城镇二手房价格数据。城镇住房面积使用我们上一节"中国住房存量研究"测算的全国、各省级、各地级城镇住房存量。其中，由于城镇住房类型很多，价格存在明显差异，因此需先分类假定价格，计算不同类型的住房市值，再加总。具体做法如下：

（1）人口普查和"小普查"等资料将城镇家庭户住房按来源分为新建商品住房、二手房、公房、经济适用房及两限房、自建房、租赁廉租房及公租房、租赁其他住房、其他等8类。商品住房、二手房、公房可正常交易，按标准价；廉租房、公租房面向住房困难群体，不可交易，假定按50%折价；经济适用房和两限房新房售价比周边同类商品住房低20%~25%，经济适用房5年后可上市交易，届时要按照与同地段普通商品住房差价的一定比例向政府交纳土地收益等相关价款，此类型住房假定按85%折价；其余类别假定一半按标准价交易，一半按50%折价，即75%折价。我们以"中国住房存量研究"测算的住房相关详细数据为基础，各地八类城镇家庭户住房存量乘以相应的单价得到地级城镇家庭户住房市值，地级相加得到全国城镇家庭户住房市值。

（2）城镇集体户学生宿舍不可交易，按50%折价，城镇集体户非学生宿舍按标准价。各地两类城镇集体户住房存量乘以相应的单价得到地级城镇集体户住房市值，地级相加得到全国城镇集体户住房市值。全国城镇家庭户住房市值与城镇集体户住房市值相加得到全国城镇住房市值。

（3）全国城镇住房市值除以城镇存量得到当年全国城镇房价。结合OECD历年名义房价指数变化得出历年城镇房价，乘以历年城镇存量得出历年城镇住房市值（如表2-1、图2-16、图2-17）。

表2-1 全国城镇住房来源及均价

单位：%

城镇住房来源		2010年存量占比	2015年存量占比	2020年存量占比	折价系数
城镇家庭户	新建商品房	20.7	22.5	32.0	100
	二手房	4.4	7.0	10.1	100
	公房	12.3	10.8	6.1	100
	经济适用房、两限房	3.9	2.9	3.8	85
	自建房	30.1	32.6	21.0	75
	租赁廉租房、公租房	2.3	2.1	3.4	50
	租赁其他住房	17.8	13.3	17.7	75
	其他	3.9	4.6	5.0	75
城镇集体户	学生宿舍	2.2	2.0	2.0	50
	非学生宿舍	2.3	2.4	2.4	100

数据来源：国家统计局

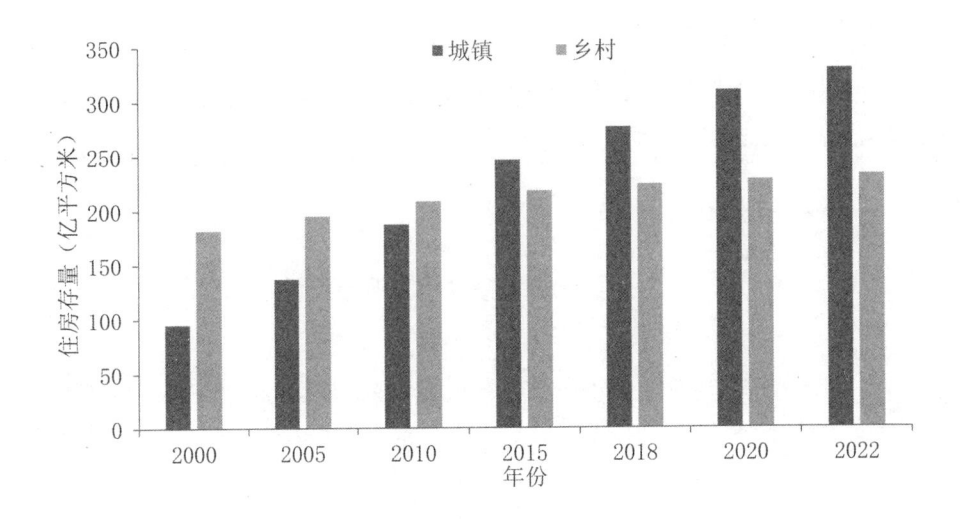

图2-16　2000—2022年中国住房存量

数据来源：国家统计局

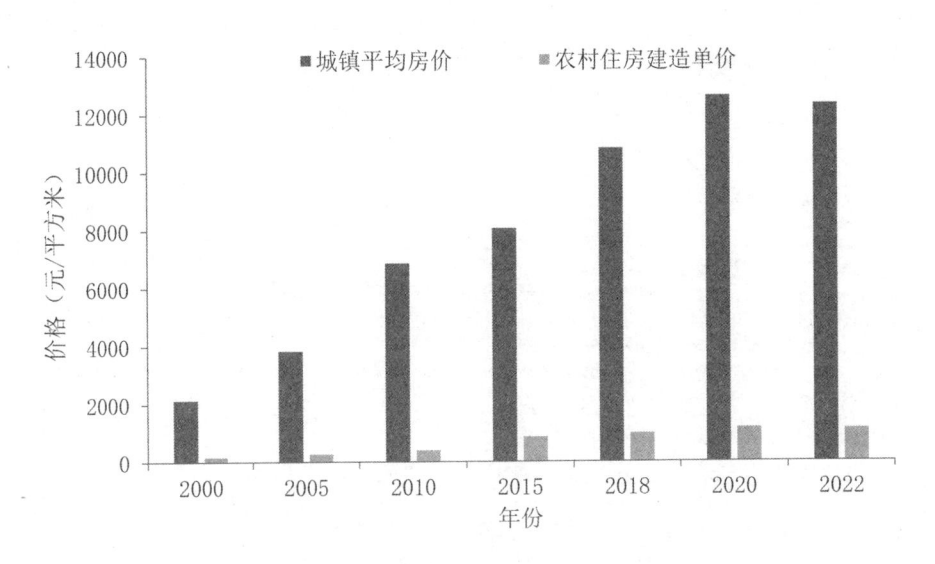

图2-17　2000—2022年中国住房平均单价

数据来源：国家统计局

第二，农村住房存量乘以农村住房建造单价，得到农村住房市值。以人口普查、"小普查"农村家庭户住房数据为基础，通过合理假设集体户人均住房面积与家庭户人均住房面积的比例关系，估算农村集体户住房面积，从而得到2000—2020年间每五年的农村住房存量。进而根据2010—2020年农村住房存量增长趋势，推算2022年农村住房存量为232亿平方米。2012年及之前年份的农村住房建造单价数据来源于《中国统计年鉴-2021》，2013—2020年来源于历年的《中国住户调查年鉴》；农村住房存量乘以农村住房建造单价，得到农村住房市值。中国城镇和农村住房市值相加，即为全国住房市值。

第三，主要以OECD公布的国际住房市值数据为基础，推算当前值作为比较。各国统计部门公布的房地产数据口径并非完全一致。美国经济分析局根据部门类别公布数据，且并未单独公布土地价值数据；英国资产负债表将建筑物分为"住房""住房以外的建筑物""其他建筑结构"三大类，只公布了土地总价值，没有单独列出各类土地价值；日本总务省公布的"宅地"市值数据指的是建设用地，并非住房所依附的土地。OECD公布了各国1995—2014年住房价值及其所依附的土地价值数据，我们根据相同的口径"住房价值+住房土地价值"，结合OECD公布的各国名义房价指数变化，对OECD中2015—2022年缺失的数据进行合理估算，进而得到各国1995—2022年住房市值。另考虑到日本的两次地产泡沫分别出现在20世纪70年代和90年代初，OECD数据并未覆盖，我们根据日本总务省统计局数据，对日本1955—2022年住房市值进行补充测算。

其中主要有三点需要说明：

第一，假定中国的住房价值包含土地价值。房地产有广义、中层、狭义三大口径。广义口径包含所有建筑物，比如住房、写字楼、综合体、医院等，中层口径包含住宅和写字楼等商业地产，狭义口径指住宅。此外，考虑到建筑物依附土地存在，房地产总市值包括建筑价值以及其所依附的土地价值。我们测算的是狭义口径的房地产市值，即住房市值。大部分欧美主要西方国家单独公布了住房价值和土地价值，而中国土地为公有制，具体价值无法量化，官方也并未公布住房所依附的土地价值。鉴于房地产开发商缴纳了土地出让金，而土地出让金是住房成本之一，所以土地价值在房价中体现，我们可以认为中国的住房价值包含了土地价值。

第二，假设农村集体户人均住房面积为家庭户的45%。根据人口普查规定，初中、小学的住校学生，幼儿园全托孩子，一律视为在家中居住，作为其家庭的现有人口；高中及以上阶段住校生按其实际居住情况登记，作为学校的现有人口。我们基于集体户定义、家庭户居住情况和教育部统计的城镇学生宿舍面积，估算城镇集体户与家庭户人均住房建筑面积的比例应在27%～45%，并依据公开的宁波鄞州区集体户住房数据样本，假设全国城镇集体户与家庭户人均住房建筑面积的平均比例为35%。中国集体户人口主要在城市，农村集体户人口很少，考虑到农村人均面积大，所以假设农村集体户人均住房面积为家庭户的45%。我们发现，即使45%的比例有偏，对全国农村住房存量的影响也不足2亿平方米，影响很小。

第三，假设各省内不同地级单位的农村住房建造单价相同。2022年全国和各省农村住房建造单价借鉴2022年的《中国住户调查年鉴》，其中并未公布地级单位的农村建造单价。考虑到比较的时间段内建材成本变化不大、各地差异不大，而且农村住房建造单价较低，各省均处于450～1650元/平方米区间内，绝大部分省份建造单价在900元/平方米左右，我们假设各省内不同地级单位农村住房建造单价相同。需要注意的是，在使用成本法计算农村住房市值时，为简化计算，我们未考虑折旧。

中国住房市值有多少

近20年中国住房市值与GDP比例

2000—2022年，中国住房市值从23万亿元增加到433万亿元，年均增长率为15.0%；人均住房市值从1.8万元到30.8万元，年均增长率约14.3%，高于人均GDP增长率的10.9%；城镇人均住房市值从4.5万元到42.9万元，年均增长率为11.4%。因2020—2022年多重因素对经济活动的明显拖累，住房市值年均增长率超过名义GDP 10.9%的年均增长率，住房市值与GDP的比例从234%增至366%（如图2-18）。

2000年，中国住房市值仅23.4万亿元，人均住房市值1.8万元，住房市值与GDP比例为233.7%；其中，城镇、乡村住房市值分别为20.4万亿元、3.0万亿元，占比分别为87.2%、12.8%，城镇人均住房市值4.5万元。2010年，中国住房市值为136.7万亿元，人均住房市值10.2万元，住房市值与GDP比例为331.1%。其中，城镇、乡村住房市值分别为128.5万亿元、8.2万亿元，占比分别为94%、6%，城镇人均住房市值19.3万元。2022年，住房市值达433.1万亿元，人均住房市值达30.8万元，住房市值与GDP比例为365.8%。其中，城镇、乡村住房市值分别为406.9万亿元、26.1万亿元，占比分别为94.0%、6.0%，城镇人均住房市值42.9万元。

2000—2022年，中国住房市值增长17.5倍，股市、债市规模合计增长28.8倍，住房市值占股债房市值的比例由75%波动降至65%。

2000年，中国股市市值只有5.1万亿元，债券市值（使用债券余额表示债券市场规模）仅2.6万亿元，住房市值占股债房市值的75.2%。2010年，中国股市市值达30.5万亿元，债券市值20.7万亿元，住房市值占股债房市值的72.8%。

2020年，中国股市市值为86.4万亿元，债券市值124.5万亿元，住房市值占房债股市值的66.5%。到2022年，中国股市市值为80万亿元，债券市值149.5万亿元，住房市值占股债房市值的65.4%。2000年住房市值占股债房市值比例较高的主要原因，在于当时资本市场初步发展，股市、债市规模合计7.7万亿元，仅相当于GDP的77.1%。而到2020年，股市、债市规模合计达210.9万亿元，相当于GDP的208.8%。

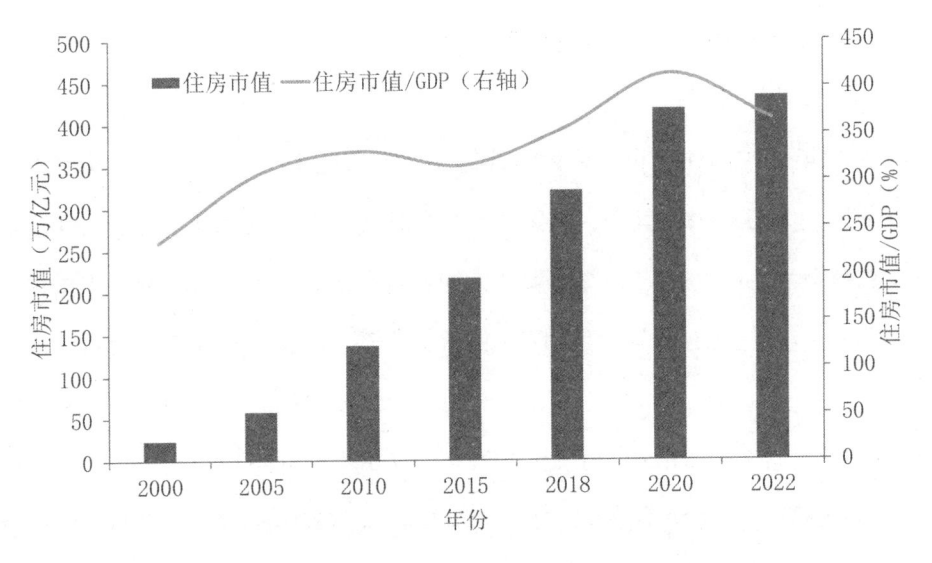

图2-18　2000—2022年中国住房市值增长情况

数据来源：国家统计局

从地区与省份看住房市值情况

分地区看，2022年，我国东部、中部、西部、东北地区住房市值占比分别为65.8%、15.8%、14.4%、4.1%。而对应的住房存量占比分别为38.0%、29.3%、26.3%、6.4%，东部地区住房市值占比明显超过住房存量，主要在于房价较高。2022年，东部、中部、西部、东北地区住房市值分别为280.8万亿元、67.4万亿元、61.4万亿元、17.4万亿元，分别占全国的65.8%、15.8%、14.4%、4.1%；人均住房市值分别为49.6万元、18.5万元、16.0万元、17.9万元；住房市值与GDP的比例分别为474.2%、269.6%、256.1%、312.3%（如图2-19）；对应的住房存量分别为211.9亿平方米、163.3亿平方米、146.3亿平方米、35.8亿平方米，分别占全国的38.0%、29.3%、26.3%、6.4%。

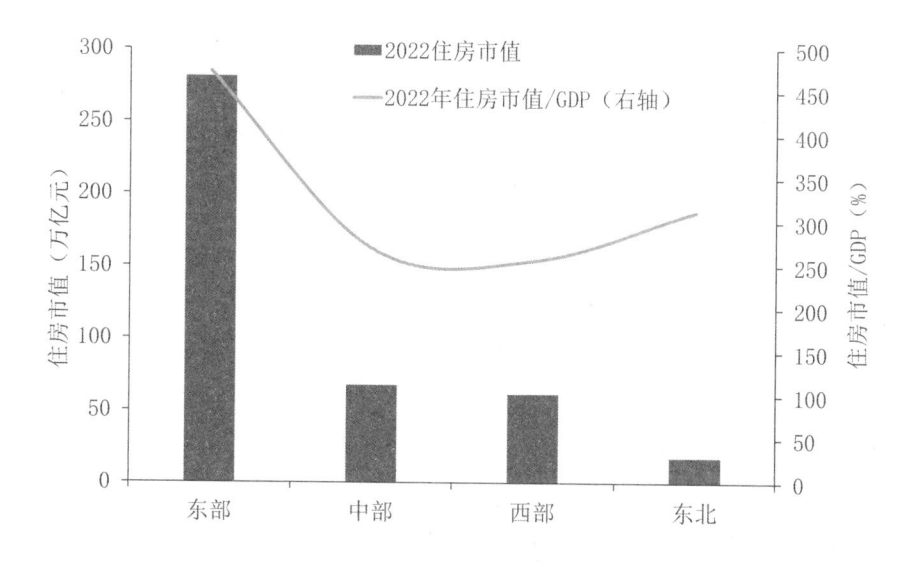

图2-19 2022年分地区住房市值

数据来源：国家统计局

分省看，全国54%的住房市值集中在广东、上海、江苏、北京、浙江、山东6个沿海东部发达省市；除西藏、新疆，其余省区市的住房市值与GDP的比例都大于160%，其中上海、北京、天津、浙江、广东等13个省市超过300%。从住房市值看，2022年广东、上海、江苏、北京、浙江、山东、福建7个东部发达省市的住房市值均超过20万亿元，合计253.8万亿元，占全国的59.4%。河南、河北、四川、湖北等14个省的住房市值在5万亿～20万亿元之间，黑龙江、贵州、内蒙古等7个省区的住房市值在1万亿～5万亿元之间，青海、宁夏、西藏3省区不足1万亿元。从人均住房市值看，上海、北京、天津、浙江等8个省市的人均住房市值高于30万元，山东、湖北、陕西等15个省市的人均住房市值介于15万～30万元，山西、青海、广西等5个省区的人均住房市值介于10万～15万元，贵州、西藏、新疆3个省区的人均住房市值不足10万元。从住房市值与GDP比例看，上海、北京、天津、浙江、广东等13个省市的住房市值与GDP比例大于300%，山东、陕西、吉林等13个省的住房市值与GDP比例在200%～300%之间，贵州、宁夏、内蒙古等5个省区的住房市值与GDP比例在100%～200%之间，新疆的住房市值与GDP比例最低，为129.8%（如图2-20）。

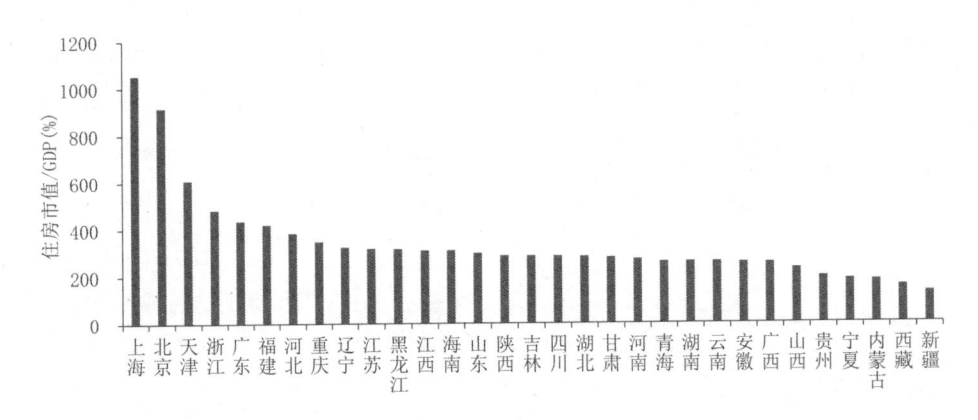

图2-20　2022年分省住房市值/GDP

数据来源：国家统计局

分线城市住房市值与GDP比例

分线看，一线、二线、三四线城市住房市值占比分别为27.2%、31.9%、40.9%，而其住房存量占比分别为4.3%、20.4%、75.3%，住房市值与GDP的比例分别为813.2%、383.4%、277.8%（如图2-21）。

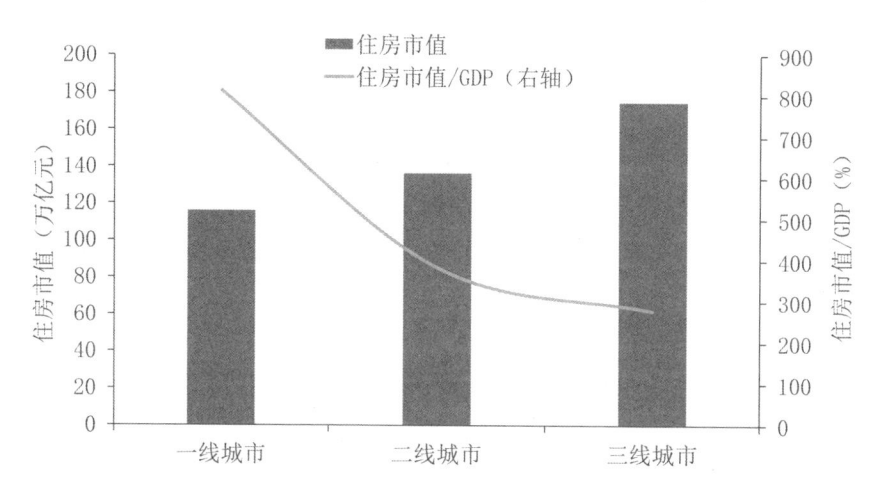

图2-21 2022年分线城市住房市值及其占GDP比例

数据来源：国家统计局

当前一线、二线、三四线城市住房市值分别为115.8万亿元、136.1万亿元、174.6万亿元，占全国比重分别为27.2%、31.9%、40.9%（如图2-22），而住房存量分别为23.9亿平方米、113.4亿平方米、417.9亿平方米，占比分别为4.3%、20.4%、75.3%；人均住房市值分别为139.1万元、41.9万元、17.5万元，住房市值与GDP的比例分别为813.2%、383.4%、277.8%。其中，北京、上海、广州、深圳的住房市值分别为36.8万亿元、45.5万亿元、15.5万亿元、18.0万亿元，人均住房市值分别为168.3万元、182.7万元、82.4万元、101.7万元。

一二线城市住房市值高，主要源于人口长期集聚下的人地严重错配和货币供给相对宽松，造成房价明显较高。

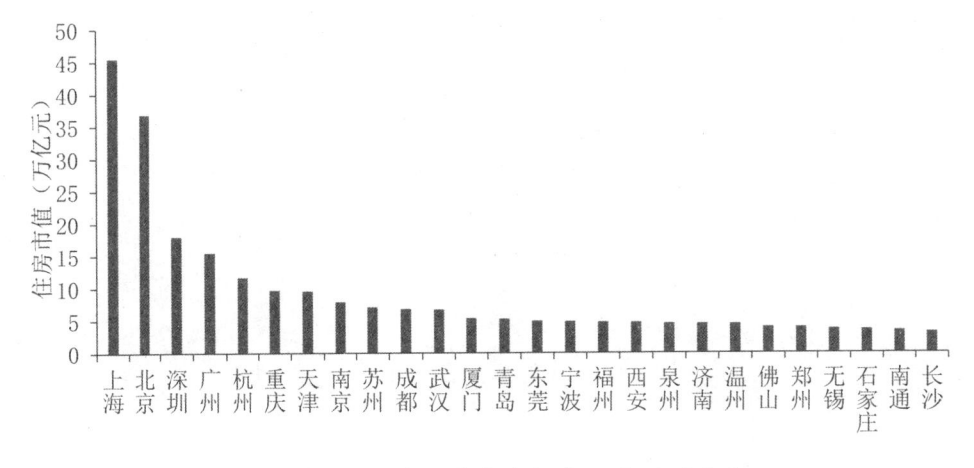

图2-22　2022年住房市值超过3万亿元的城市

数据来源：国家统计局

第一，我国人口长期大量向一二线核心城市集聚。根据国家统计局发布的《第七次全国人口普查公报》，1990—2020年，一线城市人口占比从2.8%增至5.4%，二线城市人口占比从16.1%增至20.9%，三四线城市人口占比从81.0%降至73.8%。人口向一二线城市集聚的背后，是经济的集聚。同一时期，一线城市GDP占比从9.4%增至12.6%，二线城市GDP占比从23.8%增至30.9%，三四线城市GDP占比从66.8%降至56.4%。2020年，一线、二线和三四线城市"经济/人口"比值分别为2.4、1.5、0.8，这预示着三四线城市人口将继续大幅流出，一二线城市人口将继续集聚。此外，由于核心城市优质公共资源高度富集，中国特有的户籍制度使得公共资源与户口挂钩，而户口基本与房产挂钩的情况，更加促进全国高收入人群向核心城市集聚。

第二，人地严重错配，一二线城市土地供给严重不足。大城市住宅用地被严格控制。2009—2022年，100个大中城市中一线城市住宅类用地供应面积从2595万平方米降至1302万平方米，占100个大中城市住宅类用地的比例从8.3%波动下降至4.0%；二线城市住宅类用地比例从50.6%波动下降至33.5%；而三线城市从41.1%波动上升至62.4%。

第三，货币供给相对宽松使得M2增速多高于名义GDP增长，尤其刺激供给短缺、优质公共资源富集的一二线城市房地产价格快速上涨。1998年以来，中国的M2年均增速15.0%，高于11.9%的名义GDP年均增速，全国新建商品住房销售均价年均增速为7.9%，低于同期M2增速7个百分点，而一线城市房价基本与M2增速持平。

具体看，在全国336个地级单位（不含三沙）中，76个城市的住房市值小于0.2万亿元，39个城市住房市值大于2万亿元；46个城市的人均住房市值大于30万元，82个城市人均住房市值小于10万元；40个城市的住房市值与GDP的比例小于150%，72个城市的住房市值与GDP的比例大于350%。

如图2-23、图2-24所示，从住房市值看，2022年，有76个城市的住房市值小于0.2万亿元，占比22.6%；有103个城市的住房市值介于0.2万亿~0.5万亿元，占比30.7%；有118个城市的住房市值介于0.5万亿~2万亿元，占比35.1%；有39个城市的住房市值大于2万亿元，占比11.6%。从人均住房市值看，2022年，有46个城市的人均住房市值大于30万元，占比13.7%；有113个城市的人均住房市值介于15万~30万元，占比33.6%；有95个城市的人均住房市值介于10万~15万元，占比28.2%；有82个城市的人均住房市值小于10万元，占比24.4%。

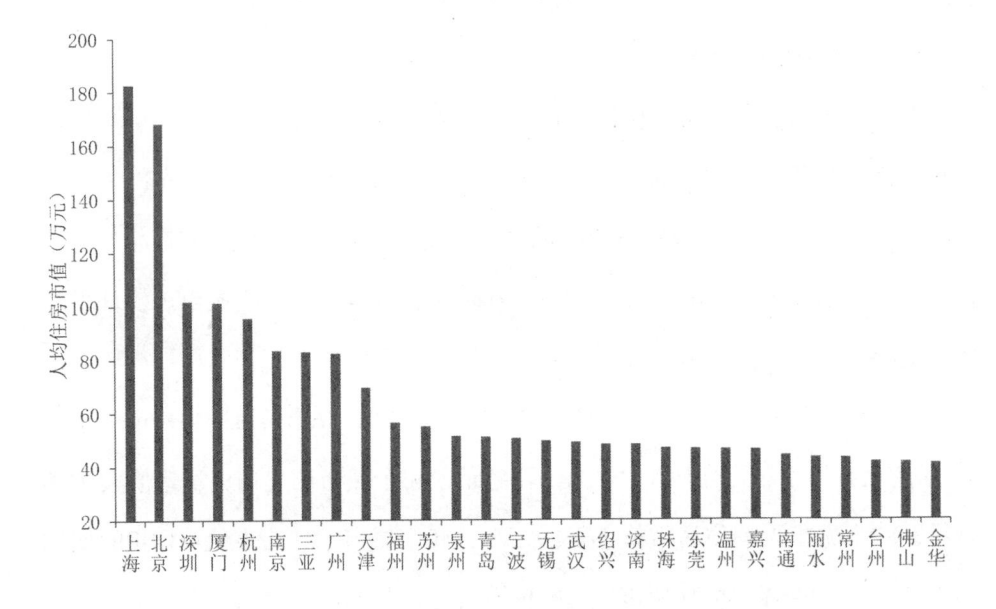

图2-23 2022年人均住房市值超过40万元的城市

数据来源：国家统计局，泽平宏观

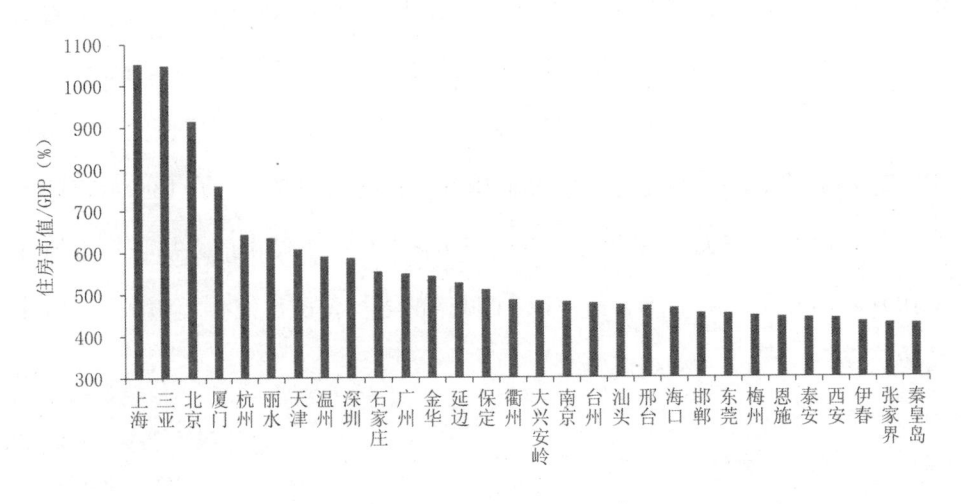

图2-24 2022年住房市值占GDP比例较高的城市和地区

数据来源：国家统计局

从住房市值与GDP的比例看，2022年，有41个城市小于150%，占比12.2%；有119个城市介于150%~250%，占比35.4%；有104个城市介于250%~350%，占比31.0%；有72个城市大于350%，占比21.4%。其中，住房市值与GDP的比例小于150%的城市多在西部地区，经济相对落后，人口总量小且长期外流。住房市值与GDP的比例大于350%的城市主要分为两类：一是北京、上海、深圳、杭州、南京、厦门等核心城市；二是三亚、丽水、大理、恩施等旅游城市。旅游城市气候宜人、景色优美，成为很多人养老休闲置业的选择，提升了当地的住房需求。由此可以发现，城市层面，住房市值与GDP的比例高低与该城市房地产风险大小并无明显联系。住房市值与GDP的比例低，并不意味着该城市地产健康发展；住房市值与GDP的比例高，也并不代表该城市地产风险较高。

中国住房市值在国际上处于什么水平

中国住房市值与GDP、股债房市值的比例

住房市值与GDP、股债房市值的比例，一定程度上可以反映房地产市场的风险，比例过高说明房价超过了经济发展水平。与国际相比，2022年，中国住房市值为433万亿人民币，折合63.3万亿美元，明显大于美国的41.9万亿美元、日本的13.8万亿美元、英法德三国合计的37.3万亿美元。从住房市值与GDP的比例看，2022年中国约为366%，高于美国、日本、德国的180%、279%、316%，低于英国、法国的392%、391%（如图2-25）。纵观历史，主要国家在金融危机或者地产泡沫破灭前，住房市值与GDP的比例达到阶段性的峰值后，会出现

下降趋势，跌到谷底后逐渐恢复到之前水平。具体来看，在2008年金融危机前后，美国住房市值与GDP比例最高为169%，日本为216%，德国为207%，英国为269%，法国为362%。20世纪90年代日本房地产泡沫破灭前，日本的住房市值与GDP比例一度高达391%。

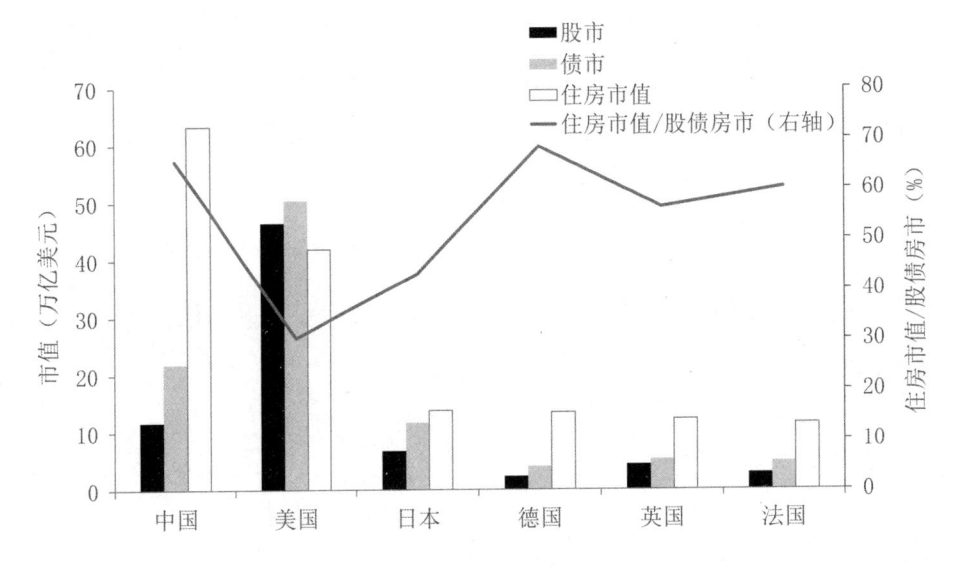

图2-25　2022年主要国家住房市值概览

数据来源：BIS，各国统计部门

中国住房市值与GDP比例较高，源于人地错配、一二线高房价、三四线高库存，导致全国住房市值高。中国人口长期大量向一二线核心城市集聚，但是人地严重错配，一二线城市土地供给严重不足导致高房价，三四线城市土地供给较多导致高库存，进而导致全国住房市值较高。

结合BIS对2005—2022年主要国家债市市值的统计，计算2005—2022年主要国家住房市值/股债房市值，从住房市值占股债房市值的比例看，2022年，中国为65.4%，高于美国的30.2%、日本的42.9%、英国的56.2%、法国的60.2%，仅低于德国的68.2%。但从人均住房市值来看，2022年中国为4.5万美元，远低于美国、日本、英国、法国、德国的12.6万美元、10.9万美元、18.2万美元、17.1万美元、16.2万美元。

中国住房市值与股债房市值的比例较高，除了住房市值高，还在于中国资本市场发育尚不成熟，直接融资比例较低，股票、债券市值较低。中国资本市场整体规模偏小，股票、债券融资占比较低，市场结构亟待改善。改革开放40多年来，中国经济发展取得了举世瞩目的伟大成就，然而股市呈典型的牛短熊长、暴涨暴跌特征，并未成为反映中国经济发展的"晴雨表"。从上证综指来看，2000—2023年上证综合指数从2073.5点波动至3257.6点，23年来仅仅提高了1184点。而美国股市基本呈现长牛状况，比如1950年1月3日—2022年1月3日，道琼斯工业指数从200.1点升至36585.1点，上涨约182倍。

中国居民家庭住房资产在总资产中占比

2022年，中国居民家庭住房资产在家庭总资产中的占比为60.5%，高于英国的53.3%、日本的43.1%、美国的27.6%和德国的24.2%。中国社会科学院国家金融与发展实验室测算了1998—2019年中国居民总资产中的金融资产、非金融资产及非金融资产中的住房资产占比，其中，住房资产占比从2000年的55.6%降低至2019年的40.4%。但是国家金融与发展实验室低估了住房市值，根源在于其采用经折旧调整后的住房面积乘以相应年份的住宅销售均价来测算城镇住房市值。但实际上，使用市价法测算的结果即城镇住房市值，无须考虑折旧。因此我们用前文测算的住房市值数据代替其住房资产数据，并将其他类别的家庭资产根据2013—2020年增长趋势推算至2022年及未来年度，以计算中国居民家庭住房资产的占比。结果表明，2022年，中国居民住房资产在家庭总资产中的占比达到60.5%，高于英国的53.3%、日本的43.1%、美国的27.6%、德国的24.2%（如图2-26）。需要指出的是，此处为粗略估算，我们测算的住房市值并不全部归家庭所有，部分属于政府、企事业单位等机构。住房资产占比高，与中国重视"家"的文化传统以及过去房价基本持续上涨等因素，存在一定关系。在中国较高房产比例的另一面，则是较低比例的金融资产配置。

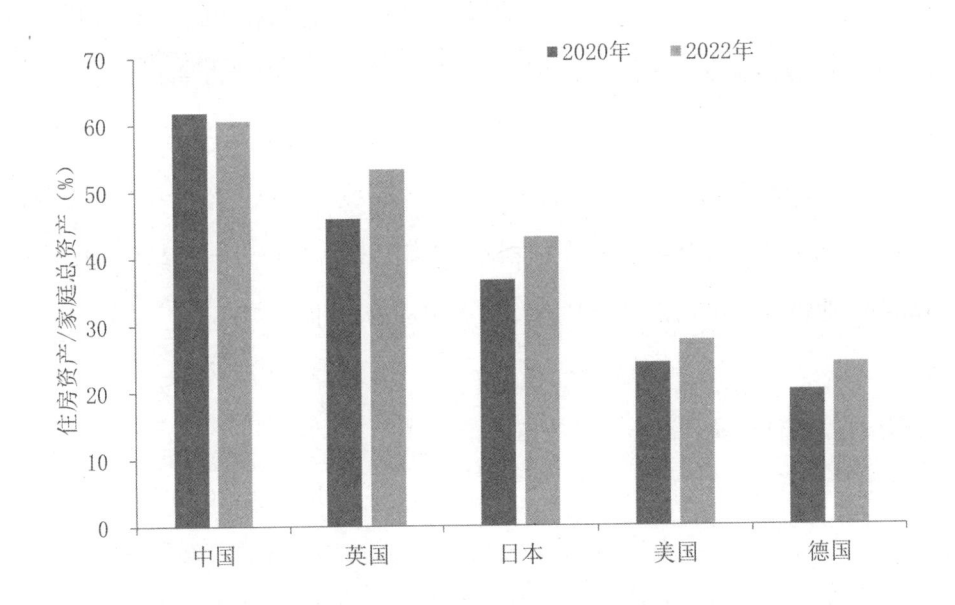

图2-26　2020年和2022年主要国家居民住房资产占比

数据来源：各国统计部门

未来房地产税会怎么收

导读

2021年10月23日,《全国人民代表大会常务委员会关于授权国务院在部分地区开展房地产税改革试点工作的决定》(以下简称《决定》)发布。2022年4月25日,自然资源部部长在全国自然资源和不动产确权登记工作会议上宣布,我国全面实现不动产统一登记。未来房地产税会怎么收?

房地产税试点的原因

第一,调控房地产,严格落实"房住不炒",增加保有环节成本。自2016年中央经济工作会议首次提出"房住不炒"后,每年政府工作报告都以此定调当年房地产市场。《决定》的目标是"为积极稳妥推进房地产税立法与改革,引导住房合理消费和土地资源节约集约利用,促进房地产市场平稳健康发展"。因此，预计此次试点地区将以房价上涨压力较大的热点城市为主；同时，扣除抵扣面积以后，对于投机炒房的多套房和豪宅的征税力度可能较大。

第二，随着房地产大开发时代渐近尾声，土地财政难以为继，存量房时代到来，从土地财政向房地产税转型是大势所趋、形势所迫。根据"七普"数据，2020年我国常住人口的城镇化率为63.9%，考虑到2.86亿进城务工人员在农村留守的家属（其中外出务工人员16959万人，本地务工人员11601万人），如果能够实现进城务工人员市民化和基本公共服务均等化，我国宽口径的城镇化率已经达到75%左右，相比之下，发达国家的城镇化率普遍在80%～90%，因此我国快速城镇化阶段渐进尾声，土地财政难以为继。根据我们的测算，土地加税收成本占我国2020年房价的六成左右。根据财政部数据，2021年地方政府与房地产相关收入总额为10.8万亿元，其中国有土地出让金收入8.7万亿元，5个房地产特有税种税收合计2.08万亿元。2012—2021年，土地出让金占地方财政收入的比例由20.0%增至30.0%；同时期，收入和房地产专项税合计占地方财政收入从27.1%升至37.1%（如图2-27）。

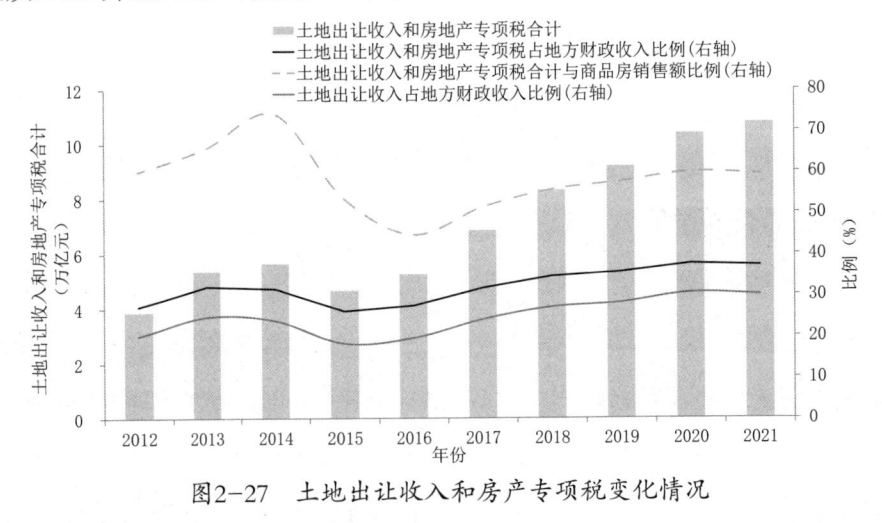

图2-27 土地出让收入和房产专项税变化情况

数据来源：财政部，国家统计局

第三,地方财政收入下滑,房地产税试点可完善地方主体税,增加地方稳定的税收来源。在美国,地方的主体税是房地产税、消费税和个人所得税。当前我国地方收入压力大,主因是地方政府隐性债务监管趋严和房地产市场不景气。2021年下半年至今,房地产销售快速降温。2022年1—10月,全国房地产开发投资113945亿元,同比下降8.8%。房地产开发企业房屋施工面积88.9亿平方米,同比下降5.7%。商品房销售面积11.1亿平方米,同比下降22.3%。

第四,房产是居民主要财富资产,房地产税改革立法有助于发挥调节个人收入分配、缩减贫富差距、实现"共同富裕"的功能。居民部门主要缴纳收入税（工薪所得、劳务所得、稿酬所得、财产租赁所得等）,财产税基本为零。但在经济高速增长后,社会积累了大量的存量财富,仅靠工资征税来调节收入差距已经力有不逮,开征财产税（主要是房产税和遗产赠与税）既能调节高收入,也能为低收入群体的社会保障提供资金支持。中国收入差距处于较高水平,2019年中国收入基尼系数达0.465,高于0.4这一警戒线；财富差距在世界处于中等偏低水平,但快速上升,2020年中国财富排名前1%的居民财富占总财富的比例,已升至30.6%。

房地产税试点的可能方案

（1）从税源看,此次试点地区将以房价上涨压力较大的热点城市为主,比如长三角、珠三角、京津冀等地区城市以及部分区域中心城市。采取热点城市试点方式,除了技术难度下降,而且复杂性同样会下降。2022年4月25日,自然资源部部长在全国自然资源和不动产确权登记工作会议上宣布,我国全面实现不动产统一登记。根据美国、韩国、英国等国家的经验，不动产实名制和金融实名制是现代国家治理的基础，这些制度的推行既是经济改革也是政治改革。

（2）从课税对象看，以存量房为基础征税的可能性较大。此前上海与重庆试点效果未达预期的原因之一，是课税对象范围过小。上海仅对新购住宅征税，重庆仅对高端住宅征税。但随着一二线城市进入存量房时代，增量住宅增速放缓，课税对象将以存量房为基础。

（3）从课税依据看，预计我国房地产税试点将以市场评估价值为征税基础。基于发达国家和上海、重庆方案的经验，有以虚拟租金或市场评估价值为征税基础这两种评估价值方式。预计我国房地产税试点将以市场评估价值为征税基础，并且根据家庭成员人数、抚养负担、生育状况、特殊群体等给予抵扣面积或税收优惠。

（4）从税率看，可能由国务院划定税率范围、各地因城施策确定差异化税率，且整体税率不会太高。根据发达国家及上海、重庆经验，房地产税率主要采取累进税率、平均税率的方式，且税率较低。此前上海和重庆分别采用0.4%、0.6%两档和0.5%、1.0%、1.2%三档税率，预计试点城市将因城施策，税率一开始不会太高。

（5）从税收优惠看，可能采取首套免征和免征面积相结合的方式，同时对刚需及特殊群体免征。此前上海试点方案的免征面积为60平方米，在2011年是上海城镇居民人均住房建筑面积的1.8倍，预计此次试点将对免征面积做出调整，以扩大税基。

（6）目前的争议点主要是：由于交易环节的契税、土地增值税等较重，开征存量环节的房地产税后能否降低交易环节税负，否则居民整体税负提升较大；如何解释民用住宅土地使用权年限70年和房地产税的关系及合理性，70年以后怎么办，能否给居民稳定预期；推出时点的选择，由于前期"三道红线"、贷款集中度管理、限购限贷等政策集中出台，当前房地产市场和土地拍卖市场仍未恢复到2019年的景气度。

房地产税试点的可能影响

后续若开征房地产税，初期或将以试点为主，征税力度一开始不会太大，循序渐进。2018年美国各州房地产税实际税率为0.27%~2.40%。但是，也要防止虚喊口号、蜂拥而上，抢风口、蹭热度、追热点或过度行动等重演。

短期来看，当前房地产市场销售尚未完全恢复，因此若房地产税在这个时点推出，对市场压力不小，具体影响程度取决于征税力度。理想的政策推出时点应该是房地产周期向上、市场销售火热的时候，如2015—2016年，市场和企业能接得住。当然，政策从研究、制定到落地，是有时间跨度的。

长期来看，房地产税对具体区域的影响还是取决于供求关系。根据国际经验，在供不应求和货币宽松的情况下，税负可以转嫁，反之则无法转嫁，甚至会增加区域市场压力。房地产长期看人口，中期看土地，短期看金融。根据我们的研究，未来中国人口将向都市圈城市群和区域中心城市集聚，人口流入和流出地区的房地产市场将出现明显分化，这在美国、日本等均发生过。根据我们的测算，2022年，中国城镇住房套户比为1.09，一线、二线、三四线城市分别为1.03、1.10、1.09，中国住房供求整体已经静态平衡，但是区域供求差异极大，随着人口往都市圈城市群流入，未来仍面临住房短缺现象，但东北、西北以及非都市圈城市群的低能级城市由于人口外迁严重，不仅已经出现供给过剩，而且未来过剩程度还将加深。

未来趋势展望

经全国人大授权，预计未来房地产税将在房价上涨压力较大的热点城市试点，力度大概率会大于上海和重庆现有试点。试点后将逐步扩围。

随着存量房时代来临，从土地财政向房地产税转型开始启动。根据我们的《中国住房市值报告》测算，2022年，中国住房市值为433万亿人民币，折合63.3万亿美元，明显大于美国的41.9万亿美元、日本的13.8万亿美元、英法德三国合计的37.3万亿美元。从住房市值与GDP的比例看，2022年中国约为366%，高于美国、日本、德国的180%、279%、316%，低于英国、法国的392%、391%。2000—2022年，中国住房市值从23万亿元增加到433万亿元，年均增长率为15.0%；人均住房市值从1.8万元到30.8万元，年均增长率约14.3%，高于人均GDP增长率的10.9%；城镇人均住房市值从4.5万元到42.9万元，年均增长率为11.4%。

什么是大趋势？就是降低房地产、金融、互联网等的利润和垄断，大力发展制造业、硬科技、实体经济、新能源、新基建、资本市场等。百年未遇之大变局，也是百年未有之大机遇。看清这一大趋势至关重要。每个企业、每个人，最终都是时代的产物。

他山之石：美国、英国、日本如何征收房地产税

各国房产税形式多样，政策不一。从计税基础看，主要有两种：一是以虚拟租金为征税基础；二是以评估价值为征税基础。从税率看，发达国家主要采用累进税率和平均税率。从税收优惠看，发达国家主要采用税额抵扣、延迟纳税、减税、设置起征点等方式。

（1）美国的土地、房屋一体化征税，房地产税以评估价值为计税基础，评估价值与市场价值接近，税率通过地方政府"以支定收"确定。

美国对土地、房屋实行一体化征税模式，通常由郡政府统一征收，然后划转到相应部门。房地产税的计算方式是：房地产税=评估价值×评估率×名义税率。从计税基础看，美国以评估价值为计税依据，评估价值和市场价值较为接近；有些州并不对评估价值进行全额征收，而是设置评估率，用以调节不同类型房产的实际税率。从税率看，美国通过"以支定收"确定税率，地方政府根据财政预算支出与收入、房地产评估价值和评估率确定税率。从税收优惠看，美国通过税额抵扣、延迟纳税的方式给予老年人、残疾人、低收入群体税收优惠。

（2）英国的房产税起源于17世纪中期英格兰的"炉灶税"，即以一户拥有的炉灶数量作为征税对象，用于为贫民提供救济。住房保有环节征收市政税，税基由评估机构评估房屋价值，分为8或9个等级。1662年，英国按家中炉灶数目征收炉灶税，1989年每人按年定额课征的社区费的多次调整，税基经历炉灶数目、窗户数目、租赁价值等多次变化。英格兰、苏格兰与北爱尔兰将每个住宅在1991年4月的房屋价值分为A～H 8个等级，威尔士按照2003年的房屋价值分为A～I 9个等级，后续建成房屋按照这两个基期的价格进行分类。2018年，英格兰与威尔士A～I等级房屋占比分别为24%、20%、22%、15%、10%、5%、4%、1%与0%，税率以D级住宅为基准，实行定额税收，税额累进。英国"以支定收"确定D级住宅纳税额，市政税作为地方税种，由各地区政府根据当年财政预算的支出缺口，决定该地区D级住宅的课税额，通过控制政府支出以限定住房税应纳税额，有效平衡了财政需求与纳税人之间的税负关系。现今英国住房财产税是地方政府的重要收入来源，主要用于英国地方政府的公共事业开支（如表2-2）。据英国国家统计办公室（DNS）统计，2020财年，英格兰市政税合计征收322亿英镑，占地方政府全部财政收入的29%。

表2-2 英国房产税政策

项目	内容
纳税主体	英国房产税的纳税主体既包括房屋所有人，也包括房屋的承租人。英国住房财产税纳税人是年满18岁的住房所有者或承租者。
征收范围	仅对城市的房产征税，农村住房不征收房产税。
税基	英国住宅税税基为住宅房产的价值，由国内税收部门所属的房产估价部门评估，一般每5年重估一次。政府根据房屋的市场价值，将房屋划分为A～H 8个级次，其中又规定以D级为基准税级。各等级房产税的纳税额每年都会调整。从实际情况看，住宅税纳税额呈逐年增长的态势。
税率	采用累进税率，但各个郡的税级和边际税率均不相同。

数据来源：英国政府网

（3）日本对保有环节征收固定资产税和都市计划税，以评估价值为税基，评估价值小于市场价值，设置"负担率"调节机制。日本市町村政府每年向土地和房产所有者征收固定资产税和都市计划税（如表2-3）。从计税基础看，固定资产税与都市计划税税基相同，均为房屋或土地评估价值，每3年评估一次，土地评估价值一般为上一年土地公示价格的70%。设置"负担率"调节机制，避免地价大幅波动带来额外的税收压力。从税率看，由中央政府设置基准税率，地方政府在此基础上调整。固定资产税基准税率长期保持在1.4%，都市计划税税率在0.2%~0.3%。从税收优惠看，日本以设置起征点作为税收优惠方式，对评估价值低于30万日元的土地和低于20万日元的房屋免税。

表2-3 日本住房房产税政策

项目	内容
固定资产税	由物业所有者以土地和房屋评估价的一定比例缴纳给地方政府。标准税率是1.4%，上限为2.1%。
都市计划税	对城市区域内的房屋所有人征收，原则上同固定资产税一并征收。征税主体是市町村政府，纳税义务人、纳税依据、纳税方式同固定资产税。税率由市町村自定，但不能超过0.3%的最高限制税率。
税基和计税方法	根据土地和房屋的具体情况采取差别税率；以市价作为计税依据，每3年评估一次。

数据来源：房天下

第 3 章

中国人口大迁移的新趋势

人口大迁移从城市化到大都市圈化

导读

人口是一切经济社会活动的基础,几百年来,全球史诗般的人口大迁徙引发了区域兴衰、产业更替和霸权更迭。人口带来的居住需求更是房地产发展的基本需求,引发了各地区房地产市场的荣衰。美国东西海岸线城市群的繁荣,映衬出"铁锈地带"的衰败;中国三大城市群崛起,东北则亟须推进振兴战略。是什么驱动了人口大迁徙?人口迁移有何新动向?未来中国人口流向何处?这种迁徙带来哪些机会和挑战?

人口迁移的一般规律:从低收入地区向高收入地区,从中小城市向大城市

人口迁移基本逻辑:人随产业走、人往高处走

决定人口集聚的关键是该区域经济规模及与本国其他地区的人均收入差

距，即"人随产业走，人往高处走"。在2016年，我们借鉴提出经济-人口分布平衡法则，作为人口迁移和集聚的分析框架。静态看，较高人均收入地区人口净迁入，直至该地经济份额与人口份额的比值趋近于1；动态看，当区域经济-人口比值在1附近，但经济增长快于全国平均增速时，呈现经济高增长和人口净流入的基本平衡。总体看，工业发展需要人口集聚，工业化带动城市化，人口从乡村向城市集聚；服务业发展比工业更需要人口集聚，城市化中后期，人口向大城市和都市圈集聚。

全球人口迁移呈现两大特点：一是跨国层面，人口从中等、低收入国家向高收入国家迁移。1960—2020年，高收入经济体人口净流入规模累计1.4亿，来自中高、中低、低收入经济体的比例分别为26.4%、50.0%、27.1%。中高收入经济体人口生活水平接近高收入经济体，迁移动力不强；低收入经济体人口迁移动力强，但难以承担迁移成本；中低收入经济体人口迁移动力强，且能承担迁移成本。二是城乡层面，人口从乡村和中小城市向一二线大都市圈迁移。

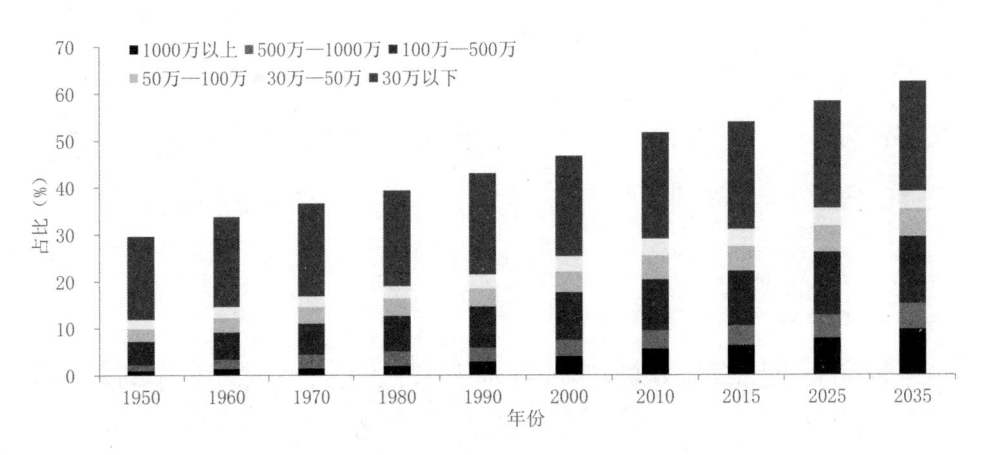

图3-1 全球不同规模城市人口增长变化和预测

注：2025年、2035年为预测数据。
数据来源：联合国

1950—2020年，全球城市化率从29.6%增至56.2%，该时期所有规模城市的人口占比均明显上升，人口年均增长率明显超1.7%的自然增长水平。其中，1000万人以上城市人口占比从0.9%增至7.1%，30万人以下小城市人口占比从17.8%升至22.9%，分别上升6.2个、5.1个百分点。根据联合国预测，2035年全球城市化率将达62.5%，大城市和大都市圈人口继续快速集聚，但50万人以下城市人口年均增长率将降至1.0%，略高于0.9%的自然增长水平（如图3-1）。

美国人口迁移：从"铁锈8州"到西、南海岸，大都会区化

美国的人口迁移呈现两大特点：

一是地区层面，从向传统工业主导的五大湖区集聚，到向能源、现代制造和现代服务业主导的西、南海岸集聚。1850—1970年，美国"铁锈地带"8个州的人口从1023万增至7203万。但20世纪70年代开始，伴随着西欧、日本以及中国崛起，美国传统制造衰落，"铁锈8州"GDP占比从1970年的35.6%降至2020年的24.8%。与经济衰落对应的是，1970年以来，"铁锈8州"人口增长也大幅放缓，到2020年仅增加937万，至8140万，占全国人口比大幅降至25.0%。而以能源、先进制造和现代服务业为主的加州、得州、佛州逐渐成为人口集聚中心。1850—1970年，3州人口从40万增至3794万人，占全国人口比从1.7%升至18.6%。1970—2020年，3州GDP份额从18.1%增至29.1%，人口快速增至9022万，占全国人口比升至27.3%（如图3-2）。1970—2020年，"铁锈8州"与加州、得州、佛州3州的经济-人口比值，都在1附近。

二是城乡层面，在城市化中后期，人口明显向大都会区集聚。1970—2019年，美国500万人以上都会区人口比重增加9.5个百分点，远高于100万～500万、25万～100万、5万～25万人都会区的5.8个、1.2个、0.1个百分点。2019

年，美国5万~25万、25万~100万、100万~500万、500万人以上都会区经济-人口比值分别为0.8、0.8、1.1、1.2，大都会区依然对人口有较大吸引力。

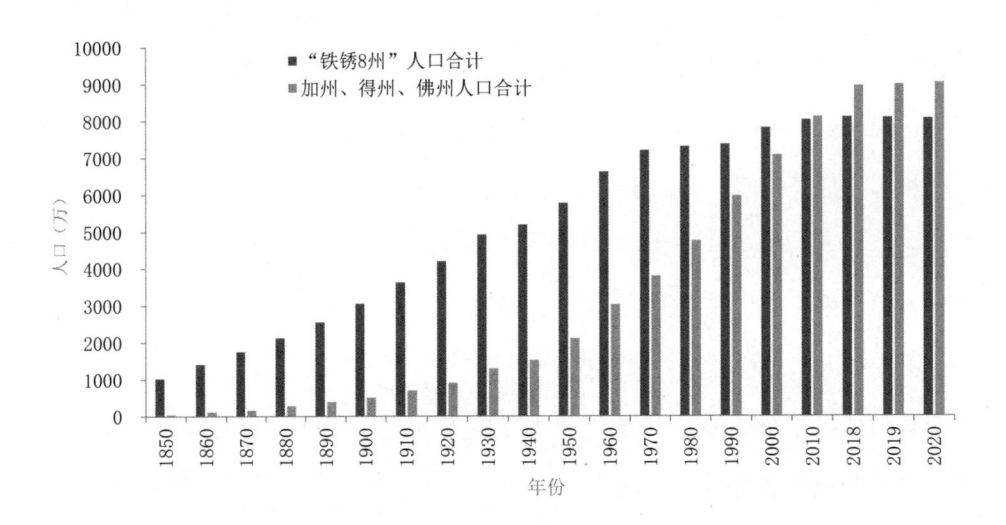

图3-2 "铁锈8州"与加州、得州、佛州人口数据对比

数据来源：美国人口调查局

日本人口迁移：从向"三极"集聚到向东京圈"一极"集聚

日本城市化进程中，人口随产业持续向大都市圈集聚，但在1973年左右，从向东京圈、大阪圈、名古屋圈"三极"集聚，转为向东京圈"一极"集聚。

（1）第一阶段，20世纪70年代日本经济增速换挡前，三大都市圈收入水平高且经济持续集聚，人口大规模流入。1955年，东京圈、大阪圈、名古屋圈的GDP占比分别为23.8%、15.3%、8.6%，人口占比分别为17.3%、12.3%、7.7%，经济-人口比值为1.38、1.24、1.12；1973年，经济-人口比值分别为1.22、1.13、1.12，变化不大。

（2）第二阶段，东京圈收入较高且经济继续集聚，名古屋圈经济份额略有上升，大阪圈衰落。1973年之后，东京圈人口继续保持净迁入状态，名古屋圈人口略有迁入，大阪圈人口净迁出。1974—2020年，东京圈、大阪圈、名古屋圈人口净迁入量分别为425.0万人、-95.0万人、7.2万人。2018年，东京圈、大阪圈、名古屋圈的经济份额占比分别较1970年增加4.4个、-3.8个、0.6个百分点，人口份额占比增加5.6个、-0.5个、0.6个百分点，经济-人口比值分别为1.17、0.90、1.15。

中国人口大迁移：从城市化到大都市圈化

分析人口数据需首先了解人口统计规定，很多谬误产生的原因在于对统计规定不了解。中国人口数据统计调查主要有三种方式：一是人口普查，从1990年，开始在尾数逢"0"年份进行，数据比较准确，但仍存在漏登，1949年以来共开展7次；二是全国人口1%抽样调查（俗称"小普查"），在尾数逢"5"年份进行，数据相对准确；三是其他年份的1‰人口变动情况抽样调查，数据偏差相对较大。不同抽样方式得到的数据不可混用比较，10年一次的人口普查是最准确的人口资料，所以我们以10年为间隔进行分析，即2000—2010年和2010—2020年。

地区分布特点：人口向南方、向东部地区集聚

人口持续向南方、向东部地区集聚。分南北看，2000—2020年，北方GDP占比从41.8%快速降至35.2%，南北经济总量的差距从16个百分点迅速扩大至30个百分点；2014年开始，北方人均GDP低于南方。2020年人均GDP前10强城市，除北京外皆在南方（不含资源类城市）。与北方经济衰落对应的是，人们用脚"投票"，奔向南方。2000—2010年，南方和北方的年均常住人口增量分别为506.2万人、395.8万人；2010—2020年，两者的年均常住人口增量分别为655.0万人、114.6万人，南方年均增量高于北方。2000—2020年，南北方人口占全国人口比分别由58.1%、41.9%变为59.4%、40.6%。分地区看，2000—2010年，我国东部人口占比上升2.38个百分点，中部下降1.07个百分点，西部上升0.96个百分点，东北下降0.22个百分点；2010—2020年，东部人口占比上升2.01个百分点，中部下降0.90个百分点，西部上升0.41个百分点，东北下降1.23个百分点。东部人口占比持续上升。

省级分布特点：人口再集聚粤浙与回流黔川渝鄂两种情况并存

改革开放以来，中国的跨省人口迁移经历了从"孔雀东南飞"到"回流中西部"，再到近年"再集聚粤浙和回流黔川渝鄂并存"的三个阶段。

从各省份常住人口变化看，2000—2010年，年均常住人口增量前五的省市为广东、浙江、上海、北京、山东；2010—2020年，年均常住人口增量前五的省是广东、浙江、江苏、山东、河南，此时期甘肃、内蒙古、山西、辽宁、吉林、黑龙江6省区人口萎缩，这6个省区全部位于北方。具体来看，2000—2010年，粤、浙年均常住人口增量分别为191.0万、85.0万人；2010—2020年，粤、浙年均常住人口增量分别为216.9万、101.4万人。江苏在这两个时期的年均常住人口增量分别为56.2万、60.9万人。2000—2010年，黔、川、渝、鄂等中西部省份年均常住人口增量由负增长转为2010年后的正增长；东北三省由2000—2010年的年均正增长转为2010—2020年的负增长，近年减幅扩大（如图3-3）。

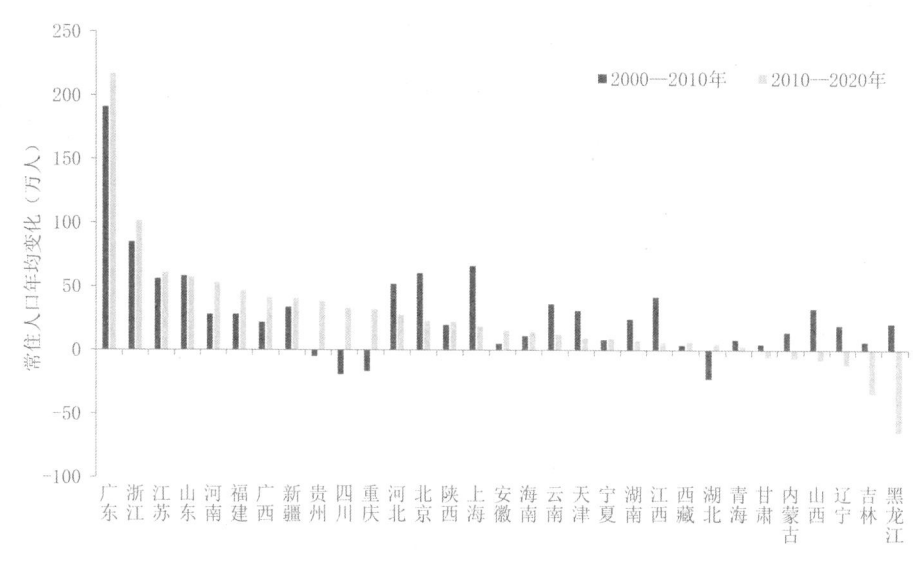

图3-3　2000—2020年各省区市常住人口年均变化

数据来源：国家统计局

城市分布特点：人口持续向少数核心城市集聚

2010—2020年，深圳、成都、广州年均常住人口增量超55万，郑州、西安、杭州、重庆、长沙年均常住人口增量超30万。2000—2010年、2010—2020年，全国地级及以上单位中（10市数据缺失），年均常住人口增量为正的分别有236个、183个，占比分别为72.17%、57.73%；两个时期，年均常住人口增量为负的城市数量分别为91个、134个，占比分别为27.80%、42.27%（如图3-4）。具体来看，2000—2010年，年均常住人口增量前五的城市为上海、北京、苏州、深圳、天津。2010—2020年，年均常住人口增量前五的城市为深圳、广州、成都、郑州、西安。其中深圳、成都、广州以活跃的新经济产业和较为宽松的人才政策吸引人口大规模流入，三城2010—2020年的年均常住人口增量分别达72.0万、59.7万、58.2万；同时期郑州、西安、杭州、重庆、长沙年均常住人口增量分别为39.7万、38.6万、32.4万、32.1万、30.1万；这些城市均为所在都市圈的核心城市，近年城市发展较为快速，"抢人"力度较大。

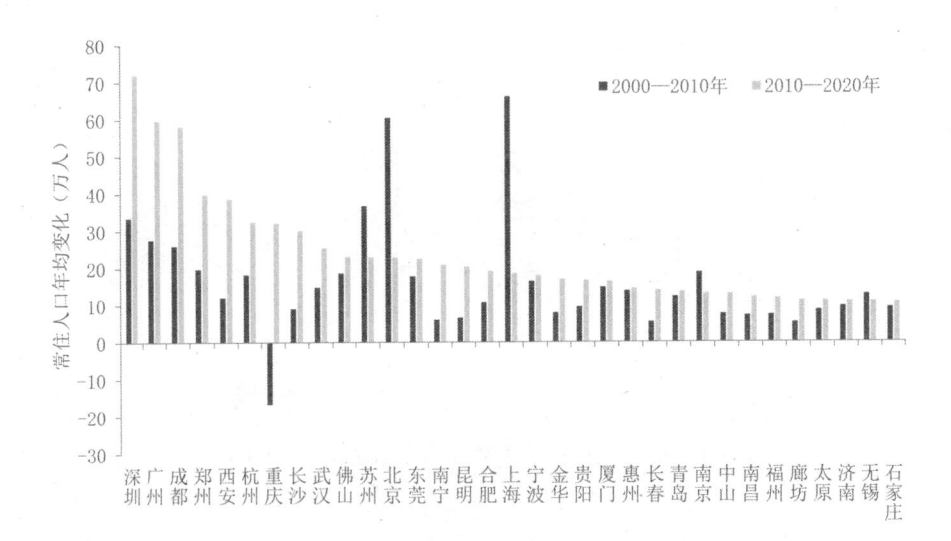

图3-4　2000—2020年主要城市常住人口年均变化

数据来源：国家统计局

从全域层面看，2010—2020年，一线城市人口年均增速为2.37%，人口持续流入但增速放缓；二线城市人口年均增速为1.91%，人口持续流入且增速小幅上升；三、四线城市人口年均增速为0.43%、-0.49%，人口持续流出。根据GDP、城镇居民人均可支配收入及城市政治地位等，我们将地级及以上单位划分为一、二、三、四线城市。总体来看，2000—2020年，一、二线城市的人口占比分别由3.70%、19.31%增至5.88%、24.39%；三、四线城市则由30.87%、42.98%降至30.50%、36.92%。从趋势看，2000—2010年和2010—2020年，全国人口平均增速分别为0.57%、0.53%，一线城市人口年均增速分别为3.42%、2.37%，一线城市人口保持集聚，但增速持续放缓；上述两个时期，二线城市人口年均增速分别为1.53%、1.91%，人口持续流入且增速小幅上升。同时，三线城市人口年均增速分别为0.53%、0.43%，略低于全国平均水平；四线城市仅为0.16%、-0.49%，明显低于全国平均水平，表明三四线城市人口仍持续流出。

都市圈城市群：人口持续向深圳都市圈、上海都市圈和珠三角、长三角城市群集聚

2010—2020年，深圳、上海、广州都市圈年均常住人口增量超80万，成都、杭州、郑州、苏锡常都市圈年均常住人口增量超40万，京沪都市圈人口向周边疏解。2000—2020年，33个都市圈土地面积仅占全国18.56%，但其常住人口合计占比由52.00%提升至58.35%，GDP合计占比由71.21%提升至74.38%，人口、经济进一步向都市圈集聚；除2010—2020年乌鲁木齐、西宁都市圈数据缺失，2000—2010年、2010—2020年，常住人口年均增加的都市圈分别为28、29个。2000—2010年，年均常住人口增量前五的都市圈分别是上海、北京、深圳、苏锡常、广州；2010—2020年，年均常住人口增量前五的都市圈分别是深圳、上海、广州、成都、杭州。具体看，深圳、上海、广州3个都市圈年均常住人口增量分别为108.9万、100.0万、84.7万；成都、杭州、郑州、苏锡常4个都市圈年均常住人口增量分别为53.1万、50.9万、47.2万、40.6万。从都市圈内部看，2010—2020年核心城市、周边城市人口均流出的哈尔滨、沈阳都市圈，年均常住人口增量分别为-22.9万、-10.4万。沈阳都市圈2010—2020年核心城市人口流入，但都市圈整体年均常住人口增量为负，这反映出核心城市人口吸引力不足，周边城市人口主要向都市圈外流出。此外，近年京、沪两地大力控人，核心城市人口净流出，周边城市净流入；其中上海都市圈2010—2020年核心城市年均常住人口增量较2000—2010年下降48.7万人（如图3-5）。

2010—2020年，珠三角、长三角城市群年均常住人口增量超180万人，成渝、中原城市群年均常住人口增量超65万人，但东北、西部等区域面临产业结构单一，呈现人口流出趋势。

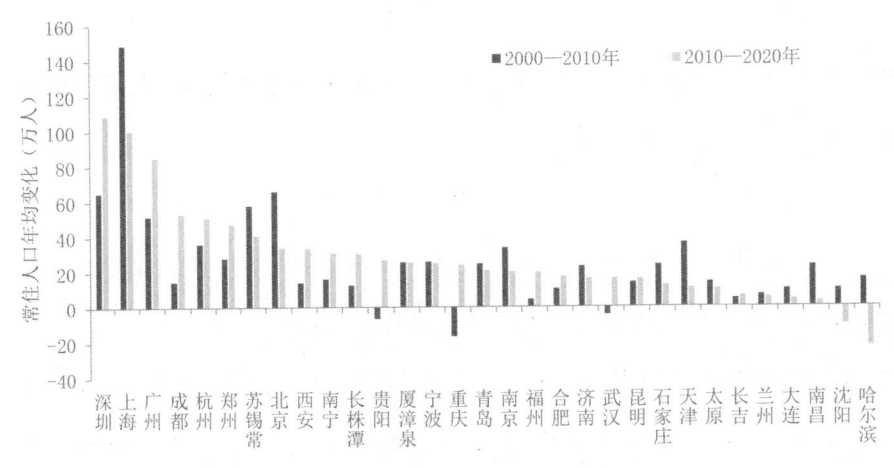

图3-5　2000—2020年33个都市圈常住人口年均变化情况

数据来源：国家统计局

《中华人民共和国国民经济和社会发展第十三个五年规划纲要》（以下简称"十三五"规划）提出建设长三角、珠三角、京津冀、山东半岛等19个城市群。总体看，目前人口、经济已高度集中于这19个城市群，且近年愈发向核心城市群集聚。2000—2020年，全国19个城市群土地面积占全国的39.59%，其常住人口占比由83.37%提升至86.61%。除2010—2020年天山北坡城市群数据缺失，2000—2010年、2010—2020年常住人口年均增加值为正的城市群分别为16、17个。2010—2020年，年均常住人口增量前五的城市群分别是珠三角、长三角、成渝、中原、京津冀。具体看，全国经济最活跃的珠三角、长三角城市群土地面积仅占全国2.92%，但2000—2020年常住人口合计占比由13.83%提升至18.05%；2000—2010年，珠三角、长三角城市群年均常住人口增量分别为132.5万、240.8万，2010—2020年珠三角、长三角城市群年均常住人口增量分别为281.9万、181.9万。上述两个时期，成渝城市群年均常住人口增量由-37.34万变化为69.5万。但2010—2020年东北、西部等区域面临产业结构单一、经济转型缓慢等问题，呈现人口流出趋势，上述两个时期，哈长城市群年均常住人口增量分别为26.2万、-63.2万（如图3-6）。

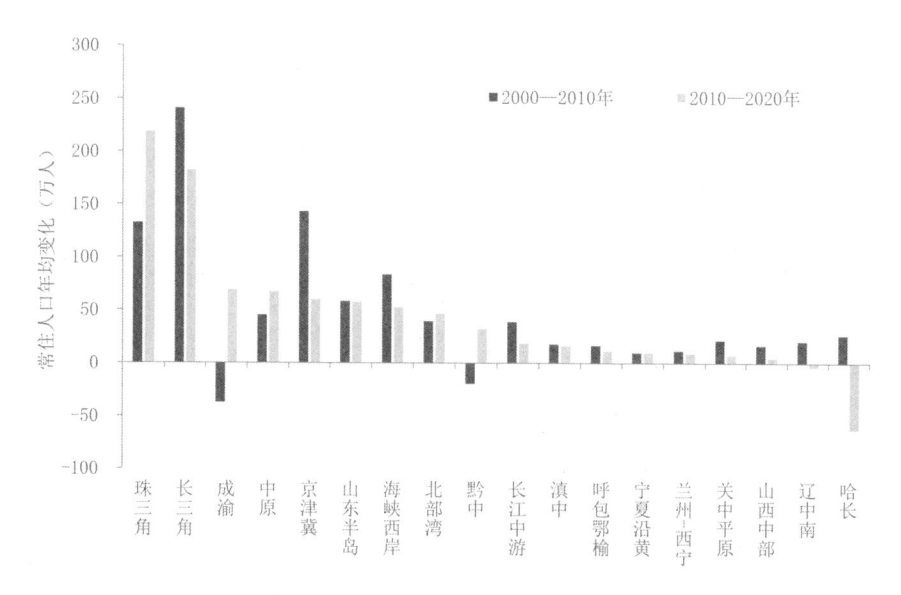

图3-6　2000—2020年19个城市群常住人口年均变化情况[1]

数据来源：国家统计局

到2030年中国城镇人口将新增约1.3亿人

根据联合国预测，到2030年，中国城市化率将达约71%，对应城镇人口为10.3亿，比2020年增加约1.3亿，其中约0.7亿来自乡城迁移。从中国城市化历

---

[1] "十四五"规划中，海峡西岸城市群表述不见，取而代之的是粤闽浙沿海城市群。

程看，城镇人口增长来自三个部分：自然增长、乡城迁移和行政区划变动。2011—2018年，中国城镇人口增量中来自自然增长、行政区划变动、乡城迁移的平均比例为18.3%、35.1%、46.7%。简单按照过去趋势推算，未来1.3亿新增城镇人口可能将有约50%即约0.7亿人来自乡城迁移。

未来中国1.3亿新增城镇人口的约80%，将分布在19个城市群，其中约60%将分布在长三角、珠三角、京津冀、长江中游、成渝、中原、山东半岛七大城市群。从2020年城市化水平看，珠三角城市群城市化率最高，超85%，未来城市化空间较小，城镇人口增加将主要依赖区外人口迁入；长三角、京津冀、海峡西岸、呼包鄂榆、山西中部、宁夏沿黄6个城市群的城市化率均在62%~75%；其他12个城市群的城市化率则在50%~62%。基于发展趋势、城镇化率变化、经济-人口比值、人口净流入情况以及区位等因素，在大致假设区外人口迁入分布的情况下，2020—2030年，长三角、珠三角、京津冀、长江中游、成渝、中原、山东半岛七大城市群的城镇人口增量占全国的比重有望达约60%。到2030年，19个大城市群常住人口合计占比或将从2020年的86.72%上升至90%以上。

人口迁移对经济和社会的重大影响

人口流入地区发展潜力与潜在隐患

（1）人口迁移既是经济社会发展的结果，也是经济社会发展的关键要素。

一是人口流入增加年轻劳动力供给，缓解老龄化压力。深圳在40多年前只是鲜为人知的小渔村，得益于友好的人才政策，吸引大量人口流入，成为全国最年轻的城市之一。1980—2020年,深圳常住人口增加1722.7万人;2000—2020年,深圳65岁及以上人口占比从1.2%升至5.4%,但远低于北京、上海的13.3%、16.3%。

二是人口流入增加人才供给,促进创新发展。从国际看,美国开放的移民体系使它吸收了大量优秀人才。根据诺贝尔基金会相关数据,美国籍诺贝尔生理学或医学奖、物理学奖和化学奖等获得者中,有25.8%为国际移民(出生地不为美国)。从国内情况来看,1979年,深圳本地科教资源极少,但通过引进高素质人才和大量办学,当地高学历人才比例快速提升,从"制造工厂"迈向"硬件硅谷""创新之城",新一代信息技术、生物医药、文化创意产业等战略新兴产业成为经济支柱。

三是集聚效应增强城市竞争力,助推长三角、珠三角等地成为世界级城市群与现代化产业中心。近年来,长三角、珠三角等地进一步发挥其在各类人才、资本、创新资源集聚等方面的优势,促进先进制造业集群和现代服务业集群融合发展,形成协同集聚的合理空间布局。

四是人口流入增加人口规模,扩大消费需求,并且消费增速与人口流入正相关。从社会消费品零售总额来看,2020年中国城市消费总额前十强的城市分别是上海、北京、重庆、广州、深圳、成都、苏州、南京、武汉和杭州,这些城市人口规模也绝大部分位列全国前15位。

(2)随着城镇化进程加快,我国人口从乡村和中小城市向一二线大都市圈迁移,但在土地资源计划配置、城乡二元结构、中小城市战略等因素的影响下,建设用地在城镇、乡村之间配置失衡,城镇用地在地区、城市之间配置失衡。

中国城乡二元结构妨碍了市场对人口和土地的有效配置,导致大部分进城不能落户、迁徙不能定居的进城务工人员不愿无偿放弃乡村宅基地，进城务工人员群体在城镇和乡村"双重占地"。2009—2016年，中国的人均城镇建设用地仅增长5.8%，而人均乡村建设用地增长21.5%。中国城镇化战略长期存在"控制大城市规模、积极发展中小城市"的倾向，与人口迁移趋势背离。分地区看，2009—2016年，东部城镇建设用地增量比例低于城镇人口增量比例12.9个百分点；而中部、东北、西部分别高1.7个、4.4个、6.8个百分点。分规模城市看，2006—2018年，1000万人以上城市城区人口增长46.8%，建设用地仅增长41.7%；20万人以下城市的人口增长2.1%，建设用地增长22.9%。

（3）另外，在城市化快速推进过程中，快速的人口集聚造成城市规划不足，导致"大城市病"。以北京为例，当前北京面临中心区拥挤、交通拥堵、环境污染、教育医疗资源紧张等"大城市病"。主要原因在于：一是长期低估人口增长并以此制订城市规划，导致用地规模、公共服务设施等规划不足。北京曾在1958年、1993年、2005年相继提出1000万、1500万、1800万的阶段人口规模控制上限，但分别在1986、2005年和2010年打破。二是空间规划布局不合理。北京是单中心城市结构，以多层次的环形放射、轴线对称的道路系统为框架，功能和人口"一极集中"，职住分离严重。三是交通建设明显滞后，教育、医疗、零售网点等公共服务资源不足，且分布不平衡。

人口流出地区老龄化问题加重

人口流出加剧老龄化，加重养老负担，严重拖累财政，制约经济活力。尽管老龄化是整体趋势，但是人口流出地区会更严重。人口迁移扩大了各地养老保险可持续性的不均衡程度，在充实流入地的养老金账户的同时，也加重了人口流出地的平衡压力。东北户籍人口、常住人口分别在2010年、2015年陷入负增长，2011年以来，小学生数大幅负增长。2000—2020年，东北65岁及以上人口占比由6.6%上升到16.4%，辽宁、吉林、黑龙江65岁及以上人口占比分别由7.9%、6.0%、5.6%升至17.4%、15.6%、15.6%；而同期，全国65岁及以上人口占比从7.0%升至13.5%。2019年，辽宁、吉林、黑龙江养老金抚养比（在职人数/退休人数）分别为1.48、1.35、1.28，远低于全国的2.53（意味着全国大概每2.5个在职人员供养1个退休人员），这意味着东北大概每1.5个在职人员就要供养1个退休人员，负担较重。黑龙江、辽宁、吉林的城镇职工基本养老保险基金分别于2013年、2015年、2015年开始入不敷出。2016年，黑龙江的累计结余转负；2019年，吉林、黑龙江、辽宁财政收入增幅居全国倒数，其中吉林、黑龙江出现负增长，而同年辽宁、黑龙江、吉林财政中的社会保障和就业支出占比分别为27.5%、21.9%、16.7%，明显高于全国的12.3%、江苏的11.2%、浙江的10.6%。

人口流动的失衡导致房地产市场的分化加剧

人口集聚度的分化促使房地产市场不断分化。在少子老龄化背景下，房地产市场将进一步分化，未来，经济基本面好、人口流入的大都市圈、大城市群房地产市场更有潜力。

中国的少子老龄化问题日趋严峻。2021年，中国总和生育率为1.15，全面二孩政策不及预期，生育堆积效应已消退。按此趋势，未来将有越来越多的地区面临人口收缩。从需求端看，20～59岁的主力置业人群已在2013年见顶，住宅新开工面积2011年和2013年达到超过14亿平方米的双峰，未来住房需求将平稳回落。

从政策端看，在"房住不炒""稳地价、稳房价、稳预期""不将房地产作为短期刺激经济的手段"的政策指引下，房地产市场销售回归居民自住需求。房地产市场长期看人口，到2030年，1.3亿新增城镇人口的约80%将分布在19个城市群，约60%将分布在长三角、珠三角、京津冀、长江中游、成渝、中原、山东半岛等七大城市群；从城市和都市圈来看，2030年，中国有望形成10个以上（北京、上海、天津、广州、深圳、重庆、武汉、成都、南京、东莞等）1000万级城市和12个以上（上海、北京、广州、深圳、郑州、成都、杭州、苏锡常、青岛、重庆、武汉、南京等）2000万级大都市圈。

启示：充分尊重人口、产业向优势区域集聚与城市发展的客观规律

第一，充分尊重人口和产业向优势区域集聚和城市发展的客观规律，立足各地比较优势，顺势而为。推进区域协调发展的目标是促进人民生活水平大体相当，绝不能追求各地区经济总量均衡，也不可能要求各地区在经济发展上达到同一水平。2019年12月，习近平总书记在《求是》杂志发表《推动形成优势互补高质量发展的区域经济布局》，文章指出，要按照客观经济规律调整完善区域政策体系，发挥各地区比较优势，促进各类要素合理流动和高效集聚，增强创新发展动力，加快构建高质量发展的动力系统，增强中心城市和城市群等经济发展优势区域的经济和人口承载能力，增强其他地区在保障粮食安全、生态安全、边疆安全等方面的功能，形成优势互补、高质量发展的区域经济布局。近年来，中国城镇发展战略逐渐调整为"以中心城市为引领，以城市群为主体形态，以都市圈建设为突破口，对中小城市分类施策"，但改变任重道远，共识还未形成。

第二，优化城市群内部空间结构，推动完善产业结构和公共服务、交通设

施等布局。一方面，优化产业结构布局，合理规划和引导紧凑、连续的多中心城市产业布局，加快现有园区转型，因地制宜，完善城市功能。另一方面，要优化公共服务、交通设施等布局，加快规划调整，推进公共服务均等化，按照常住人口总量和结构，分区、分级布局公共服务。进一步发展城市轨道交通，大力提高城市轨道交通路网密度，推进轨道交通系统制式多元化发展，改善出行效率。未来的城市规划要尊重人口流动规律，不能车多了限号，人多了撵人。规划编制应以人为本，完善市民参与机制，充分了解市民对城市发展的期待和需求。

第三，推进以常住人口增量为核心，改革"人地挂钩"，允许跨区域用地指标买卖。目前的"人地挂钩"是指农业转移人口落户数量与城镇建设用地供应量挂钩，并不能解决热点城市人口流入与住房供应紧张之间的矛盾。一方面，应坚持都市圈城市群战略，加快推进农业转移人口市民化，建立、健全宅基地自愿有偿退出机制，推行新增常住人口与土地供应挂钩。允许跨区域用地指标买卖，如东北和西部地区售卖用地指标，可以有效解决目前东北、西部地区用地指标大量浪费的问题，同时解决长三角、珠三角等人口流入地区建设用地指标紧张的问题。

房地产大趋势

中国城市人才吸引力排名

导读

　　人口是一切经济社会活动的基础，人才更是第一资源。我们在前期系列报告中提出"人随产业走，人往高处走"的逻辑，指出人口正持续向大城市及大都市圈集聚。随着人口红利消逝、人才价值日益凸显，我们和智联招聘联合推出《中国城市人才吸引力排名》报告，以期准确把握人才流动趋势。

　　智联招聘拥有约2.6亿用户，月均活跃用户数约4632万；其中8成以上为专科及以上学历，远超全国就业人口总体的22.1%。在求职者中，约4成为流动跨城求职者（流动人才），2021年跨城求职者比2020年增加7.4%。2021年流动人才特征逐渐恢复至2019年水平。从性别看，流动人才中男性占58%，高于智联招聘平台求职总人数（求职总体）的53%的男性比例，男性更有可能跨城求职；从年龄看，流动人才中18~30岁人才占比64.4%，高于求职总体的59.4%，30岁以下人才更有可能跨城求职；从学历看，流动人才中56%为本科及以上学历，高于求职总体的47%，高学历人才更有可能跨城求职；从工资水平看，流动人才中

30.0%月收入为8000元以上，高于求职总体的26.7%，收入较高者更有可能跨城求职；从行业看，流动人才中52.0%分布在信息技术（IT）、房地产、制造业，高于求职人才总体的49.5%。[1]

通过跨城求职数据解密流动人才特征

人口是一切经济社会活动的基础，人才更是第一资源，但当前缺乏能够精准反映人才流动的数据。中国15～64岁劳动年龄人口规模及比例分别在2011年、2013年见顶，标志着过去长期支撑经济高速发展的人口红利消逝，中国亟须转向人才红利。并且，从人口自然增长趋势看，中国人口总量将在"十四五"期间见顶，随后进入负增长。在此背景下，2017年以来全国约100城先后掀起"抢人大战"，既是抢年轻人口，更是抢人才。一般我们可通过官方发布的常住人口数据分析人口流动情况，但反映人才流动的数据缺乏，特别是在非普查年份。为此，我们和智联招聘联合推出《中国城市人才吸引力排名》报告，以期准确把握人才流动态势。

数据说明及特征：智联招聘拥有约2.6亿个人注册用户，月均活跃用户数（含登录、有求职行为的用户）约4632万。其中，求职人才即当年有简历投递行为的用户中，约8成以上为专科及以上学历，远超全国就业人口专科及以上学历人数22.1%的占比。在求职人才中，约4成为跨城求职者，即现居住城市和简历投向城市不同的流动人才。2021年跨城求职者比2020年增加7.4%。

---

[1] 样本偏差：简历投递与实际人才流动存在一定出入。

（1）从性别看，2021年，流动人才中男性占58%，高于求职总体的53%的男性占比，男性更有可能跨城求职。2021年求职人才中男女比例为53∶47，其中流动人才男女比例为58∶42。2019、2020年流动人才男女比例分别为60∶40和57∶43，求职人才性别比逐渐恢复至2019年的水平。

（2）从年龄看，2021年流动人才中18～30岁人才占比64.4%，高于求职总体的59.4%，30岁以下人才更有可能跨城求职。2021年流动人才中18～25岁、26～30岁、31～35岁、36～40岁、41～45岁、46岁及以上分别占比34.5%、29.9%、18.5%、9.2%、4.2%、3.7%，上述各年龄段分别较求职总体高4.8、0.3、-2.8、-1.4、-0.6、-0.3个百分点，说明30岁以下人才更有可能跨城求职。2019—2021年流动人才中30岁以下占比分别为64.8%、68.6%、64.4%，各年龄段流动人才占比逐渐恢复至2019年水平。

（3）从学历看，2021年流动人才中56%为本科及以上学历，高于求职总体的47%，高学历人才更有可能跨城求职。2021年求职人才中初中及以下、高中、专科、本科、研究生学历占比分别3.6%、7.0%、42.1%、41.8%、5.6%，其中流动人才各学历分别占比2.3%、4.8%、37.2%、47.8%、7.8%，流动人才中本科、研究生学历比重均高于整体水平，2021年流动人才中本科及以上学历占比55.7%，较求职总体高8.3个百分点。2019—2021年流动人才中本科及以上学历占比分别为50.7%、56.7%、55.7%，流动人才学历占比逐渐恢复至2019年的水平。

（4）从工资看，2021年流动人才的30%月收入为8000元以上，高于求职总体的26.7%，收入较高者更有可能跨城求职。2021年总体求职人才与流动人才中，月收入在8000元以下占比分别为73.4%、70.4%，月收入在8000元以上占比分别为26.7%、29.6%。2019—2021年流动人才中月收入在8000元以上的占比分

第3章 中国人口大迁移的新趋势

别为26.4%、24.4%、29.6%，高收入者更有可能跨城求职。

（5）从行业看，流动人才中52%分布在IT互联网、房地产、制造业，房地产行业人才异地求职比例明显增高。2021年求职人才人数排名最多的前三行业是IT/通信/电子/互联网、房地产/建筑业、生产/加工/制造，分别占比19.5%、16.1%、13.9%，合计占比49.5%；流动人才人数最多的前三行业也是上述三个行业，分别占比18.7%、19.3%、14.1%，合计占比52.1%，说明流动人才分布更加集中，且流动人才在房地产/建筑业的分布远高于所有求职人才（如图3-7）。

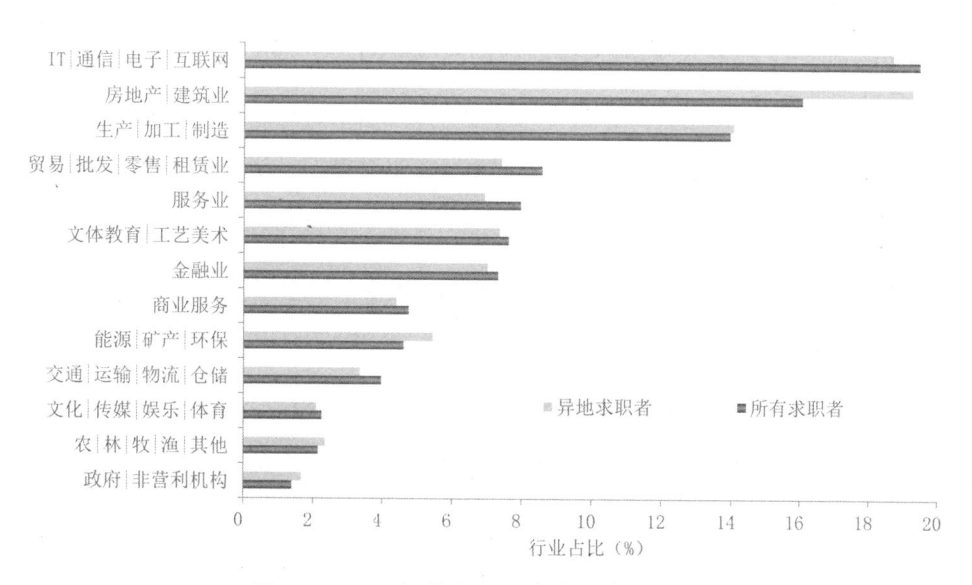

图3-7 2021年异地和所有求职者行业占比

数据来源：智联招聘

长三角、珠三角人才集聚且跨区流动性减弱

中国最具人才吸引力城市100强：京沪深居前三，百强中东部城市占比超五成

从人才吸引力指数观察，2021年北京、上海、深圳位居前三名，北京连续两年占据榜首，广州、杭州、成都、苏州、南京、武汉、长沙位居前十（如表3-1）。

为衡量城市的人才吸引力，我们定义：人才吸引力指数为人才流入率、人才净流入率、应届生人才流入率、硕士及以上人才流入率、人均可支配收入、人口净流入的加权结果。人才流入率=流入某城市的人才/全国流动人才总量；人才净流入率=（流入某城市的人才-流出某城市的人才）/全国流动人才总量，分别反映该城市引得来和留得住的能力。其中，流入某城市的人才指现居住地不在该城市、但简历投向了该城市的人才；流出某城市的人才指现居住地为该城市、但简历投向了其他城市的人才；全国流动人才总量指现居住地和简历投向地不一致的人才。应届生人才流入率=投向某城市的应届生人才/应届生求职人数总量，硕士及以上人才流入率=投向某城市的硕士及以上学历人才/硕士及以上求职人数总量，分别反映城市对年轻大学生和高学历人才的吸引力。

从结果看，作为政治、经济、文化中心的北京市人才吸引力指数连续两年排在第一位；由于薪资优势明显，北京对求职者保持较高吸引力，随着人才引进政策放松，北京人才流入增加、外流趋势缓解，人才保持净流入，2020—2021年排名占据榜首；上海市经济体量大且增长稳定，2017—2021年分别名列第一位、第一位、第一位、第三位和第二位；深圳则位次顺次下移，2017—2021年深圳排名第二位、第二位、第三位、第四位、第三位；广州2017—2021年排名第四位、第四位、第四位、第五位、第四位，较为稳定；杭州因以电商

为代表的产业发展迅速，排名一直位列二线城市首位；成都、苏州、南京较为稳定，成都历年居第六至八位，苏州居第七至九位，南京居第六至八位；武汉2021年跻身前十；长沙居第10位，2020—2021年保持稳定。

2021年50强城市中，东部、中部、西部、东北地区分别有34、6、7、3个，分别占各区域城市总数的39.1%、7.5%、7.4%、8.8%；一、二、三、四线城市分别有4个、30个、14个、2个，分别占一、二、三、四线城市总数的100.0%、85.7%、17.3%、1.1%；长三角、珠三角、京津冀、长江中游、成渝城市群分别有16个、7个、3个、3个、2个，分别占各区域城市总数的61.5%、77.8%、23.1%、11.1%、12.5%。

表3-1　2021年最具人才吸引力城市100强

排序	城市	人才吸引力指数	排序	城市	人才吸引力指数	排序	城市	人才吸引力指数	排序	城市	人才吸引力指数
1	北京	100.0	26	珠海	37.1	51	石家庄	26.8	76	兰州	22.4
2	上海	90.4	27	绍兴	36.3	52	乌鲁木齐	26.4	77	攀枝花	22.3
3	深圳	87.7	28	温州	35.2	53	泉州	26.4	78	莆田	22.3
4	广州	81.5	29	昆明	35.2	54	扬州	26.0	79	绵阳	21.6
5	杭州	73.1	30	中山	34.7	55	丽水	25.9	80	盘锦	21.6
6	成都	70.5	31	台州	34.6	56	鄂尔多斯	25.9	81	宜宾	21.5
7	苏州	64.2	32	湖州	33.9	57	海口	25.8	82	金昌	21.3
8	南京	61.1	33	福州	32.3	58	衢州	25.8	83	新余	21.3
9	武汉	51.0	34	南通	31.9	59	潍坊	25.5	84	大庆	21.3
10	长沙	49.1	35	惠州	31.9	60	泰州	25.3	85	眉山	21.1

（续表）

排序	城市	人才吸引力指数	排序	城市	人才吸引力指数	排序	城市	人才吸引力指数	排序	城市	人才吸引力指数
11	西安	47.0	36	舟山	31.7	61	马鞍山	25.3	86	德阳	21.0
12	无锡	46.8	37	南昌	30.8	62	淄博	25.0	87	景德镇	21.0
13	青岛	45.7	38	沈阳	30.7	63	包头	25.0	88	秦皇岛	20.9
14	佛山	45.6	39	大连	29.3	64	株洲	24.8	89	宁德	20.9
15	济南	45.6	40	烟台	28.7	65	克拉玛依	23.7	90	那曲	20.7
16	东莞	45.4	41	贵阳	28.6	66	临沂	23.7	91	玉溪	20.7
17	宁波	44.9	42	廊坊	28.5	67	芜湖	23.6	92	龙岩	20.6
18	郑州	44.1	43	镇江	28.5	68	拉萨	23.4	93	宣城	20.5
19	厦门	42.7	44	南宁	28.4	69	徐州	23.2	94	湘潭	20.5
20	重庆	40.6	45	长春	27.8	70	江门	23.0	95	连云港	20.5
21	合肥	39.6	46	太原	27.7	71	洛阳	22.8	96	柳州	20.5
22	金华	39.3	47	呼和浩特	27.6	72	银川	22.8	97	遵义	20.5
23	天津	38.4	48	三亚	27.6	73	嘉峪关	22.8	98	济宁	20.4
24	嘉兴	38.4	49	东营	27.1	74	乌海	22.7	99	滨州	20.2
25	常州	37.9	50	威海	27.1	75	唐山	22.7	100	新乡	20.1

数据来源：国家统计局、智联招聘

2021年应届生、硕士及以上人才将简历投向一线城市的占比为20.7%、30.0%，分别高于流动人才流向一线城市1.6、11.0个百分点，投向前10强的二线城市合计占比分别为19.3%、20.7%，分别高于流动人才整体的3.5、5.4个百分点，应届生和硕士及以上人才更倾向往一二线城市集聚，尤其是硕士及以上人才更倾向往一线城市集聚。从应届生看，应届生人才流入前十城市合计占比39.9%，高于人才流入率的34.9%，和整体流动人才相比，应届生人才更加倾向流入一二线城市。与2020年相比，2021年流入北京、成都的应届生人才占比均增加0.3个百分点。从硕士及以上人才看，硕士及以上人才流入前十城市合计占比50.7%，高于人才流入率的34.9%，其中一、二线城市硕士及以上人才流入率分别比人才流入率高11.0、5.4个百分点，和流动人才相比，硕士及以上人才也更倾向流入一二线城市，尤其是向一线城市集聚。与2020年相比，2021年流入北京、成都的硕士及以上人才占比分别增加0.05、0.10个百分点。

人才流动趋势：长三角、珠三角人才集聚，且高能级城市人才跨区流动性减弱

人才净流入率是人才吸引力指数的核心指标，它等于（流入某城市的人才-流出某城市的人才）/全国流动人才总量。

（1）分地区看，2021年，东部人才跨区流动性继续下降，中西部地区人才流动性增强，人才加速洗牌；东部、中部、西部、东北的人才净流入率分别为12.9%、-4.7%、-3.8%、-4.4%，东部人才持续集聚，中部、西部、东北持续净流出。从人才流入流出占比看，2017—2021年，东部地区人才流入率从63.2%降至58.5%，人才流出率从57.0%降至45.6%，东部地区人才流动性下降，但全国仍有近六成人才向东部流入；中部和西部地区人才流入率和流出率均呈上升趋势，人才流动性提升；东北地区人才流入率从5.9%降至5.0%，人才流出率从8.2%增至9.3%，人才流动性保持稳定。从人才净流入率看，2017—2021年，东部地区人才净流入率从6.2%增至12.9%，人才持续向东部集聚，得益于雄厚的经济基础和较高的战略定位；中部地区人才持续净流出，且2021年净流出率略有下降；西部和东北地区人才持续净流出，且2021年净流出率加大。

（2）分线看，2021年一线城市人才跨区流动性下降，三四线城市人才流动性增强，一、二、三、四线城市人才净流入率分别为5.4%、0.4%、-1.0%、-4.8%，受政策放宽影响一线城市人才持续流入，二线城市人才集聚放缓，三线城市较为平衡，四线城市持续流出。我们把全国296个地级及以上建制市（不含三沙市）划分为一、二、三、四线城市[1]，其中，一线城市为北广深4个，二线城市35个，三线城市81个，四线城市176个。从人才流入流出看，2017—2021年，一线城市人才流入从22.8%降至19.0%、流出率从23.3%降至13.6%，流出率降幅远大于流入率；二线城市人才流入率下降、流出率增加；三四线城市流入流出占比均有所增加，且流出率增幅大于流入率。从人才净流入率看，2017—2021年，一线城市人才净流入率分别为-0.5%、-0.9%、-2.7%、3.5%、5.4%，受政策放宽影响2020年开始人才净流入率由负转正，且2021年继续增加；二线城市分别为3.2%、3.6%、1.1%、3.4%、0.4%，主要受人才流出率增加影响；三线城市分别为-0.3%、-0.3%、1.8%、-1.0%、-1.0%，人才持续净流出；四线城市分别为-2.5%、-2.3%、-0.3%、-5.8%、-4.8%，人才持续流出，2021年净流出率略有下降。

（3）分城市群看，超六成人才流向五大城市群，长三角、珠三角、京津冀城市群人才流动性下降，成渝、长江中游城市群人才流动性小幅增加；2021年，长三角、珠三角人才持续集聚，京津冀人才净流出趋势继续放缓，成渝基本平衡，长江中游人才持续净流出。从人才流入流出看，长三角人才流入率从23.7%降至20.9%，人才流出率从19%降至13.4%；珠三角人才流入率小幅下降，

---

[1] 详见泽平宏观2019年4月报告《中国城市发展潜力排名：2019》。

流出率从12.2%降至8.9%；京津冀人才流入流出占比均呈下降趋势，2021年小幅上升；成渝和长江中游人才流入率和人才流出率较为稳定。2021年五大城市群人才跨区流动性下降，2017—2021年五大城市群合计人才流入率从64.7%降至61.0%，人才流出率从60.7%降至51.0%。从人才净流入率看，2017—2021年长三角人才净流入率从4.6%增至7.4%，人才净流入且占比高于其他城市群，人才大量向长三角集聚；珠三角从2.0%增至4.1%，人才净流入且逐年上升；京津冀分别为-1.9%、-2.9%、-4.0%、-0.7%，人才保持净流出但占比有所缩小，北京人才净流入率增加带动京津冀整体净流出率下降；成渝人才流入流出基本平衡；长江中游人才呈净流出，2021年由于流出人才率下降，净流出率略有下降（如图3-8）。

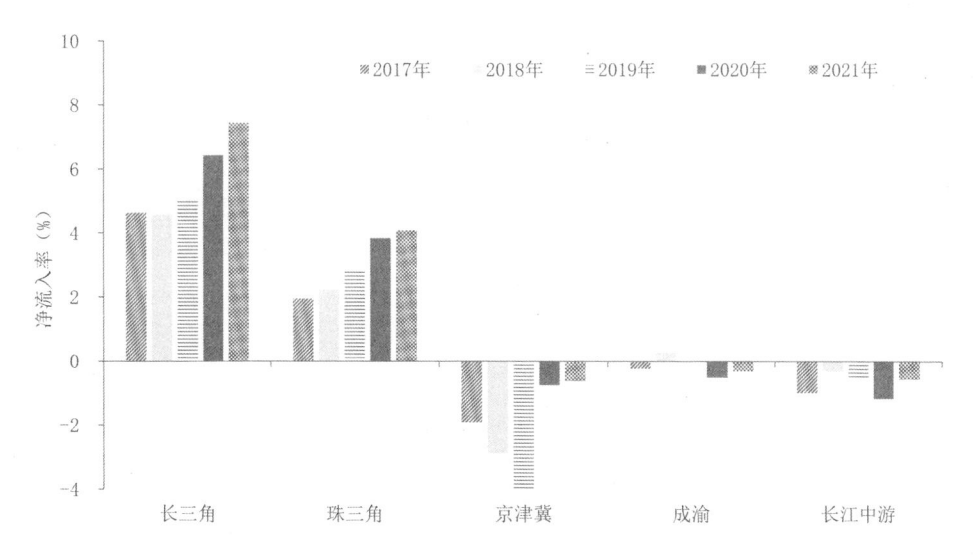

图3-8　2017—2021年五大城市群人才净流入率

数据来源：国家统计局、智联招聘

房地产大趋势

多数重点城市人才净流入率上升，城市群内人才流动成为主流

一线城市：北上人才净流入率上升、深广平稳

从人才净流入率看，2021年北、上、深、广人才净流入率分别为1.0%、2.1%、1.4%、1.0%，上海最高、广州最低。从人才净流入率变动趋势看，北京因严控人口、疏解产业，人才净流入率逐年下降，直至2020年才有所回升，2021年继续创新高，主因2021年人才引进政策放宽；上海人才净流入率变动呈V形，2021年人才净流入率为2.1%，重回榜首且创2017—2021年新高，主因上海新经济促进政策初见成效且落户政策放宽；深圳、广州2021年人才净流入较去年基本维持不变。（如图3-9）。

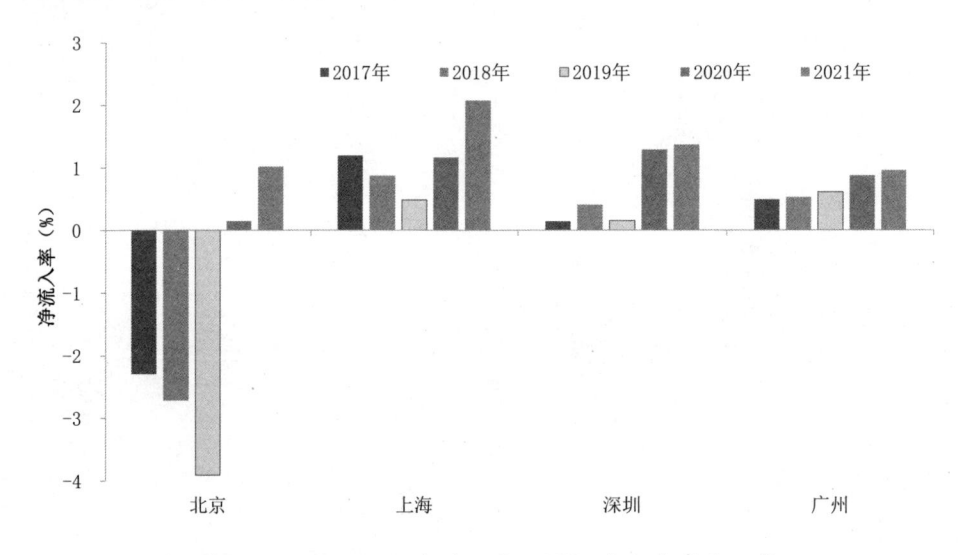

图3-9　2017—2021年北、上、深、广人才净流入率

数据来源：智联招聘

（1）北京：2017—2021年，北京的人才净流入率分别为-2.3%、-2.7%、-3.9%、0.2%、1.0%，2021年净流入率继续增加。主因企业招聘恢复较快、

2021年北京放宽人才引进政策；2021年上海代替天津，成为北京人才流出第一目标城市，人才从北京净流向上海。从人才流入流出看，2017—2020年北京人才流入率从7.3%降至6.0%，2021年回升至6.4%。近年人才流出率明显下降，2019—2021年人才流出率从10.2%降至5.3%。北京的人才流入和人才流出均居全国城市首位，但过往流出逐年攀升、流出明显大于流入，使得人才呈净流出趋势，直至2020年之后人才流出明显放缓，净流出转为净流入，2019—2021年人才净流入率分别为-3.9%、0.2%、1.0%。

从人才来源看，2021年人才向北京流入的前十大城市合计占比36%，其中天津占比第一，为7%，北京对周边城市虹吸作用明显。人才流入北京主要因为北京经济体量大、收入水平高，2021年GDP规模达到4.03万亿元、城镇人均可支配收入8.15万元，仅次于上海、排名第二。根据智联招聘数据，2021年北京市平均招聘薪酬为12993元/月，为重点城市中最高水平。2021年7月北京人社局印发《北京市引进毕业生管理办法》，适用对象新增"毕业两年内初次就业"的毕业生，同时放宽年龄限制，本科从24岁增至26岁、研究生从27岁增至30岁，人才引进政策明显放松，2021年北京人才流入率提升。

从人才去向看，北京人才外流的前十大城市合计占比43.2%，高于2020年的42.8%。其中，流出北京的人才中9.1%流向上海，流出上海的人才中9.7%流向北京，北京和上海互为人才外流目标城市的第1位，北京流向上海和上海流向北京的人才在全国流动人才总量中占比分别为0.5%、0.2%，人才从北京净流向上海。北京持续疏解非首都核心功能，与津冀对接协同产业。根据北京市发改委数据，截至2020年底，全市不予办理新设立或变更登记业务累计达2.34万件，全市累计退出一般制造和污染企业2872家，疏解提升区域性批发市场和物流中心980余个。北京周边城市群人才承接能力则较弱，人才从北京流出的前十城市中津冀城市有3个，仅占13.0%，低于2020年的14.5%。

（2）上海：2017—2021年，上海的人才净流入率分别为1.2%、0.9%、0.5%、1.2%、2.1%，2021年人才集聚明显，主因上海新经济促进政策初见成效且放宽落户政策，减少了人才流出。从人才流入流出占比看，2017—2020年上海人才流入率从6.1%降至4.7%，2021年人才流入率基本保持稳定，而人才流出率明显下降，2019—2021年，上海人才流出率从4.8%降至2.6%，降幅明显。

从人才来源看，2021年人才向上海流入的前十大城市合计占比38.8%，高于2020年的37.8%，上海人才来源集中度有所上升。其中，长三角城市有3个，合计占比10.5%，低于2020年的15.0%。人才流入上海主要因为上海的经济体量大、薪酬水平高，新经济促进政策初见成效且上海放宽人才引进政策。2021年上海GDP规模超4万亿元、人均可支配收入8.2万元，均位列全国城市第一。根据上海市经济和信息化委员会数据，2021年上海的中国互联网百强企业数、企业互联网业务累计收入同比增速分别为20家、35%，居全国各省市第2位、第1位，"在线新经济"发展效果明显。2020年11月新版《留学回国人员申办上海常住户口实施细则》中取消留学生回国后首份工作地不在上海的限制并新增3个留学生激励政策；上海市2021年新版《上海市引进人才申办本市常住户口办法》将人才引进落户通道由16个增加到18个，落户通道明显放宽；在2021年底放宽五大新城和自贸区的落户政策，本地应届研究生可直接落户。

从人才去向看，2021年上海人才外流的前十大城市合计占比49.0%，低于2020年的53.3%，流出上海的人才集中度下降。其中，长三角城市有3个，合计占比17.8%，低于2020年的34.6%。人才流出上海主要因为上海控制人口规模和产业转移，2016年《上海市国民经济和社会发展第十三个五年规划纲要》及《上海城市总体规划纲要（2015—2040）》均要求2020年及之后上海常住人口控制在2500万人以内。2021年上海人才流出率明显下降，主因落户政策放宽，包括放松居转户评价标准，张江科学城用人单位引进的人才居转户年限由7年缩短为5年、重点产业的骨干人才年限由7年缩短为3年，2021年上海居转户公示落户人数3.77万人，是2020年的2倍。

（3）深圳：2017—2021年，深圳的人才净流入率分别为0.1%、0.4%、0.2%、1.3%、1.4%，2020—2021年人才集聚明显，主因深圳经济发展速度快、创新发展水平高，引才留才能力强，由于深圳人口承载力有限，深圳也开始控制人口有序增长；深圳和广州互为人才外流目标城市的第1位，人才从广州净流向深圳。从人才流入流出占比看，2017—2021年深圳人才流入率从5.1%降至4.3%，人才流出率从4.9%降至3.0%，人才跨区流动性下降。由于流入流出占比降幅相当，2020—2021年人才净流入率保持平稳，分别为1.3%、1.4%（如图3-10）。

从人才来源看，人才向深圳流入的前十大城市合计占比41.2%，低于2020年前十来源地的43.0%，深圳的人才来源集中度有所下降。其中，珠三角城市有3个，合计占比18.7%；流入深圳的人才中10.8%来自广州，流入广州的人才中9.8%来自深圳，深圳和广州互为人才来源城市的第1位。人才流入深圳主要因为经济发展速度相对较快、创新发展水平高。2016—2021年深圳年均GDP增长率为9.5%，高于北京、上海、广州的9.4%、8.9%、7.6%，也高于全国的8.3%。深圳还拥有华为、腾讯、平安等众多著名企业，尤其是互联网企业，吸引大量人才。根据深圳市规划和自然资源局《深圳市国土空间总体规划（2020—2035年）》（草案），2035年深圳常住人口或将控制在1900万人，"七普"数据公布后深圳也开始控制人口有序增长。2021年5月深圳市发展和改革委员会起草的《深圳市户籍迁入若干规定（征求意见稿）》中将核准类的学历型人才底线从全日制大专调整为全日制本科，同时收紧落户年龄。根据深圳人社局数据，2021年深圳新引进人才22.9万人，较2019年减少18.2%。

从人才去向看，深圳人才外流的前十大城市合计占比52.9%，低于2020年前十来源地的53.7%，深圳的人才去向更加分散。其中珠三角城市有5个，合计占比32.4%，高于2020年的31.0%。流出深圳的人才中12.4%流向广州，流出广州的人才中16.9%流向深圳，深圳和广州互为人才外流目标城市的第1位，深圳流向广州和广州流向深圳的人才流出在全国流动人才总量中占比分别为0.37%、0.47%，人才从广州净流向深圳。2021年流入、流出深圳的行业人才中IT、通信、电子、互联网占比达30.7%、29.0%，均远高于其他9个城市，深圳IT、通信、电子、互联网行业人才流动频繁。

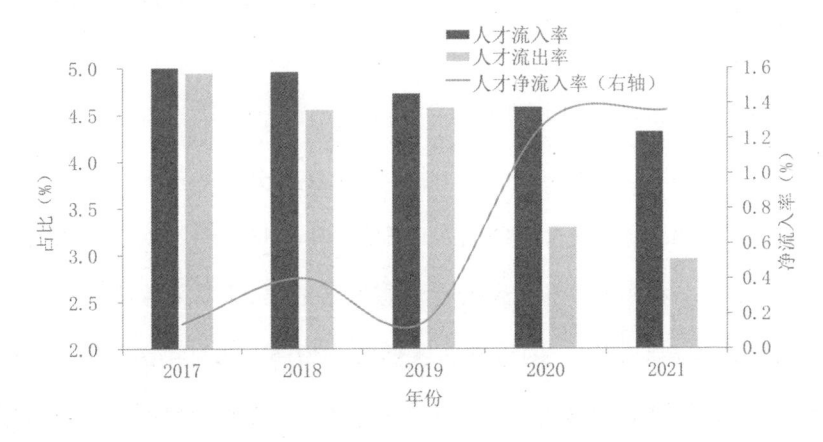

图3-10　2017—2021年深圳人才流入与流出情况

数据来源：国家统计局、智联招聘

（4）广州：2017—2021年，广州的人才净流入率分别为0.5%、0.5%、0.6%、0.9%、1.0%，人才净流入且持续稳定增长，主因广州经济发展速度快、生活成本在一线城市中最低；广州人才流向珠三角城市占比42.1%，高于北京流向京津冀、上海流向长三角城市，珠三角城市群人才内循环更强。从人才流入流出看，2017—2021年广州人才流入率从4.3%降至3.7%，人才流出率从3.8%降至2.8%，呈逐年下降趋势，人才跨区流动性下降，由于流入下降幅度小于流出下降幅度，使得总体人才呈净流入，并且占比不断增加。

从人才来源看，人才向广州流入的前十大城市合计占比39.1%，低于2020年前十大来源地的41.0%。其中珠三角城市有3个，合计占比20.2%，较去年略有下降。人才流入主因广州经济发展速度快，并且生活成本在一线城市中最低。2021年广州GDP两年复合增长率为9.3%，为重点城市中最高。根据英国经济分析智囊机构经济学人智库（EIU）2019年发布的《全球生活成本调查报告》，在全球133个城市样本中，上海与深圳排名并列第25位，北京、广州分别排名49位、68位；2020年北京、上海、深圳、广州的房价收入比分别为25.5、19.1、30.6、15.3，广州房价和生活成本在一线城市中最低。

从人才去向看，广州人才外流的前十大城市合计占比55.5%，低于2020年的58.2%。其中珠三角城市有6个，合计占比42.1%。与之相比，北京流出人才中13%流向京津冀城市群，上海流出人才中17.8%流向长三角城市群，深圳流出人才中32.4%流向珠三角城市群。广州人才流向珠三角城市群城市的比重明显更高。这一方面是因为珠三角多为粤语城市、文化相近；另一方面是广州高校数量较多，广东省人才为求学向广州集聚，毕业后从广州回流至省内其他城市。根据教育部数据，广州普通高校数、211高校数分别为37、6所，分别排名第5名、第6名；根据国家统计局数据，2020年广州普通本专科在校生人数为130.7万人、位列全国第一。

房地产大趋势

二线城市：苏汉人才净流入率呈上升趋势、杭宁人才净流入稳定

从2021年人才净流入率看，6个重点二线城市杭、蓉、苏、宁、汉、长分别为1.63%、-0.04%、0.90%、0.88%、0.52%、0.04%，杭州最高、成都最低。从2017—2021年人才净流入率变化看，杭州从1.0%逐年升至1.6%，因电商为代表的产业发展迅速、环境宜居且薪酬相对较高；苏州、武汉人才净流入率呈上升趋势，分别从0.30%、0.03%升至0.90%、0.50%，人才集聚明显，2021年苏州GDP同比增长12.6%，为重点城市最高，武汉2017年开始实施"百万大学生留汉创业就业工程"留住人才；南京人才持续净流入，且占比持续保持稳定，南京2018年"宁聚计划"实施、落户政策宽松吸引人才；成都人才净流出率逐渐下降，有集聚趋势，且对高学历人才和年轻人吸引力增强；长沙人才净流入率较稳定（如图3-11、表3-2）。

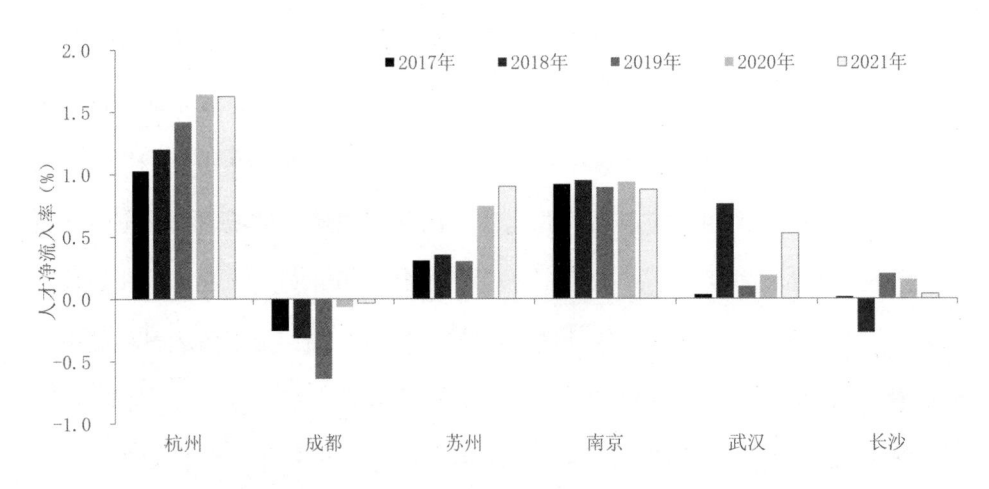

图3-11 2017—2021年杭、蓉、苏、宁、汉、长人才净流入率

数据来源：国家统计局、智联招聘

表3-2 重点二线城市各行业平均招聘薪酬

单位：元/月

平均招聘薪酬	杭州	成都	苏州	南京	武汉	长沙
金融业	12471	10003	11276	10594	10018	9635
IT|通信|电子|互联网	11831	9555	10041	11489	9514	9375
文体教育|工艺美术	10319	8531	9071	9128	9058	8469
能源|矿产|环保	10539	9126	9509	10203	9108	9067
生产|加工|制造	10595	8759	9289	9636	9088	9296
商业服务	10709	8303	9608	10180	8018	8450
农|林|牧|渔|其他	9530	8305	9072	8962	9097	9704
房地产|建筑业	10652	9201	9556	9695	9101	9144
政府|非营利机构	11635	9312	11232	9986	8884	9993
文化|传媒|娱乐|体育	10032	8204	8593	8583	8417	8082
贸易|批发|零售|租赁业	9666	7992	8357	8621	7814	8197
服务业	9084	8075	8079	8066	7606	7979
交通|运输|物流|仓储	9156	8506	9160	9230	8733	8521
平均薪酬	10943	8903	9548	10136	8925	8924

数据来源：智联招聘

（1）杭州：2017—2021年，杭州的人才净流入率分别为1.0%、1.2%、1.4%、1.6%、1.6%，始终为正且逐年攀升；人才吸引力排名稳居前列，主因杭州以电商、直播等为代表的产业发展迅速、宜居的人文环境且平均薪酬在重点城市中位列第四。从人才流入流出看，2017—2021年，杭州人才流入率较稳定，始终维持在3.0%左右，人才流出率从2.3%降至1.4%，杭州留才能力逐渐增强。人才流入明显大于流出，使得人才净流入逐年攀升，2017—2021年人才净流入率分别为1.0%、1.2%、1.4%、1.6%、1.6%，2021年人才流入流出占比降幅相当，使得净流入率较去年维持不变（如图3-12）。

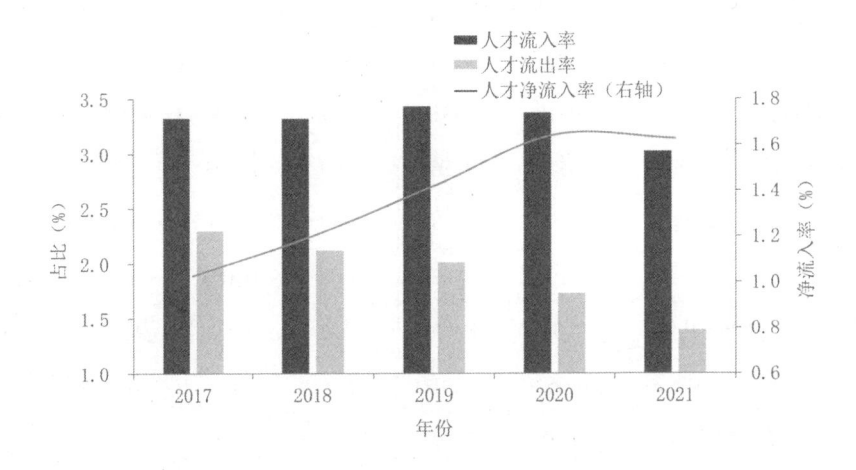

图3-12　2017—2021年杭州人才流入与流出情况

数据来源：智联招聘

从人才来源看，2021年人才向杭州流入的前十大城市合计占比达32.5%，相比2020年的36.2%有所下降。其中有3个来自长三角地区，合计占比达10.7%，相比2020年下降明显，其中北京代替上海成为杭州人才第一大来源地，杭州人才来源地区更加多元，引才范围更广泛。人才流入杭州主要是因为产业发展迅速，尤其以阿里巴巴为代表的电商行业发展较快，并且收入水平高。根据杭州市统计局数据，2021年杭州市数字经济核心产业增加值4905亿元，同比增长11.5%，两年平均增长12.4%，高于其GDP增长速度。作为"电商之都"，杭州2021年流入人才中，IT、通信、电子、互联网行业占比27.3%，明显高于除深圳外的其他重点城市，其中10.3%流向互联网/电子商务二级行业，高于其余的重点城市。同时2021年杭州平均招聘薪酬10943元/月，在重点城市中位列第四，高于一线城市广州，较有吸引力。从人才去向看，杭州人才外流的前十大城市合计占比达43.0%。其中，有7个去向长三角地区，合计占比达30.5%，相比2020年提升4.1个百分点，杭州人才主要向长三角地区流动，区域内交流日益密切。

（2）成都：2017—2021年，成都的人才净流入率分别为-0.3%、-0.3%、-0.6%、-0.1%、0.0%，整体上呈现由负转正的趋势，对高学历人才和年轻人吸引力增强，2021年成都硕士及以上人才流入率、应届生人才流入率分别位列全国第四、第二，人才流入主因成都经济发展活跃、创新产业发达，并且"筑巢引凤"吸引人才。从人才流入流出看，2019—2021年，成都人才流入率从2.9%增至3.3%，逐年增加，人才流出率从3.6%降至3.3%，呈下降趋势，所以人才净流入率逐渐增加，呈现由负转正趋势。2021年成都硕士及以上人才流入率、应届生人才流入率分别为4.2%、4.7%，较2020年分别提升0.1、0.3个百分点，分别位列全国第四、第二，对高学历人才和年轻人才保持较高吸引力。

从人才来源看，人才向成都流入的前十大城市合计占比达38.2%，与2020年持平。其中，重庆为成都人才流入的第一来源地，流入率9.5%，主因成渝双城经济圈规划落地，助力经济圈内城市人才流动、互通有无。人才流入成都的主要原因是成都作为西部地区中心城市，经济发展较为活跃、文创与电子信息产业发达，根据我们发布的《中国城市高质量发展排名2021》，成都在创新发展维度得分仅低于苏州。同时成都推出"蓉城人才绿卡""蓉漂人才码"等人才服务配套体系，构建"租售补"并举的人才安居体系，"筑巢引凤"吸引人才。从人才去向看，成都人才外流的前十大城市合计占比达42.5%，高于2020年的40.7%。其中，北京代替重庆成为成都人才外流第一大城市。2021年成都流出

人才的33.7%来源于房地产|建筑业，显著高于其他重点城市，且远高于成都流入人才流向该行业的比例13.8%。

（3）苏州：2017—2021年人才净流入率分别为0.3%、0.4%、0.3%、0.7%、0.9%，整体呈上升趋势，人才持续集聚，主要得益于苏州经济实力雄厚且发展快、创新发展领先，且区位优势明显。从人才流入流出看，苏州人才流入率保持平稳，维持在2.3%左右，人才流出率下降明显，2017—2021年人才流出率从2.5%降至1.4%，人才流入率大于流出率，人才净流入率呈上升趋势，2017—2021年苏州人才净流入率从0.2%升至0.9%（如图3-13）。

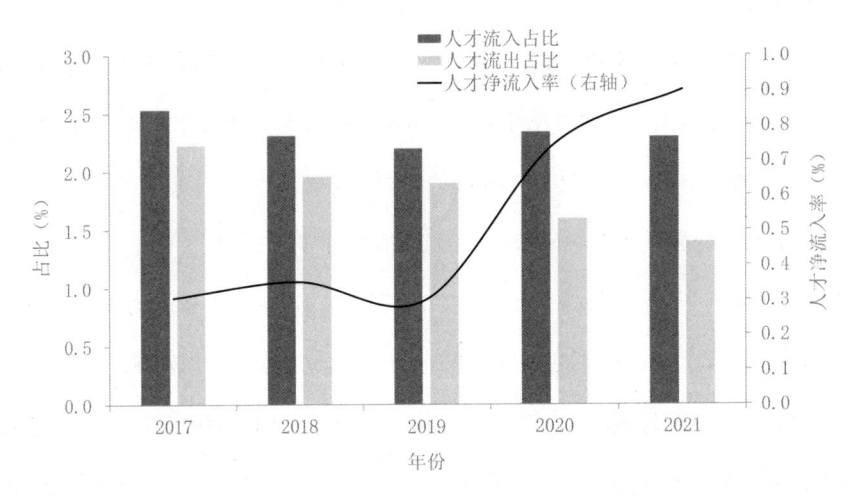

图3-13　2017—2021年苏州人才流入与流出情况

数据来源：智联招聘

从来源看，人才向苏州流入的十大城市合计占比达到36.5%，其中5个城市为长三角地区城市，合计占比达到22.4%，苏州与长三角中城市的人才交流密切。人才流入主因苏州经济实力雄厚、创新发展领先，并且地处长三角腹地、距离上海最近，是资源外溢最大受益者，吸引人才集聚。2021年苏州GDP为

2.27万亿，居全国第六、全省第一，位列长三角第二、仅低于上海；GDP同比增长12.6%，为重点城市最高。根据人工智能和大数据科技企业合合信息旗下启信宝发布《科技企业地图》，2017—2021年苏州市对科技企业吸引力最大，净流入600余家科技企业。从去向看，苏州人才外流的前十大城市合计占比达到50.3%，其中6个城市为长三角区域城市，合计占比为39.2%。苏州制造业全国领先，2021年，规上工业总产值全国第二、增加值全国第三，苏州制造业人才流动性明显高于其他城市，2021年苏州流出人才的23.1%来源于生产|加工|制造业，流入人才的21.9%来源于生产|加工|制造业。

（4）南京：2017—2021年，南京的人才净流入率均为0.9%，始终为正且较稳定，主因高技术产业发展迅速且南京"宁聚计划"实施、落户政策宽松，吸引人才。从人才流入流出看，2017—2021年南京人才流入率从3.0%降至2.5%，人才流出率从2.1%降至1.6%，人才流入率明显大于人才流出率，使得南京人才净流入率一直保持0.9%的水平，基本稳定。

从人才来源看，人才向南京流入的前十大城市合计占比达31.7%。其中，有6个城市是长三角地区，合计占比达22.3%。人才流入南京主因其高端产业发展迅速、落户政策宽松。2021年南京高新技术产业产值同比增长16.6%，进入"快车道"。2018年为推进"宁聚计划"实施，南京市公安局与人社局制定《南京市关于大学本科以上学历人才和技术技能人才来宁落户的实施办法（试行）》，不再以就业为落户前提，年龄条件也从35岁放宽到40岁。2018—2020年南京户籍人口每年增量均超过10万人。从人才去向看，南京人才外流的前十大城市合计占比达49.2%。其中，有8个城市是长三角地区，合计占比达40.3%。南京和长三角的人才互动非常频繁，部分因为南京高校较多，长三角人才为求学向南京集聚，毕业后从南京回流至长三角其他城市。根据教育部数据，南京普通高校数、211高校数分别为37所、12所，分别排第5名、第3名。

（5）武汉：2017—2021年，武汉的人才净流入率分别为0.0%、0.8%、0.1%、0.2%、0.5%，呈现上升趋势，2017年由负转正，主因"百万大学生留汉"政策开始实施、生活成本较低，2021年武汉落户门槛继续放宽，推动其人才净流入不断上升。从人才流入流出看，2017—2021年，武汉人才流入率分别为2.2%、2.7%、1.9%、2.1%、2.4%，人才流出率2.1%、1.9%、1.8%、2.0%、1.8%，基本呈现逐年下降的趋势，使得人才净流入率分别为0.0%、0.8%、0.1%、0.2%、0.5%。

从人才来源看，人才向武汉流入的前十大城市分别为北京、石家庄、深圳、郑州、上海、西安、长沙、广州、黄冈，合计占比达38.3%，高于2020年的37.5%。人才流入武汉原因主要因为2017年开始实施"百万大学生留汉创业就业工程"吸引毕业生，包括给大学生提供低于市场价20%的安居房或租赁房、放宽落户条件、规定指导性最低年薪标准等政策。2021年武汉成立人才集团有限公司，专门为城市引进人才，并且武汉继续放宽落户条件，接近"零门槛"，落户开放度在国家中心城市中最大。作为在校大学生数量全国第三的城市，武汉人才流入明显增加。2021年新增留汉大学生34.5万人，超额完成"学子留汉"工程计划，达到历史最高水平。

从人才去向看，武汉人才外流的前十大城市分别为北京、深圳、上海、广州、杭州、成都、长沙、襄阳、南京、苏州，合计占比达43.9%，高于2020年的42%。

（6）长沙：2017—2021年，长沙的人才净流入率分别为0.0%、-0.3%、0.2%、0.2%、0.04%，占比较稳定，人才流入主因长沙生活成本低、文娱产业繁荣。从人才流入流出看，2019—2021年，长沙人才流入率从1.6%增至1.8%，人才流出率从1.4%增至1.7%，长沙人才流动性增加，整体人才净流入率保持稳定，2019—2021年为正。

从人才来源看，人才向长沙流入的十大城市合计占比36.6%，其中包括4个一线城市和5个湖南省内城市，合计占比分别为17.0%、16.3%。人才流入长沙主要因为生活成本低、文娱及美食产业发达。2020年长沙房价收入比仅8.6，远低于其他重点城市，作为"房价洼地"的长沙更能满足人才安居的需求。同时长沙文娱产业繁荣、"新国潮"崛起、"夜经济"盛行，城市魅力提升。2021年流入长沙人才中2.9%为文娱行业，重点城市中排名第三名，占比仅低于北京、杭州。

从人才去向看，长沙人才外流的前十大城市分别深圳、广州、北京、武汉、株洲、上海、岳阳、湘潭、常德、衡阳，合计占比分别为43.5%。长沙流出人才主要去向是一线城市，特别是距离较近的深圳和广州，流出合计占比13.9%。

第 4 章

寻找潜力之城

中国城市发展潜力排名

导读

我们基于"房地产长期看人口、中期看土地、短期看金融"的分析框架，在2015年房价大涨前夜成功预测了"房价翻一番"，被评为年度十大经典预测。当前中国城镇化正步入城市群都市圈时代，房地产市场已进入总量平衡、区域分化的新发展阶段，加上房地产新模式加快构建、"一城一策"推行，城市发展潜力差异巨大，城市研究变得尤为重要。[1]

---

1 部分指标没有最新数据，影响模型估计；旅游城市的逻辑与其他城市不同，模型未单独考虑。

中国城市发展趋势与规律

我国进入都市圈城市群时代，区域分化突出

根据典型工业化经济体房地产发展的经验，房地产发展过程有明显的阶段特征：从高速增长期到平稳或下降期、从数量扩张期到质量提升期、从总量扩张期到"总量放缓、结构分化"期。

（1）从高速增长期到平稳或下降期。在经济高速增长、居民收入水平快速提高、城镇化率快速上升的阶段，房地产销量和投资处于高速增长期，房价上涨有长期基本面支撑。进入经济增速换挡、城镇化速度放缓阶段后，大部分人群的住房需求基本得到满足，大规模住宅建设转入平稳或者下降状态。住房开工量与经济增速以及城镇化水平的关联度下降，而与每年出生人口数量以及有能力、有意愿购买住房的适龄人口数量的关联性更强，房价受居民收入和利率政策影响较大。比如，20世纪五六十年代西方国家出现的婴儿潮，以及日本社会的超老龄化、超少子化问题，都对各自的房地产市场发展产生了显著的影响。

（2）从数量扩张期到质量提升期。初期，住房饱和度不高，住宅开工高速增长，以满足居民快速增长的最基本的首次置业需求；随着住房趋于饱和（比如城镇户均一套），居民对住宅质量、成套率、人居环境等改善性需求的要求提高。

（3）从总量扩张期到"总量放缓、结构分化"期。综合典型国家城市化过程中经济发展阶段、产业结构和人口区域分布结构的关系来看，人口空间的分布大体上经历了农村、城市化、大都市圈化集聚三个阶段。美国人口迁移经历了从向传统工业主导的五大湖集聚到向能源、现代制造和现代服务业主导的

西、南海岸集聚的阶段。日本人口经历了从向东京圈、大阪圈、名古屋圈"三极"集聚转为向东京圈"一极"集聚的阶段。

从总体看，中国20～50岁人口于2013年见顶，需求峰值已过，存量住房套户比近1.1，房地产长效机制加快构建，中国房地产市场逐渐告别高增长阶段，进入高质量发展的新时代、新周期。

从需求看，中国20～50岁主力置业人群规模于2013年达峰值，房地产开发投资同比增速也在2013年左右开始换挡，2000—2013年房地产开发投资年均增长率为24.8%，2013—2021年降至8.3%（如图4-1）。根据国际经验，主力置业人群与住宅新开工、销售的状况相关，日本主力置业人群规模在1972年逐渐接近峰值，1995年后下滑，住宅新开工套数也开始不断下滑；在20世纪90年代，

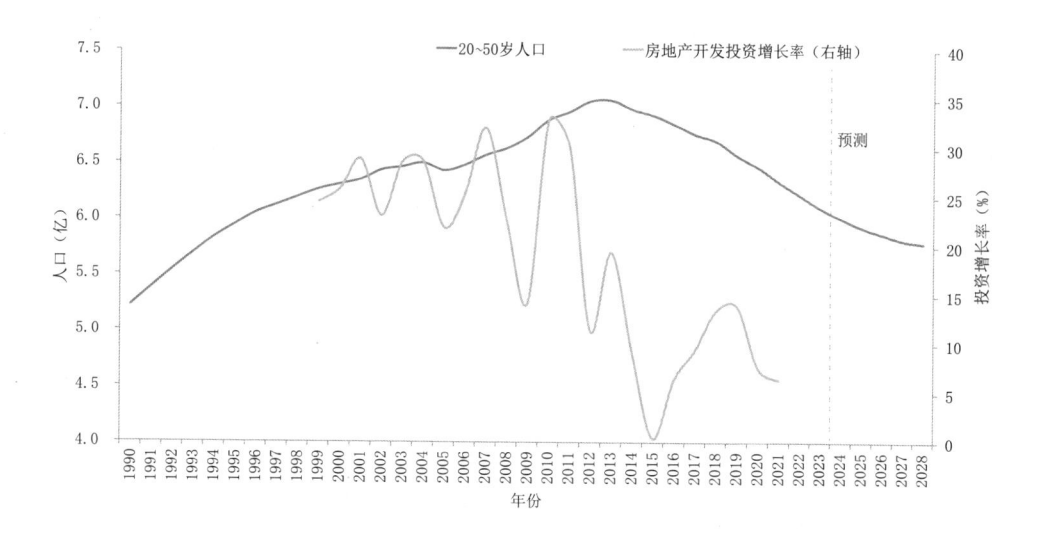

图4-1 中国主力置业人群与房地产开发投资增长率变化情况

数据来源：国家统计局

韩国20～50岁主力置业人群规模增长放缓，2005年达到峰值，住宅新开工面积在1990年达到阶段性高点，2015年开始下行。从供给看，1978—2020年中国城镇住房套数从约3100万套增至3.6亿套，套户比从0.80增至1.09，相比美国、日本的1.15、1.16，德国、英国的1.02、1.03，国内住房从供给短缺逐渐实现总体平衡。从政策看，房地产调控思路以"稳"为主，在"房住不炒"的总基调下，调控向长效机制过渡。

从区域看，中国进入都市圈城市群时代，区域分化突出，城市发展潜力差异较大，城市研究价值更加凸显。在住房短缺时代，城市的发展潜力差异不大，但在住房总体平衡时代，城市的发展潜力则明显不同。住房存量套户比低、产业活力强、人口持续流入的城市显然更具发展潜力。从国际和中国经验

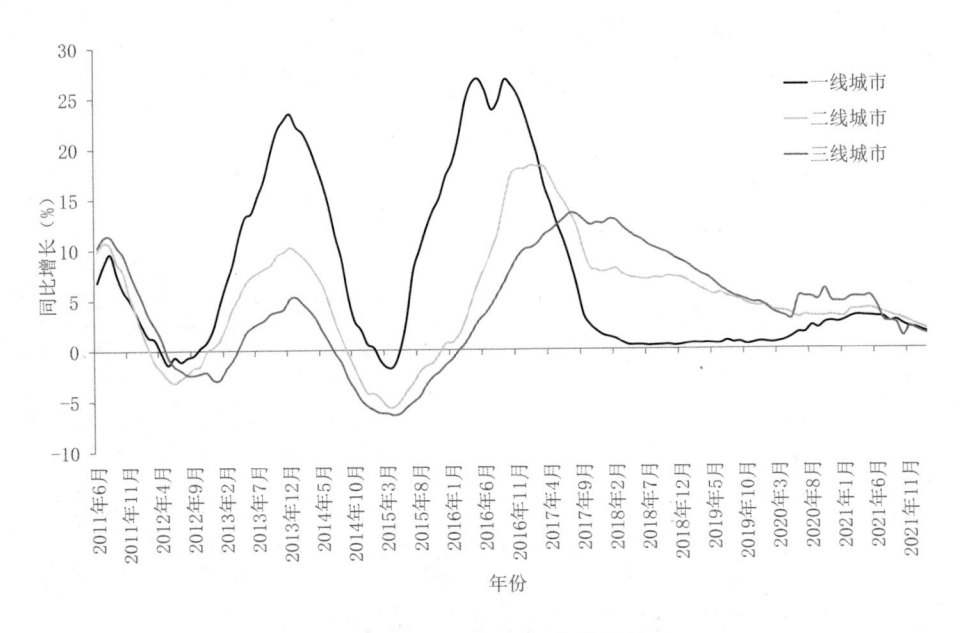

图4-2　分线城市房价涨势

数据来源：Wind

看，人口迁移分为两个阶段：一是从乡村到城市迁移，二是在城市化中后期向都市圈城市群迁移。过去几年，我国一二线城市房价因人口大幅流入，土地供给不足，在2015—2016年暴涨；三四线城市住房一度库存高企，后因去库存等政策，房价在2017—2018年大涨（如图4-2）。预计未来中国约80%的新增城镇人口将分布在19个城市群，其中约60%的新增人口将分布在长三角、珠三角等七大城市群，随着人口继续分化，房地产投资潜力差异将持续显现。

人随产业走，人往高处走

研判城市发展潜力的关键在于研判人口趋势，逻辑链条如下。

（1）房地产长期看人口，人口决定需求。人口是一切经济社会活动的基础，更是房地产市场发展的根本支撑。在房地产周期的左侧，人口红利和城乡人口转移提升了经济潜在增长率，居民收入快速增长，消费升级带动住房需求；在房地产周期的右侧，随着人口红利消失和刘易斯拐点出现，经济增速换挡，居民收入放缓，随着城镇住房饱和度上升，置业人群数量达到峰值。随着人口总量逐渐见顶，各地区已逐渐进入人口争夺的存量博弈时代。人口迁移的根本动力在于实际收入和生活水准差距，一般规律是人随产业走、人往高处走。

（2）产业决定城市兴衰，产业兴则城市兴，产业聚则人口聚。中国经济逐渐从高速增长阶段转向高质量发展阶段，从全球价值链的中低端向中高端转型升级，区域产业格局明显变化。从地区层面看，东部沿海地区大量制造业受成本上升影响，已向中国内地、东南亚等地区转移。从城市群角度看，发达城市群的核心城市集聚高端制造和高端服务业，一般制造业则向周边转移；发育中都市圈城市群的制造业继续向核心城市集聚，城市群外的一般城市产业结构多呈现低端制造业化和低端服务业化的态势。

（3）产业布局取决于区位，区位取决于规模经济和交通成本。企业产业布局以利润最大化为目标，区位选择至关重要。但区位因素并非一成不变，而会随着规模经济和交通成本等因素变化。中国东部沿海地区率先发展的关键并不只是率先开放的政策，而是有利于出口的沿海地理位置。从全球范围看，约60%的经济总量集中在沿海100千米范围内。高端制造和高端服务业聚集在核心大城市，主要是因为规模经济带来的成本下降和效率提高。

基于上述逻辑，我们从"需求+供给"两个层面建立基本面分析框架，研究中国337个地级及以上城市（不含港澳台）的发展潜力，具体选取了21个比较有代表性的指标进行分析。需求侧关注人口现状、人口潜力以及购买能力，供给侧关注区域住房存量情况。其中，人口现状分为人口总量、人口流动和人口结构三个维度，后者包括人口年龄和学历结构。人口潜力考虑经济实力、产业创新、公共资源三个方面。我们以经济总量、GDP增速和经济-人口比值反映区域经济实力；以第三产业增加值占比、A+H股上市公司数量、专利授权量和财政科技支出占比反映区域产业创新能力；公共资源则考虑医疗、教育、交通、环境等方面的指标。在购买能力方面，我们关注绝对水平的人均储蓄存款、人均可支配收入以及相对水平的房价收入比。在供给侧，我们主要关注反映存量住房市场的总体平衡程度的套户比。在数据处理上，为消除原始数据的量纲差异，对原始数据采取"最大值-最小值"方法进行标准化处理。其中，对于单调递增指标线性转换为0~100，对于单调递减指标逆向线性转换为0~100。在权重处理上，采用层次分析法自上而下设置各级指标权重，并通过不断进行数据优化选取合适的权重。

中国最具发展潜力城市50强

北上深广居榜首，区域中心城市及长三角、珠三角城市表现突出

从榜单结果看，北京、上海、深圳、广州、杭州、成都、苏州、南京、武汉、重庆位居前10名。如表4-1所示，2022年城市发展潜力排名中，北京占据榜首，上海、深圳、广州以较小分差紧随其后。第5~10名分别为杭州、成都、苏州、南京、武汉、重庆。合肥、西安、长沙等省会城市，宁波、青岛等计划单列市，以及佛山、东莞、无锡等发达地级市进入前20名。省会城市中，拉萨、呼和浩特、银川、哈尔滨、西宁未进入前50名，但均在前100名。除直辖市、省会城市、计划单列市外，其余20个发展潜力前50名的地级市中有17个分布在长三角、珠三角地区。

表4-1 2022年中国城市发展潜力50强

排名	城市	指数	排名	城市	指数
1	北京	100.0	26	常州	51.9
2	上海	97.5	27	温州	49.6
3	深圳	95.2	28	太原	49.5
4	广州	94.7	29	嘉兴	49.5
5	杭州	77.5	30	金华	49.1
6	成都	74.6	31	中山	48.8
7	苏州	74.1	32	绍兴	48.3
8	南京	73.1	33	南通	48.1
9	武汉	67.5	34	贵阳	47.8
10	重庆	66.0	35	南宁	47.7

（续表）

排名	城市	指数	排名	城市	指数
11	佛山	62.8	36	泉州	47.6
12	合肥	62.5	37	沈阳	47.3
13	东莞	61.7	38	南昌	47.0
14	西安	61.0	39	芜湖	46.8
15	长沙	60.8	40	乌鲁木齐	46.5
16	宁波	60.5	41	长春	46.4
17	郑州	60.2	42	大连	46.1
18	无锡	59.3	43	惠州	45.0
19	青岛	57.2	44	海口	45.0
20	济南	57.2	45	烟台	44.4
21	厦门	56.1	46	兰州	44.2
22	珠海	55.9	47	台州	44.1
23	天津	54.6	48	镇江	44.1
24	昆明	53.2	49	石家庄	44.0
25	福州	52.1	50	廊坊	43.5

注：此排名未展示资源型城市；不含港澳台。

（1）分地区看，发展潜力50强城市中，南方城市占36城，力压北方；东部地区城市占据31席，领先于其他三大地区；东北地区仅3城，经济制约其房地产市场发展（如图4-3）。分南北看，榜单前50名和后50名中，南方上榜城市数量分别为36个、30个，占比分别为72%、60%，南方城市排名靠前的占比明显大于北方。分四大区域看，榜单前50名中，东部、中部、西部、东北地区城市数量分别为31个、7个、9个、3个，分别占区域城市数量的35%、9%、7%、8%，中西部潜力城市主要集中在成都、武汉、重庆、合肥、西安、长沙、郑州等区域中心城市，东北地区仅核心城市沈阳、长春、大连跻身前50名。

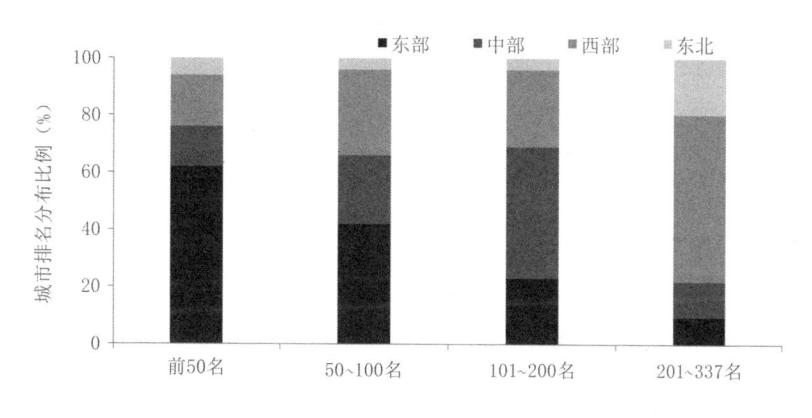

图4-3 全国主要区域城市排名

（2）分线看，一二线城市排名遥遥领先，核心城市群内部三四线城市排名靠前。发展潜力50强城市中一、二、三线城市数量分别为4个、32个、14个，分别占各线城市总量的100.0%、91.4%、17.3%，四线城市未上榜。从一线城市看，北上深广位列排名前4；二线城市占据32城，占榜单64.0%，占二线城市总量的91.4%，所有二线城市均进入百强；从三四线城市看，进入前50名的三四线城市共有14个，大都位于大城市群或靠近城市群中心城市。

（3）分城市群看，发展潜力50强城市中五大城市群内部城市共30个，占比60%。《中华人民共和国国民经济和社会发展第十四个五年规划和2035年远景目标纲要》（以下简称"十四五"规划）提出，我国要发展壮大城市群和都市圈，分类引导大、中、小城市的发展方向和建设重点，并提出要优化提升京津冀、长三角、珠三角、成渝、长江中游五大城市群。在发展潜力50强城市中，长三角、珠三角、京津冀、长江中游、成渝城市群内城市数量分别为16个、

房地产大趋势

7个、2个、3个、2个，占区域城市总量比例分别为61.5%、77.8%、15.4%、11.1%、12.5%。长三角、珠三角城市群起步较早，发展相对成熟，资源集聚能力较强，区域城市总体排名靠前（如图4-4）。

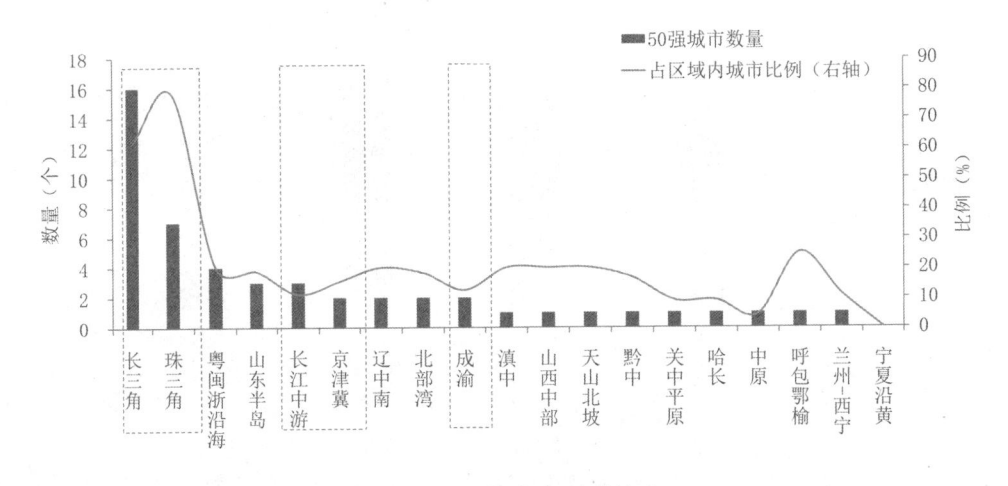

图4-4 全国主要城市群排名

数据来源：国家统计局

人口和人才仍向大城市集聚，各地"抢人"大战逐渐升级

从人口现状指数排名看，广州因其高校人才规模较大居榜首，深圳、成都、杭州、上海、武汉、西安、东莞、苏州、南京位列2~10名。

（1）人口总量大意味着购房需求基数大，能推动房地产投资潜力增加。2020年重庆人口超过3000万，排名第一，重庆市的主要二、三产业聚集在主城都市区，2020年主城都市区（主城九区+主城新区）人口2112.2万；人口总量在2000万~3000万的城市有3个，分别为上海、北京、成都，总量1000万~2000万的城市有15个，其中广州、深圳、天津、西安、苏州、郑州位列人口总量前十。

（2）有人口流入地区意味着城市有新的潜在购房需求，能够带动房地产市场发展。2017—2021年常住人口年均增量前十的城市分别为深圳、成都、广州、西安、郑州、杭州、长沙、东莞、苏州、佛山。2021年人才净流入率排名前十的城市为上海、杭州、深圳、北京、广州、苏州、南京、济南、佛山、无锡。由于北京、上海严控人口，人口增量未进前十，但是其人才净流入指标依然领先，人才仍然倾向去大城市找工作（如图4-5）。

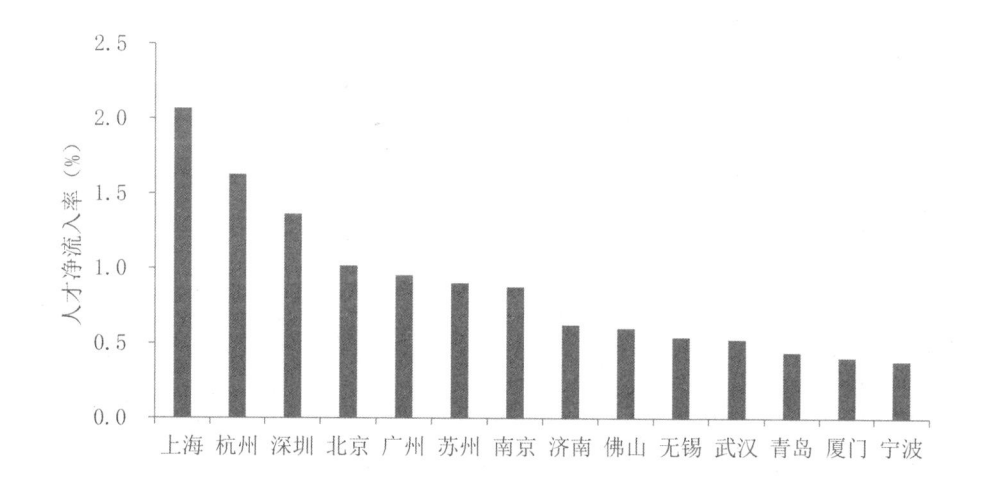

图4-5 2021年主要城市人才净流入率

数据来源：智联招聘

（3）住房需求和人口结构相关。从年龄结构看，15～59岁人口占比前十的一二线城市是东莞、深圳、广州、佛山、厦门、乌鲁木齐、昆明、杭州、武汉、宁波，珠三角城市占据前4名，人口相对年轻。从学历结构看，广州因其高校人才规模较大居榜首，郑州、武汉紧随其后。相比之下郑州的专科在校生更多，其专科院校占比超60%。

当前中国人口流动呈现"川渝鄂回流和粤浙人口集聚并存"的特点。改革开放后至2010年，人口大规模向出口导向型的沿海发达地区流动。2010年以来，随着沿海地区产业转型升级、中西部地区产业承接以及农民工老龄化，部分人口逐渐向中西部回流，东部人口增速总体减缓，而东北地区人口开始负增长。2000—2010年、2010—2020年东部人口年均增长率从1.4%降至1.1%，东北从0.4%降至-1.1%。当前人口回流明显的是四川、重庆、湖北，其常住人口年均增量分别从2000—2010年的-19万人、-17万人、-23万人增至2010—2020年的33万人、32万人、5万人，人口增量由负转正。广东和浙江的常住人口年均增量分别从2000—2010年的191万人、85万人增至2010—2020年的217万人、101万人，人口持续集聚。

人口是一切经济社会活动的基础、人才更是第一资源。根据本书第三章第二节，近年来人才仍不断向东部城市集聚，长三角、珠三角城市群人才集聚能力逐渐增加。分区域看，2017—2021年东部地区人才净流入率从6.2%增至12.9%，得益于其雄厚的经济基础和较高的战略定位，人才持续向东部集聚；中部地区人才持续净流出，但2021年净流出占比略有下降；西部和东北地区人才持续净流出，且2021年净流出占比加大。分城市群看，超六成人才流向五大城市群，长三角、珠三角人才持续集聚，2017—2021年人才净流入率分别从4.6%、2.0%增至7.4%、4.1%；京津冀人才净流出趋势继续放缓，成渝基本平衡，长江中游城市群人才持续净流出。随着人口红利消失、人才价值日益凸显，如何吸引人才、留住人才并培养人才成为各城市提升综合实力的手段。2017年初以来，各地掀起"抢人大战"，城市人才竞争不断升级，2022年以来各地人才政策不断优化，包括放宽人才落户政策、提供租购房补贴、创业补贴等，逐渐从"抢人"向"抢人才"转变。

人口潜力：人随产业走，一二线城市坐拥优质产业和资源，人口潜力突出

人随产业走、人往高处走，因此区域经济实力、产业和创新以及公共资源直接决定区域人口潜力大小。从人口潜力指数排名看，一线城市北上深广居前4名，杭州、南京、苏州、成都、重庆、武汉位列5~10名。

（1）经济实力是区域发展的基石，影响人口集聚潜力的大小，一二线城市以30.3%的人口创造了全国46.7%的GDP，人口集聚潜力较大。截至2020年底，根据国家统计局的公开数据整理，一线城市以5.9%的人口创造了全国12.6%的GDP，二线城市以24.4%的人口创造了34.1%的GDP，三线城市的人口份额与经济份额基本持平，分别为30.5%、28.5%，四线城市的人口份额明显低于经济份额，分别为38.3%、24.4%。经济-人口比值方面，一、二、三、四线城市的经济-人口比值分别为2.1、1.4、0.9、0.6。具体看，除了资源型城市，2020年经济-人口比值排名前十的城市分别为无锡、北京、南京、苏州、深圳、上海、常州、珠海、杭州、广州，一线城市均进入前十。根据经济-人口分布平衡法则，某地区经济-人口比值大于1，人口有净迁入趋势；经济-人口比值小于1，人口有净迁出趋势，所以一二线城市人口仍有净流入倾向，而三四线城市人口有净流出倾向。

（2）创新是引领发展的动力，产业创新水平也会影响区域人口潜力大小，一二线城市A+H股上市公司数和专利授权量合计占比分别为74.1%、61.5%，头部效应明显。从反映龙头企业的A+H股上市公司数量看，北京占全国比重达12.3%，一线城市合计占比高达35.6%、二线城市合计占比38.5%，人才发展空间大。从专利授权量看，深圳多年来凭借宽松的落户政策、较大的人才补贴及众多互联网新兴企业落户使其创新产业快速发展，其专利授权量占全国比重达6.5%，居首位，一线城市合计占比20.0%、二线城市合计占比41.5%。

（3）公共资源是产业发展的配套，包括医疗、教育、交通、环境等方面，一二线城市优质医疗、教育资源密集，城市轨道交通提升城市运行效率，对人口有明显的吸引力。医疗资源方面，执业（助理）医师数前五的城市为北京、重庆、上海、成都、广州，合计占比10.7%，一、二、三、四线城市每千人执业（助理）医师数分别为3.2个、3.1个、2.8个、2.5个。由于医疗资源质量也有差异，全国最优质的医疗资源主要集中在一二线城市。教育资源方面，直辖市和省会城市拥有区域内最优质的中小学和高等教育资源，拥有的"985""211"大学数合计占全国的81%，拥有的在校大学生数量合计占全国的58%；其中，京津沪的一本升学率位居全国前三。交通方面，全国已通城市轨道交通（不含有轨电车）的城市有44个，建成轨道交通长度前五为上海、北京、成都、广州、深圳，三线城市中温州、徐州、连云港、常州已开通轨道交通。环境方面，上海、广州、南京、深圳、北京市为绿地覆盖面前5名的城市，良好的自然环境更适宜居住。

购买能力：一二线城市绝对购买力较高，相对购买力较低

从购买能力看，一线城市北上广居前三，苏州、杭州、佛山、绍兴、无锡、宁波、珠海位列4~10名，深圳由于较高的房价收入比而未进入前十。绝对购买力包括收入和存款方面，根据国家统计局的数据，2020年一、二、三、四线城镇人均可支配收入分别为7.2万元、5.1万元、4.2万元、3.5万元。具体看，城镇人均可支配收入前十的城市分别为上海、北京、苏州、杭州、广州、宁波、南京、绍兴、深圳、无锡，全部位于东部地区，除北京外的9个城市均位于长三角、珠三角地区。城镇居民人均储蓄存款前十的城市分别为北京、上海、广州、杭州、佛山、太原、深圳、珠海、南通、鄂尔多斯，有8城位于东部地区，尽管当前"存款搬家"现象明显，但这仍能反映居民一定的购买力情况。房价收入比方面，根据国家统计局和中国房价行情平台的公开数据统计，2020年一、二、三、四线城市房价收入比分别为22.8、11.9、9.0、5.9，城市间分化显著，这与全球其他经济体核心城市房价收入比较高的情况一致。具体看，全国房价收入比前十的城市分别为三亚、深圳、北京、厦门、上海、福州、杭州、丽水、莆田、宁德，均位于东部，其中三亚为旅游城市，房价主要受外来者购房推动。从原则上讲，在供需基本平衡的市场，房价由中位数收入人群决定；在供给明显大于需求的市场，房价由低收入人群决定；在供给明显小于需求的市场，房价则由高收入人群决定。并且，与国外明显不同的是，因文化传统的差异，中国父母对子女的资金支持通常较大，这使得传统房价收入比的度量存在一定偏差。不过，考虑到现实并无更好的指标及数据衡量相对购买能力，本节依然采用房价收入比度量。

住房供给：一二线城市住房供给偏紧，中部和东北地区相对过剩

2022年中国城镇住房套户比为1.09，一线、二线、三四线城市的套户比分别为1.03、1.10、1.09，一线住房供给偏紧。中部和东北地区住房相对过剩，套户比分别为1.10、1.27。根据国家统计局的部分数据，我们估算了2022年各省级、地级单位城镇住宅套户比。分线看，2022年一线、二线和三四线城市人均住房建筑面积分别为29.2平方米、36.1平方米、37.8平方米，套户比分别为1.03、1.10、1.09。分地区看，2022年我国东部、中部、西部、东北地区城镇人均住房建筑面积分别为33.9平方米、39.7平方米、34.4平方米、37.0平方米；套户比分别为0.99、1.10、1.05、1.27。2022年，在全国336个地级及以上单位（不含三沙）城市中，有33个城市的套户比小于0.90，占比9.8%；有49个城市的套户比介于

0.90～1.00，占比14.6%；有86个城市的套户比介于1.00～1.10，占比25.6%；有95个城市的套户比介于1.10～1.20，占比28.3%；有73个城市的套户比高于1.20，占比21.7%。分城市看，一二线城市中套户比小于1的城市分别为合肥、广州、佛山、东莞、深圳、杭州、宁波、南京，这些城市的住房整体供应较少。

拥抱大都市圈城市群，把握未来趋势

以中心城市为引领的都市圈城市群更具生产效率，更节约土地和能源，是支撑中国经济高质量发展的主要平台，是中国当前以及未来发展的重点。在城市群层面，19个城市群的核心在于京津冀、长三角、珠三角、长江中游、成渝这5个城市群。"十四五"规划提出要优化提升京津冀、长三角、珠三角、成渝、长江中游等城市群；发展壮大山东半岛、粤闽浙沿海、中原、关中平原、北部湾等城市群；培育发展哈长、辽中南、山西中部、黔中、滇中、呼包鄂榆、兰州-西宁、宁夏沿黄、天山北坡等城市群。其中，五大城市群以全国13%的土地集聚了47.8%的人口，创造了全国60.3%的GDP，成为带动中国经济高质量发展的主要平台。从发展潜力排名结果看，长三角、珠三角潜力指数遥遥领先，其次是京津冀、长江中游、成渝城市群，之后是山东半岛、粤闽浙沿海、中原等城市群（如图4-6）。

在都市圈层面，34个千万级都市圈以18.6%的土地集聚63%的人口创造了约78%的全国GDP，其中上海、深圳、北京、广州等都市圈发展潜力居前。鉴于当前多数城市群发育不成熟，且部分核心城市生产要素明显向周边溢出，中央把以大城市为核心的都市圈作为城市群建设的突破口和抓手。2019年2月，国

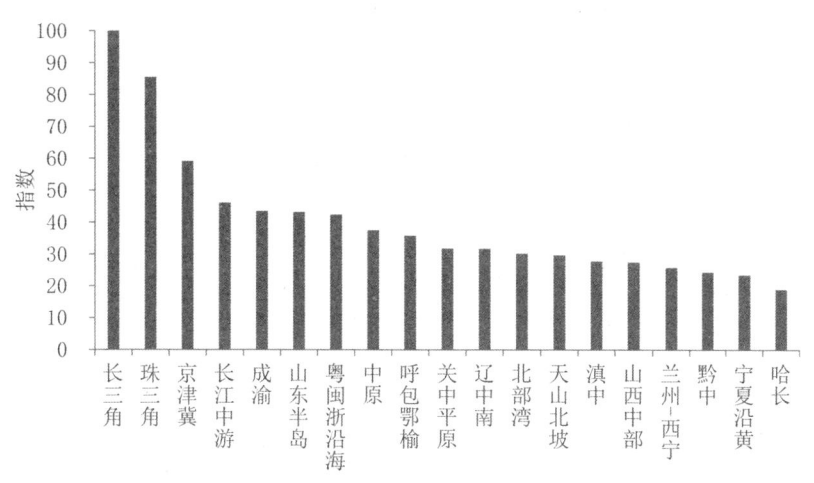

图4-6　2022年主要城市群发展潜力指数

数据来源：国家统计局

家发改委发布《关于培育发展现代化都市圈的指导意见》，这是中国第一份以"都市圈"为主题的中央文件，要求以促进中心城市与周边城市（镇）同城化发展为方向，推进基础设施一体化、强化城市间产业分工协作、加快建设统一开放市场、推进公共服务共建共享等，包括以轨道交通等为基础打造1小时通勤圈。根据有关城市群规划及相关地方规划，当前中国有上海、广州、深圳等10个3000万人以上的大都市圈，有合肥、成都、杭州等11个2000万~3000万人大都市圈，有西安、宁波等13个1000万~2000万人大都市圈。34个千万级都市圈以18.6%的土地集聚63%的人口，创造了全国约78%的GDP。从发展潜力看，上海、深圳、北京、广州都市圈发展潜力靠前，之后是苏锡常、杭州、南京、成都、合肥、长株潭都市圈，其中长三角的6个都市圈中仅宁波都市圈未进前10（如图4-7）。深圳、上海、广州、成都都市圈2015—2020年人口增长领跑全国，除上海都市圈外均主要由中心城市贡献。

在34个大都市圈之外，东部地区经济实力比较突出的三四线城市和中西部

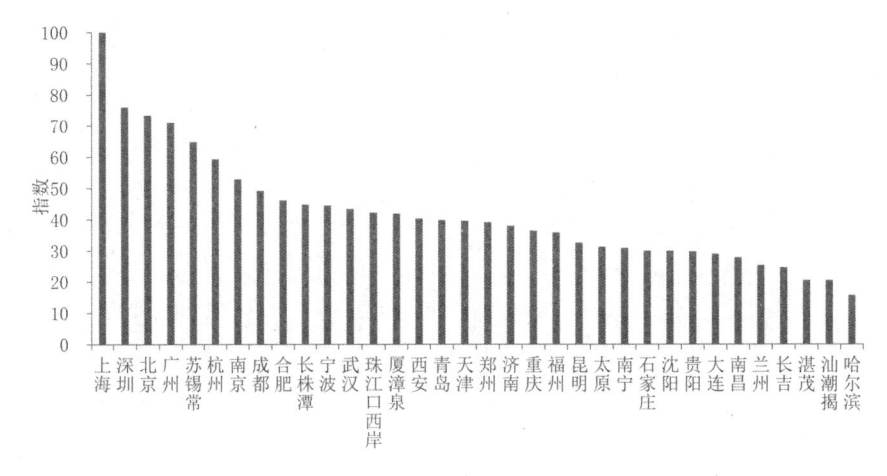

图4-7 2022年主要都市圈发展潜力指数

数据来源：国家统计局

地方性中心城市也值得关注。第一类是东部地区经济实力比较突出的三四线城市，多数位于城市群内部，如发展潜力50强城市中的温州、金华、海口，100强的徐州、泰州、临沂等，这些城市除了徐州外，均位于城市群内部。2017年，国务院批复《徐州市城市总体规划（2007—2020年）（2017年修订）》，徐州成为国家层面确立的"淮海经济区中心城市"。2018年国家发改委《淮河生态经济带发展规划》"北部淮海经济区"部分明确提出："着力提升徐州区域中心城市辐射带动能力，发挥连云港新亚欧大陆桥经济走廊东方起点和陆海交汇枢纽作用，推动淮海经济区协同发展"，并界定了淮海经济区包括以徐州为核心的3省10市，面积约8.9万平方千米。第二类是距离中心大城市较远、辖区或腹地人口规模大的中西部地方性中心城市，如银川、洛阳、包头、绵阳、榆林、赣州、宜昌、西宁、岳阳等，均为发展潜力100强城市，多数位于城市群内部。其中银川、西宁是省会城市，洛阳、包头、绵阳、赣州、宜昌、岳阳分别为所在省份的省域副中心城市。

中国城市群发展潜力排名

导读

从国际经验看，发达国家人口迁移一般经历两个阶段，从城镇化到以大城市为核心的都市圈化城市群化，中国的都市圈城市群时代已经到来！城市群战略发挥着国家经济社会发展的增长极作用，是推进国家高质量发展和参与国际竞争的主要平台。

中国的城市群战略正在不断发展转型，受人口、物流、交通、区域经济增长模式等多种要素的影响，各大城市群的战略地位、发展能级也在持续变化。在"十三五"规划前，我国仅将长三角、珠三角、京津冀三大城市群列入国家战略规划。当前，我国城市群的发展重心已从三大城市群的集中发展模式，向"十四五"规划中提出的19个主要城市群协调发展模式转变，尤其是长江中游城市群和成渝城市群的战略地位快速提升。本节结合世界级城市群的发展规律，对中国规划建设的19个城市群进行排名，并对五大最具发展潜力的城市群逐次分析。

城市群发展规律

城市群是支撑中国经济高质量发展的主要平台

2006年,"城市群"第一次出现在中央文件中;2013年以来,中央要求把城市群作为推进国家新型城镇化的主体形态。2021年"十四五"规划则对我国不同发展阶段的各能级城市群提出了具体规划要求。2022年3月,国家发改委印发《2022年新型城镇化和城乡融合发展重点任务》提出:积极推进京津冀协同发展,有序推进粤港澳大湾区建设,提升长三角一体化发展水平;制定出台成渝地区双城经济圈建设年度工作要点;印发实施长江中游、北部湾、关中平原城市群发展"十四五"实施方案。

世界城市群的发展历程和经验

城市群发展过程可划分为雏形发育期、快速发育期、趋于成熟期、成熟发展期四个阶段,经历了从单级城市、都市圈到城市群的演变。

1957年,法国地理学家戈特曼对北美城市进行深入考察后,发表论文《城市群:东北海岸的城市化》,首次明确提出城市群概念。之后国内外学者围绕城市群进行了丰富的理论探讨,将城市群发展过程划分为四个阶段:雏形发育期、快速发育期、趋于成熟期、成熟发展期。

(1)在雏形发育阶段,中心城市对周边城市的发展带动不足,城市间的内在联系较弱,分工体系和区域基础设施仍不完善。

(2)在快速发育阶段,中心城市部分产业和非核心功能向周边小城市扩散,都市圈逐渐形成,城市化水平快速提升,分工体系开始形成,区域基础设施处于快速建设期。

（3）在趋于成熟阶段，都市圈建设逐渐成熟，分工体系较为合理，区域基础设施趋于完善。

（4）在成熟发展阶段，多个都市圈基础设施互联互通、产业合理分工协作形成城市群。

整体来看，回顾近300年现代化的历史，全球经历了三次城市化浪潮：第一次是核心大城市的兴起，随着工业化的进行，大量农村劳动力涌入新兴城市，城市数量和规模迅速增长；第二次是都市圈的形成，一些产业因城市转型、成本等各种因素转移到大城市周边的中小城市；第三次是城市群的形成，主要特点是通过各级城市之间的交通和物流联系，形成庞大的立体城市群网络，区域总体实力、国际竞争力全面提高。

国际公认的世界级城市群有以纽约等城市为核心的美国东北部大西洋沿岸城市群、以芝加哥为核心的五大湖城市群、以东京为核心的日本太平洋沿岸城市群、以伦敦为核心的英国伦敦城市群、以大巴黎等城市群构成的欧洲西北部城市群等。

（1）美国东北部大西洋沿岸城市群以纽约、波士顿、华盛顿等城市为核心，土地面积13.8万平方千米，占全国的1.5%，集中了美国总人口的20%，制造业产值占全美的70%，城市化水平达到90%以上，是美国最大的生产基地、商贸中心和世界最大的金融中心。

（2）五大湖城市群集中了美国30%以上的制造业，其汽车产量和销售额约占美国的80%，与美国东北部大西洋沿岸城市群共同构成北美制造业带，钢铁产业集中在匹兹堡，汽车产业集中在底特律。土地面积24.5万平方千米，人口约5000万。核心城市芝加哥是美国重要的交通枢纽，也是美国主要的金融、期货和商品交易中心之一。

（3）日本太平洋沿岸城市群由东京都市圈、大阪都市圈和名古屋都市圈组成，集聚日本80%以上的金融、教育、信息和研发机构。土地面积3.5万平方千米、占日本国土的6%，人口近7000万、占总人口的61%。核心城市东京是日本政治、经济、文化和交通中心。

（4）英国伦敦城市群是世界三大金融中心之一，由伦敦-利物浦一线的城市构成，其中包括世界纺织工业之都曼彻斯特、纺织机械重镇利兹、伯明翰、谢菲尔德等大城市，土地面积约4.5万平方千米，人口3650万、占总人口的55%。核心城市伦敦贡献了全国约20%的GDP，是欧洲最大的金融中心。

（5）欧洲西北部城市群由大巴黎地区城市群、莱茵-鲁尔城市群、荷兰-比利时城市群构成，主要城市有巴黎、阿姆斯特丹、鹿特丹、海牙、安特卫普、布鲁塞尔、科隆等。土地面积约14.5万平方千米，人口约4600万。其中，巴黎是法国的经济中心和最大的工商业城市，也是西欧重要的交通中心之一。

在过去的世界经济格局调整中，世界五大城市群均以科技创新为核心竞争力，通过发展规划的不断完善、基础设施的互联互通、产业的分工协作等逐渐崛起成为各国提升经济实力、参与国际竞争的主要平台。

（1）发达城市群的核心城市是创新资源的集聚中心和创新活动的控制中心，是高端生产要素跨境流动的门户。东京集中了日本约30%的高校和40%的大学生，拥有全日本1/3的研究和文化机构，以及全日本PCT（《专利合作条约》）专利产出的50%和世界PCT专利产出的10%；纽约集聚了美国10%的博士学位获得者，10%的美国国家科学院院士；伦敦集聚了英国1/3的高校和科研院所，每年高校毕业生占全国的40%。

（2）世界级城市群非常重视城市群内部的统筹规划。1922年，纽约成立区域规划协会，分别于1929年、1948年和1966年编制了三份地区发展规划，为城市群的发展提供了保障；1937年，为了解决伦敦人口过度集聚问题，英国政府成立"巴罗委员会"，并根据该委员会提交的报告编制首轮大伦敦规划，奠定了伦敦城市群的空间格局。

（3）基础设施的互联互通能够加强城市群内各城市的联系，世界级城市群具备现代化的城市轨道交通、完善的城际基础设施、发达的航运功能。东京和伦敦从交通发展方面提供了最优质的基础保障，两个城市群的轨道交通建设和运维水平处于世界前列。东京和伦敦都拥有出海港口，特别是在航空运输方面，东京拥有羽田、成田两个国际机场，其旅客吞吐量分别居日本第一位和第二位，年吞吐量超过1.1亿；伦敦拥有世界第三的希斯罗国际机场和英国第二大的盖特威克机场及其他3个机场，年吞吐量超过1.6亿。

（4）产业分工协作使各城市能够在城市群发展过程中找准特色定位，实现优势互补。以美国东北部大西洋沿岸城市群为例，纽约是金融和商贸中心，华盛顿是政治中心，波士顿是与"硅谷"齐名的高科技聚集地，巴尔的摩则有着发达的国防工业和卫生服务业。

中国五大最具发展潜力城市群

在本章第一节中，我们从"需求+供给"两个层面分21个指标研究了2022年中国337个地级及以上城市发展潜力。城市群是高度一体化和同城化的城市集群，我们继续从"需求+供给"两个层面分21个指标研究2022年中国19个城市群发展潜力。长三角、珠三角发展潜力指数遥遥领先，其次是京津冀、长江中游、成渝城市群，之后是山东半岛、粤闽浙沿海、中原城市群等。

长三角、珠三角人口增量、经济规模居前，产业创新实力领先，GDP、A+H股上市公司数量和专利授权量合计分别占全国的29.1%、74.0%和68.0%。从人口看，珠三角、长三角2017—2021年常住人口年均增量领跑全国，分别年均增长385万人、282万人，而哈长、辽中南人口则负增长。从经济规模看，2021年长三角城市群以GDP超过20万亿元的成绩一骑绝尘，珠三角、京津冀、长江中游、粤闽浙沿海、成渝紧随其后，GDP在6.8万亿~9.0万亿元之间，其中五大城市群GDP合计53.8万亿元，占全国的47.0%，长三角、珠三角城市群GDP合计29.5万亿元，占全国的29.1%（如图4-8）。从产业创新看，长三角、珠三角依旧占据绝对领先地位，A+H股上市公司数量和专利授权量均居全国前两名，五大城市群合计分别占全国的74%和68%。

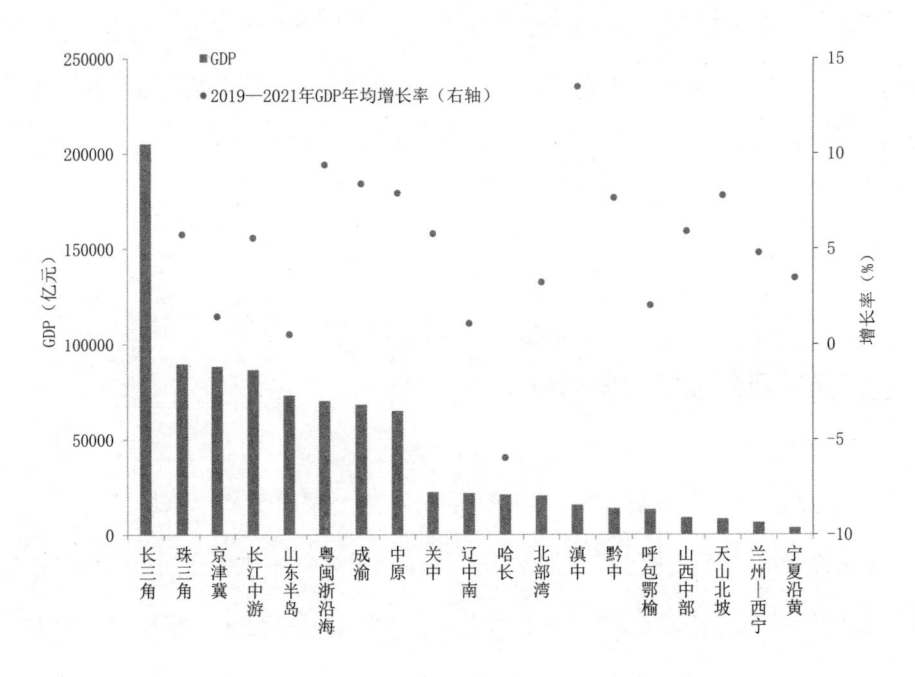

图4-8 2021年19个城市群GDP及其增长率

数据来源：各地统计局

长三角城市群：崛起的世界第六大城市群

长三角城市群经济综合实力最强，足有8城跻身中国GDP"万亿俱乐部"，"一超二特三大"的城市格局最为合理。长三角地区是我国产业体系最完备、城镇化基础最好的区域之一，是中国经济最具活力的城市群，未来将以核心城市为支点构建南京、杭州等五大都市圈。2021年，长三角城市合计GDP为27.6万亿元，在全国占比24.1%。长三角土地面积合计22.5万平方千米，常住人口1.65亿人。其中，上海、苏州、杭州、宁波、合肥、南京、南通、无锡等8城GDP超万亿元（如图4-9），而2021年末全国GDP超万亿城市仅有24个。整体来看，长三角综合实力突出，在中国19个城市群中是唯一进入成为世界前六大城市群的超大型城市群。

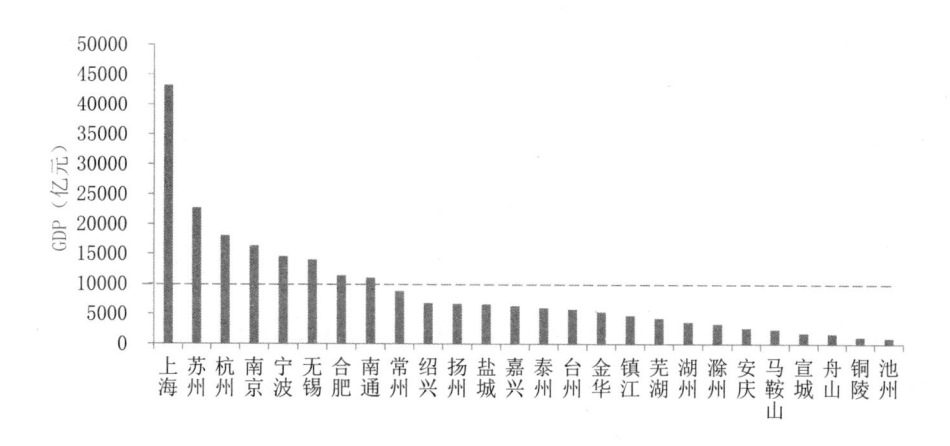

图4-9　2021年长三角城市群各市GDP数据

数据来源：各地统计局

城市层级方面，长三角呈现出"一超二特三大"的格局，是中国城市层级结构最为合理的城市群，体现了"龙头城市—中心城市—区域中心城市—中小城市"这一层次合理、结构清晰的城市体系。其中，上海城区人口超过了2000

万，是长三角唯一的超大城市；南京和杭州城区人口均超过600万，处于特大城市行列，未来将向超大城市进军；合肥、苏州和宁波的城区人口超过300万，处于I型大城市行列。

从战略规划看，长三角城市群概念提出早、定位高。1982年，"以上海为中心建立长三角经济圈"的设想正式提出。2016年国务院常务会议通过《长江三角洲城市群发展规划》，提出培育更高水平的经济增长极，到2030年，全面建成具有全球影响力的世界级城市群。2019年，中共中央、国务院印发《长江三角洲区域一体化发展规划纲要》，规划范围包括苏浙皖沪四省全域，以27个城市为中心区，根据《长江三角洲城市群发展规划》，发挥上海龙头城市的带动、辐射作用，依托交通运输网络推构建"一核五圈四带"的网络化空间格局。

长三角产业优势集群正在加速形成，各城市正发挥产业优势，深入创新驱动战略、推进科技水平提升，并打造优势产业链。长三角在集成电路、生物医药、人工智能和新能源汽车等战略产业和先进制造业上已形成全国范围内的产业优势集群，在全球价值链中的位势也在不断提升。2021年，长三角集成电路产业规模占全国58%，生物医药和人工智能产业规模分别占全国约1/3、新能源汽车产量占全国38%，并规划设立长三角生态绿色一体化发展示范区数据中心集群和芜湖数据中心集群两大算力集群。新能源汽车作为近几年来的产业"顶流"，在长三角发展更是如火如荼。特斯拉、蔚来、极氪的全球总部或者中国总部都在长三角地区。

具体来看，上海的优势是创新能力强、服务业发展水平高、科技人才集聚。苏州凭借紧挨上海的区位优势，深化与上海的对接。制造业基础雄厚、门类齐全、企业众多是苏州经济的优势。杭州也是我国民营经济最活跃的区域之一，2021年其民营经济占杭州市GDP比重达61.3%，同时数字产业发达，2021年数字经济核心产业增加值占比27.1%。南京作为老牌工业基地，以汽车、钢铁、电子、石化为支柱，致力于打造"芯片之城"。其余城市支柱产业集中于电子信息、汽车、石油化工等。

长三角深度一体化的主要难点在于"过度竞争"与"产业同构"。虽然顶层规划对长三角的各城市间产业分工和发展做了明确定位，但如何协调城市间激励、资源要素的分配是亟待解决的难题。长期以来，三省一市都试图打造世界制造业基地，并且提出了相应目标和构想，如江苏南京和浙江宁波在产业定位中都有"建设先进制造业基地"的表述；上海洋山港与宁波北仑港之间也存在"港口地位之争"。长三角地区由于发展条件和经济基础相似，产业结构趋同。在重点发展产业方面，许多城市都选择汽车、石化和电信作为重点发展产业，大力发展创意产业园、物流园区、中央商务区等项目，这将导致短期难以形成协同效应。

珠三角城市群：创新创业高地，携手港澳建设粤港澳大湾区

珠江三角洲城市群受惠于改革开放巨大红利，毗邻港澳"拼船出海"，打造国际一流湾区和世界级城市群。珠三角拥有广东70%的人口，却创造着全省85%的GDP，是亚太地区最具活力的经济区之一。珠三角城市群包括广东省的9市：广州、深圳、珠海、佛山、惠州、东莞、中山、江门和肇庆。1978年改革开放以来，广东省收获城镇化发展新契机，借经济体制的改革与对外开放格局的政策东风，吸引了资金、人才、技术等生产要素的聚集。2021年，珠江三角洲城镇人口7860.6万人，城镇化率高达87.5%，是中国城镇化率最高的城市群（如图4-10）。2021年珠三角城市群经济总量超10万亿元，占全国的8.8%；常住人口约7800万人，占全国的5.5%，2017—2021年人口年均增量超300万人，为城市群最高；15~59岁人口占比75%，为城市群最高。2017—2021年，广东省在"一核一带一区"战略统领下，以广州、深圳为双引擎推进深度一体化，并重点打造粤东粤西沿海产业，与珠三角沿海地区串珠成链，形成沿海经济带，破解发展上限。

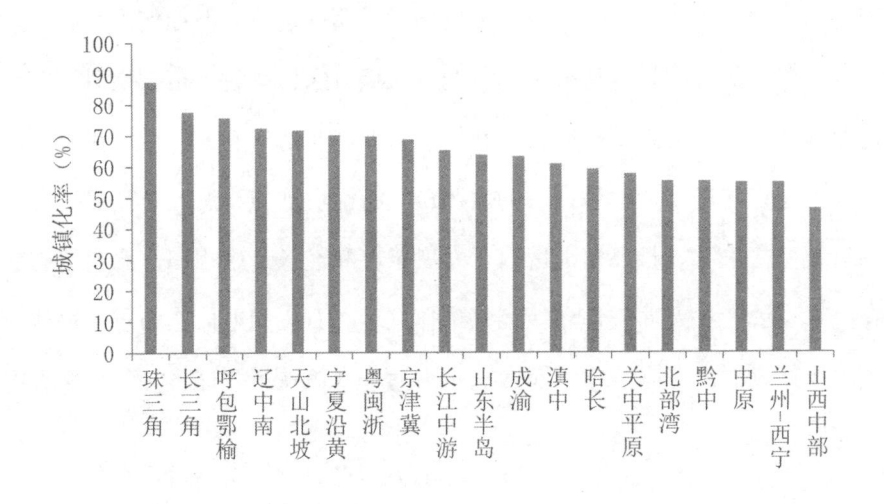

图4-10 2021年各城市群城镇化率

数据来源：各地统计局

从战略规划看，珠三角城市群能级的持续提升，离不开重重规划下的都市圈城市群合理融合、创新发展。2014年广东省政府开始编制《珠江三角洲全域空间规划（2014—2020年）》，确立了珠三角城市群的定位和发展目标。2019年2月，中共中央、国务院印发《粤港澳大湾区发展规划纲要》，真正把珠三角9市与港澳紧紧联系在一起。"十四五"规划提出"高质量建设粤港澳大湾区，深化粤港澳合作、泛珠三角区域合作"，明确了泛珠三角区域合作战略定位。

珠三角城市群主要受益于改革开放，同样归功于20世纪珠三角"三来一补"产业奠定的基础，也依赖于"腾笼换鸟"带来的经济活水。具体来看，目前广深佛莞智能装备集群、广佛惠智能家电集群等多个先进制造业集群持续发展壮大。以新能源汽车为例，比亚迪、小鹏汽车推动广东省汽车产量创历史新高，广州、佛山、肇庆也已具备打造国际级智能汽车产业集群的硬实力。广州GDP由1978年的全国第八上升到2015年的全国第三，2012—2021年常住人口年均增量近60万人，仅低于深圳。深圳从1979年人均GDP不足香港1/11的小渔村，到2018年GDP超过香港成为活力四射的一线城市；2012—2021年常住人口年均增量超70万人，居全国之首。珠三角人口的攀升是产业集群不断演化升级的体现。深圳的产业外溢甚至拉动了东莞的电子信息产业升级，以华为为首的电子信息上下游产业链，包括软通动力、中软国际等纷纷从深圳向东莞延伸，2021年东莞成功迈入了"万亿GDP俱乐部"。

当前，珠三角城市群面临着竞争优势重塑，新旧动能加速转换，优质公共资源补充的挑战。当今世界颠覆性技术不断涌现，推动全球经济结构、产业结构、国际分工变革，高端创新要素争夺在人工智能、生物等领域更激烈。珠三角地处"两个前沿"，所面临的外部风险挑战更加直接。第一，珠三角城市群发展得益于20世纪八九十年代的两次产业大转移，以劳动密集型为主。除深圳外，其余城市仍亟须将支柱产业由机械制造、纺织、化工等中低端制造业向金融、新能源等转化，完成新旧动能转换。第二，优质公共服务资源短缺已成为制约珠三角城市群发展的瓶颈，教育及医疗条件整体需向京沪看齐发展。

京津冀城市群：打造以首都为核心的世界级城市群

京津冀城市群不断强化顶层设计，把握住"疏解北京非首都功能"的核心发展战略，打造以首都为核心的世界级城市群、区域整体协同发展改革引领区、全国创新驱动经济增长新引擎、生态修复环境改善示范区。

京津冀城市群包括：北京，天津，河北省石家庄、唐山、保定、廊坊、秦皇岛、张家口、承德、沧州、衡水、邢台、邯郸共计13市，以及河南安阳。土地面积合计约22.2万平方千米，占全国的2.3%；2021年经济总量9.78万亿元，占全国的8.6%，各市GDP如图4-11；常住人口约1.1亿人，占全国的7.8%。京津冀同为京畿重地，濒临渤海，背靠太岳，携揽"三北"、东北和西北，战略地位十分重要。

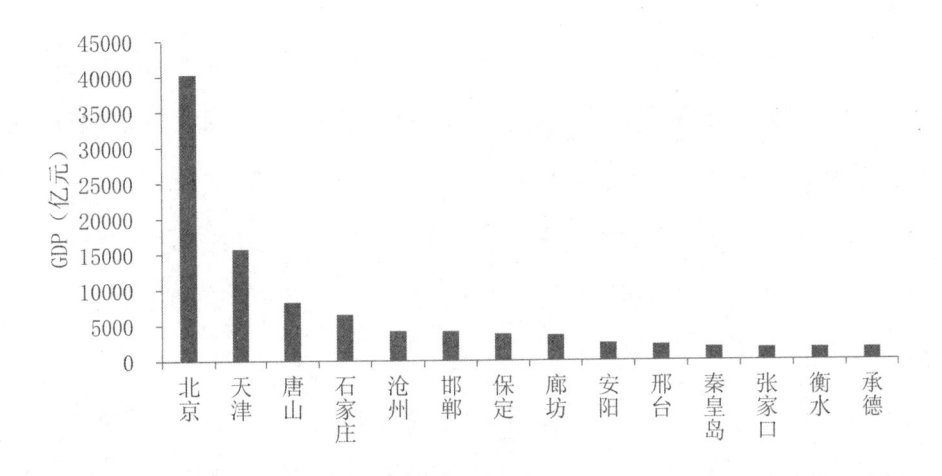

图4-11 2021年京津冀城市群各市GDP数据

数据来源：各地统计局

京津冀协同发展战略的核心是有序疏解北京非首都功能，优化区域内的经济发展空间，培养经济和社会发展的共生极。近年来，北京作为京津冀城市群的"一核"，为实现城市发展与资源环境相适应，北京"大城市病"问题亦初步得到缓解，其首都核心功能明显优化。2021年北京轨道交通里程达到1148千米，较2015年增长82%；大气质量显著改善，2021年PM2.5年均浓度33微克/

立方米，较2013年下降63%。天津拥有北方最大的综合性港口，制造业基础雄厚，与北京形成"双城"联动，发展势头良好。在京津冀城市群中，天津的定位是"全国先进制造研发基地、北方国际航运核心区、金融创新运营示范区、改革开放先行区"。随着"京津冀区域通关一体化"改革推进，据海关调查显示，企业选择一体化通关后，天津经北京空运货物，北京经天津海运货物通关时间和运输成本均节省近三成。产业方面，天津滨海-中关村科技园聚焦于智能科技、生命大健康、新能源新材料、科技服务业。河北省自然资源丰富，劳动力相对充裕，产业基础较好，具有广阔的发展空间。

京津冀区域城镇规模等级不合理，发展不平衡现象明显。京津冀城市群已初步形成"一核双城三轴"的空间架构，但石家庄、唐山、邯郸等次中心与沧州、衡水等节点城市与中部核心区的联动能力仍较弱。高能级城镇带动低能级城镇发展的效果不佳。相对于长三角城市群均为中等以上城市的结构，京津冀城市群在大、中、小型城市的构成上有待进一步优化，城市规模普遍较小，I型及以上大城市数量较少。同时要素流动、产业扩散需进一步合理化，现阶段高级生产要素持续向京津冀的中心城市集聚，边缘城市在城市间的竞合关系中所处的劣势地位需继续改善。但经过2014—2022年，京津冀一体化进程有望在政策规划的引导、推动下不断改善。2014年，习近平总书记在京津冀三地协同发展座谈会上首次将京津冀协同发展上升到国家战略层面。随后2015年中共中央、国务院印发实施《京津冀协同发展规划纲要》，2021年《北京市国民经济和社会发展第十四个五年规划和二〇三五年远景目标纲要》中，提出了推动北京城市副中心和河北雄安新区两翼齐飞，建设以首都为核心的世界级城市群的最新要求。

房地产大趋势

长江中游城市群：依托黄金水道，构建中部崛起的战略支撑带

长江中游城市群土地面积合计32.6万平方千米，是中国面积最大的城市群，常住人口总量达1.1亿人。长江中游城市群承东启西、连接南北，是依托黄金水道推动长江经济带建设的主要力量，也是实施促进中部地区崛起战略、全方位深化改革开放和推进新型城镇化的重点区域。长江中游城市群是以武汉、长沙、南昌为"三核"，武汉都市圈、环长株潭都市圈、环鄱阳湖都市圈为主体形成的特大型城市群，规划范围包括：湖北省的武汉、黄石、鄂州、黄冈等，湖南省的长沙、株洲、湘潭、岳阳等，江西省的南昌、九江、景德镇等及抚州、吉安的部分县（区）。土地面积合计约32.6万平方千米，占全国的3.4%，是中国面积最大的城市群，是长三角的1.5倍，珠三角的6.0倍；常住人口约1.1亿人，占全国的7.9%。拥有湘江新区、赣江新区及武汉东湖等国家级高新技术产业开发区、经济技术开发区、新型工业化产业示范基地，2021年经济总量9.7万亿元，占全国的8.5%，其中武汉、长沙均已迈入"万亿俱乐部"（如图4-12）。

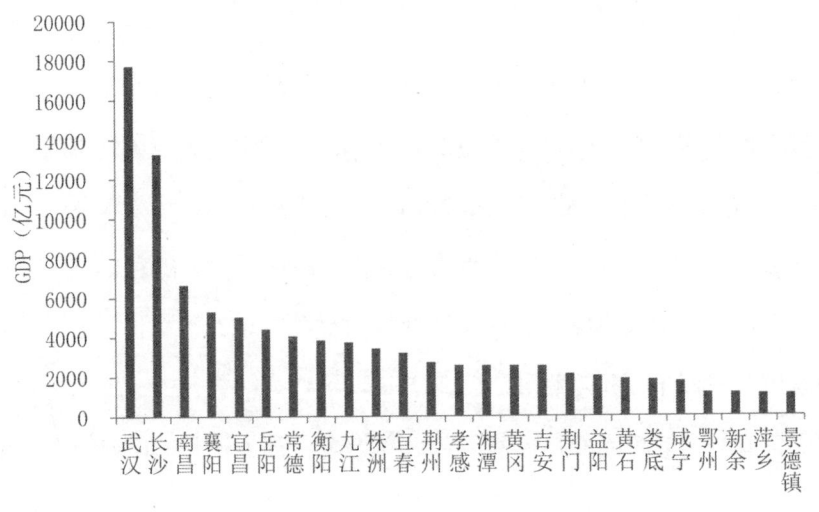

图4-12 2021年长江中游城市群各市GDP数据

数据来源：各地统计局

从战略规划看，长江中游城市群是推动长江经济带发展、促进中部地区崛起、巩固"两横三纵"城镇化战略格局的重点区域。2014年9月，国务院印发《关于依托黄金水道推动长江经济带发展的指导意见》，提出将长江经济带建设成为具有全球影响力的内河经济带。2015年4月，国家发改委印发《长江中游城市群发展规划》，将长江中游城市群定位为中国经济新增长极、中西部新型城镇化先行区、内陆开放合作示范区。2022年2月，国家发改委印发《长江中游城市群发展"十四五"实施方案》，提出长江中游城市群是推动长江经济带发展、促进中部地区崛起、巩固"两横三纵"城镇化战略格局的重点区域。

湖北、湖南、江西三省合力打造"三核三圈多节点"格局，构建区域协同创新高地。长江中游城市群山水相连、人文相亲，自古经贸往来非常密切，拥有良好的协同发展基础。同时，长江中游城市群临江达海，经济腹地广阔，人口及自然资源丰富。放眼未来战略，长江中游城市群将充分发挥人才、科教及产业优势，依托武汉东湖、长株潭、鄱阳湖国家自主创新示范区，合力打造全球有影响力的创新示范区。具体来说，长江中游城市群将夯实并提升工程机械、电子信息、汽车等现有优势产业，打造世界级产业集群，加快发展生物医药、航空航天、智能制造等新兴产业集群，并前瞻布局量子信息等先导产业。以"三走廊"构建对接为纽带，推进湖北省光谷科技创新大走廊、湖南省湘江西岸科技创新走廊、江西省赣江两岸科创大走廊在"光芯屏端网"、大健康、生物医药等产业方面的合作。

长江中游城市群中心城市辐射能力较弱，产业结构不合理、第三产业比重低。第一，长江中游城市群的中心城市武汉在该区域的辐射能力弱于京津冀、长三角、珠三角、成渝4大城市群的中心城市。长沙、南昌作为区域中心城市，与武汉构成了三大城镇组团，但长沙、南昌经济实力较弱，且与武汉分别距离

300千米和260千米，中间山地阻隔，沟通不畅。第二，长江中游城市群产业结构不合理，第三产业比重过低，会导致城市聚集效应难以发挥，吸纳的就业人口少。长江中游城市群2021年第三产业增加值占比仅为51%，远低于京津冀、长三角的67%、57%。

成渝城市群：培育中国经济增长"第四极"

唱好成渝合作"双城记"，逐渐推进成渝城市群一体化发展，打造我国高质量发展的重要"第四增长极"。成渝城市群2019—2021年间GDP年均增长率8.4%，为五大城市群最高（如图4-13）；处于全国"两横三纵"城市化战略格局沿长江通道横轴和包昆通道纵轴的交汇地带，战略地位突出，发展潜力大。成渝城市群主要包括：重庆27个区（县）和2个区县的部分地区，四川省的成都、自贡、泸州、德阳、绵阳、遂宁、内江、乐山、南充、眉山、宜宾、广安、达州、雅安、资阳共计15市。土地面积合计约18.5万平方千米，占全国的1.9%；2021年经济总量约7.6万亿元，占全国的6.6%，从经济总量上看，成渝城市群与长三角、珠三角、京津冀的差距还较遥远；常住人口约1.03亿人，占全国的7.3%；城镇化率从2010年的46.3%增长到2021年的63.3%，比珠三角、长三角、京津冀、长江中游城市群分别低了24.1个、14.2个、5.4个、1.9个百分点，比全国平均水平还要低1.5个百分点。区位方面，重庆和成都是中国西部国家级特大中心城市，区位优势突出，战略地位重要，位于"一带一路"和长江经济带交汇处，是西部陆海新通道的起点，是西部大开发的战略支点，具有连接西南西北，沟通东亚与东南亚、南亚的独特优势。

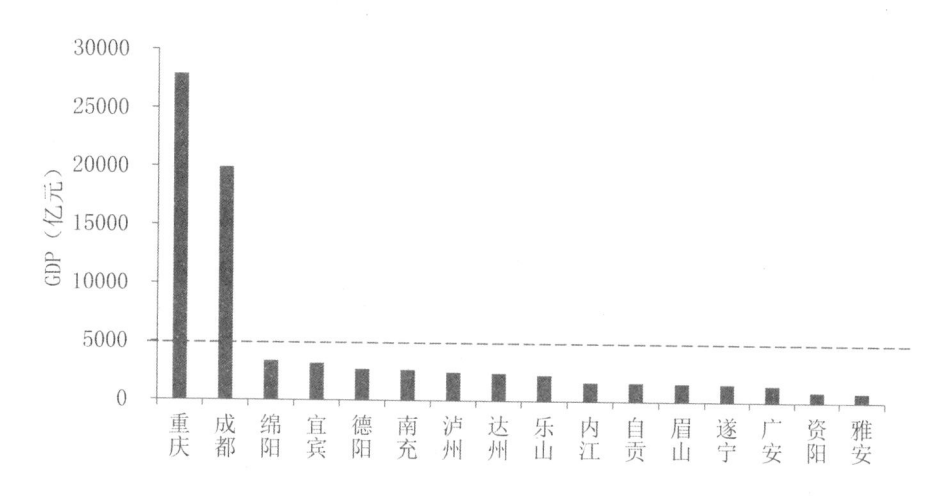

图4-13　2021年成渝城市群各市GDP数据

数据来源：各地统计局

　　从战略规划看，成渝城市群起步最晚，但"双城联动"发展劲头最足。2011年5月，国务院正式批复《成渝经济区区域规划》；2016年3月，国务院常务会议通过《成渝城市群发展规划》，成渝城市群成为继长三角、珠三角、长江中游城市群后，获中央批复的第四个城市群。2021年10月，中共中央、国务院印发《成渝地区双城经济圈建设规划纲要》，成渝地区双城经济圈建设再上新台阶。2022年7月，重庆市政府与四川省政府印发《成渝地区联手打造内陆开放高地方案》，提出了成渝地区构建协同开放通道、高能级开放平台等新措施，明确了到2035年全面建成内陆开放高地，融入全球的开放型经济体系的目标。

　　围绕重庆主城和成都培育现代化都市圈，全面提升双城发展能级和综合竞争力，双圈互动两翼协同，消费带动供给升级，打造我国未来高质量发展重要增长极。产业方面，至2025年，成渝城市群以智能网联和新能源为主攻方向，共建高水平汽车产业研发生产制造基地；整合白酒主产区优质资源，培育特色消费品产业集群；前瞻布局核能、航空航天、智能终端先导产业，打造成渝综合性科学中心。成渝城市群拥有得天独厚的"巴蜀"特色文化底蕴，2022年8月，重庆市政府与四川省政府印发《建设富有巴蜀特色的国际消费目的地实施方案》，加强优质旅游产品供给，构建巴蜀文化旅游走廊品牌体系，促进旅游消费升级，打造国际范、中国味、巴蜀韵的世界级文旅胜地是未来方向。以多元融合的消费带动供给升级，是成渝地区的发展必经之路。如经典川菜、重庆火锅等餐饮产品品牌化，创建美食地标；布局建设自驾游营地和野外露营地，发展乡村民宿，推出徒步、自驾等品质化旅游产品；丰富夜市、夜秀、夜展等夜间经济产品，建设一批夜间文旅消费集聚区等。

　　成渝城市群内部缺少重要节点城市，成渝两地产业分工协作不够充分、竞争大于合作，创新能力不足。第一，除了成都和重庆的生产总值达到万亿级以外，成渝间仅2个城市地区生产总值突破3000亿元，"双核独大"但"中部塌陷"。2021年除成都、重庆（主城区）外，仅有绵阳、宜宾的GDP突破3000亿元，众多城市GDP规模在1000亿～3000亿元之间，城市群经济发展呈现哑铃式结构。中等规模城市的缺乏，不仅弱化了成都、重庆两座超大城市的辐射带动作用，其经济"虹吸"效应也使得城市群中的其他城市发展动力不足。第二，成渝城市群目前产业协同程度较低。目前成渝城市群正在形成以成都为核心的医药、化工、能源以及服务业的集聚地，以及以重庆为核心的制造业、物流运输基地，但区域内其他城市产业协同尚未实现，大都以机械、冶金、电子等产业为支柱，各自为战。

中国都市圈发展潜力排名

导读

根据本章第一节的研究，以中心城市为引领的都市圈城市群更具生产效率，更节约土地、能源，是支撑中国经济高质量发展的主要平台，是中国当前以及未来发展的区域规划和国土规划重点。2022年发展潜力百强城市中有89个位于19大城市群，有68个位于34个千万级大都市圈。当前中国有上海、广州、深圳等10个3000万人以上的大都市圈，有合肥、成都、杭州等11个2000万~3000万人大都市圈，有西安、宁波等13个1000万~2000万人大都市圈。中国34个大都市圈以全国18.6%的土地集聚约全国63%的常住人口，创造了约78%的全国GDP，多数都市圈人口处于持续流入。本节进一步对34个千万级大都市圈进行分类，并对十大最具发展潜力的都市圈逐次分析。

都市圈时代来临

从城镇化到城市群，都市圈是城市群的"硬核"

城市群为中国新型城镇化主体形态，培育都市圈是从城镇化到城市群的中间阶段。发达国家人口流动一般经历两个阶段：从城镇化到城市群，其中都市圈为中间阶段。国际上公认的世界级城市群有美国东北部大西洋沿岸城市群、北美五大湖城市群、日本太平洋沿岸城市群、英伦城市群、欧洲西北部城市群等。成熟城市群由若干分工较为明确、经济社会联系紧密的大中小城市连绵而成，且均以一个或几个大都市圈为"硬核"，例如纽约都市圈、芝加哥都市圈、日本三大都市圈（东京、大阪、名古屋）、伦敦都市圈以及巴黎都市圈等。

培育现代化都市圈成为国家推进城市群建设的突破口。中共中央、国务院印发的《国家新型城镇化规划（2014—2020年）》确立城市群为新型城镇化主体形态，并规划建设19个城市群，但当前我国多数城市群发展尚不成熟。《国家新型城镇化规划（2014—2020年）》提出，特大城市要推进中心城区功能向1小时交通圈地区扩散，培育形成通勤高效、一体发展的都市圈。2019年2月，国家发改委发布《关于培育发展现代化都市圈的指导意见》，这是我国第一份以"都市圈"为主题的中央文件，标志着都市圈时代正式来临。2021年，"十四五"规划提出以城市群、都市圈为依托促进大中小城市和小城镇协调联动、特色化发展，并提出"建设现代化都市圈"。2022年3月，国家发改委印发《2022年新型城镇化和城乡融合发展重点任务》，提出健全城市群一体化发展机制，培育发展现代化都市圈。

都市圈以同城化为方向，旨在推动公共服务共建共享

都市圈建设以同城化为方向，打造1小时通勤圈，圈内中小城市受益。《关于培育发展现代化都市圈的指导意见》指出，都市圈以大城市为中心，以1小时通勤圈为基本范围，以促进中心城市与周边城市（镇）同城化发展为方向，以创新体制机制为抓手，因地制宜推进都市圈建设，密切中心城市和周边城市（镇）的功能联系。圈内中小城市将受益中心城市产业和人口外溢，同城化提速。其中，交通一体化是都市圈建设的前提，要求加快构建都市圈公路和轨道交通网，打造轨道上的都市圈，大力发展都市圈市域（郊）铁路。需注意的是，1小时通勤圈以轨道交通等为出行工具、半径50~70千米，这与以高铁为出行工具、半径可达300千米的1小时交通圈不同。《2022年新型城镇化和城乡融合发展重点任务》提出，支持有条件的都市圈科学规划多层次轨道交通，统筹利用既有线与新线发展城际铁路和市域（郊）铁路，摸排打通国家公路和省级公路"瓶颈路"，打造1小时通勤圈。

都市圈将促进城市功能互补、产业错位布局，推动公共服务共建共享和政策协同。《关于培育发展现代化都市圈的指导意见》要求加快推动中心城市集聚创新要素、提升经济密度、增强高端服务功能，推动服务业与制造业深度融合，形成以现代服务经济为主的产业结构；充分利用中小城市土地、人力等综合成本低的优势，优化营商环境，积极承接中心城市产业转移，推动制造业规模化、特色化、集群化发展，形成以先进制造为主的产业结构；产业分工协同需要统一开放市场和公共服务一体化作为制度保障。《关于培育发展现代化都市圈的指导意见》指出，放开放宽除个别超大城市外的城市落户限制，在具备条件的都市圈率先实现户籍准入年限同城化累积互认；公共服务方面，将促进教育、医疗、养老等优质公共服务资源共享，加快社会保障接轨衔接；政策协

同方面，将允许都市圈内城乡建设用地增减挂钩节余指标跨地区调剂，强化都市圈内房地产调控政策协同。国家"十四五"规划提出，鼓励都市圈社保和落户积分互认、教育和医疗资源共享，推动科技创新券通兑通用、产业园区和科研平台合作共建。鼓励有条件的都市圈建立统一的规划委员会，实现规划统一编制、统一实施，探索推进土地、人口等统一管理。

人口和产业将继续向大都市圈集聚

人口迁移的基本逻辑是人随产业走、人往高处走。发达国家人口迁移一般经历两阶段：从城镇化到以大城市为核心的都市圈化、城市群化。国际经验表明人口长期向大都市区集聚，直到经济-人口比值降至1附近并维持动态平衡。美国人口长期向大都市区集聚，1950—2019年美国500万人以上都市区人口比重从12.2%增至24.7%，2019年美国5万~25万、25万~100万、100万~500万、500万人以上都会区经济-人口比值分别为0.8、0.8、1.1、1.2，人口向大都市区集聚趋势明显；在日本城市化进程中，人口随产业持续向大都市圈集聚，并且表现为从"三极"集聚向东京圈"一极"集聚（如图4-14），1974—2018年，东京圈、大阪圈、名古屋圈人口净迁入量分别为400.5万、-92.7万、8.7万人。2018年东京圈、大阪圈、名古屋圈经济份额占比分别较1970年变化4.4个、-3.8个、0.6个百分点，人口份额占比变化5.6个、-0.5个、0.6个百分点，经济-人口比值分别为1.17、0.90、1.15。

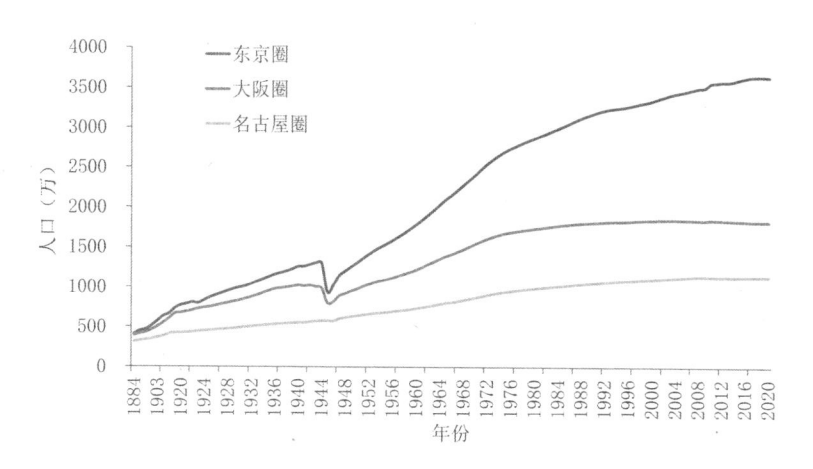

图4-14 日本人口从向"三极"集聚到向"一极"集聚

数据来源：Wind

中国人口和产业持续向大都市圈集聚，未来大都市圈人口占比仍将继续提升。中国34个1000万人以上大都市圈人口总体上持续流入，2021年常住人口合计占比62.8%，经济总量占比77.6%，经济-人口比值为1.24，人口仍有流入倾向。在34个千万级大都市圈中，苏锡常、上海、北京等3个都市圈经济-人口比值大于2；南京、杭州、厦漳泉、宁波、深圳等5个都市圈介于1.5~2.0之间；长株潭、广州、福州、青岛等14个都市圈介于1.0~1.5之间；昆明、长吉、南昌等12个都市圈经济-人口比值小于1.0，且部分都市圈经济-人口比值较低与划分范围过大有关（如图4-15）。

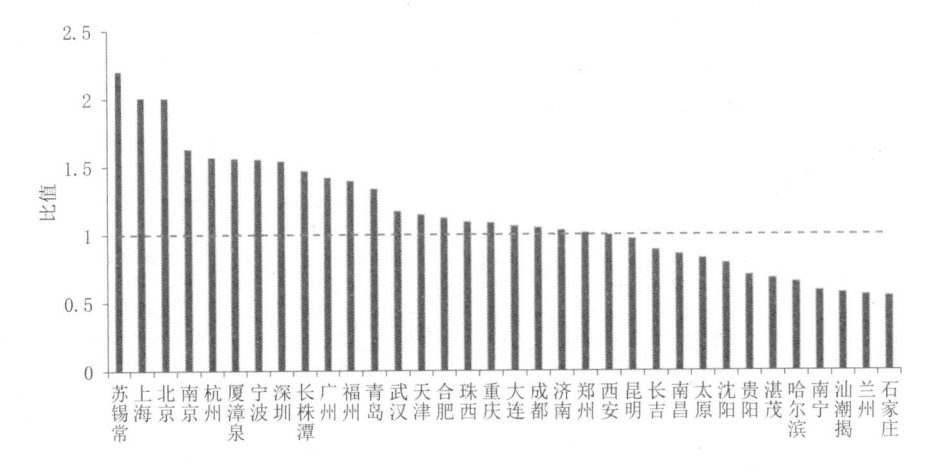

图4-15　2021年我国多数都市圈的经济-人口比值

数据来源：各地统计局

2022年大都市圈排名：上海、深圳、北京、广州发展潜力居前

根据本章第一节，2022年上海、深圳、北京、广州都市圈发展潜力居前，之后是苏锡常、杭州、南京、成都、合肥、长株潭等都市圈。需要注意的是，部分都市圈范围有重叠，比如上海都市圈与杭州、苏锡常、宁波都市圈均有重叠；部分都市圈县级单位数据缺失较多，用地级市全域近似替代，如天津、石家庄、哈尔滨都市圈范围分别用各自全市替代，济南、青岛、南昌等都市圈范围以地级市为基本单位后与国家"十四五"规划提出的规划略有出入。

长三角、珠三角地区及北京都市圈经济规模居前、产业创新实力领先。如图4-16所示，从经济规模看，2021年上海都市圈以12.6万亿元GDP一骑绝尘，深圳、苏锡常、广州、北京、南京、杭州、青岛都市圈紧随其后，GDP在3.5万亿~4.0万亿元之间。从产业创新看，上海、北京都市圈占据绝对优势，A+H股上市公司数和专利授权量合计分别占全国41.9%、29.8%。杭州、广州、苏锡常都市圈亦优势明显，A+H股上市公司数、专利授权量占全国比重均分别在4%、5%以内。

深圳、上海、广州、成都都市圈人口增长领跑全国，2015—2020年常住人口年均增量均超过百万，除上海都市圈外，主要由中心城市贡献。根据国家统计局数据，2015—2020年，深圳、上海、广州都市圈常住人口年均增量分别为180万人、152万人、145万人，其中深圳、广州年均增量分别为123万人、103万人，贡献了都市圈内部大部分人口增量，上海市由于控制人口政策，年均增长仅14万人，上海都市圈其余人口增量主要由苏州、宁波贡献。成都、杭州、郑州、苏锡常都市圈2015—2020年常住人口年均增量均超过60万人，年均增量靠前。而哈尔滨、汕潮揭、沈阳、南昌、湛茂都市圈人口负增长，主要因为核心城市吸引力不足，没有对都市圈内其他城市起到带动作用。

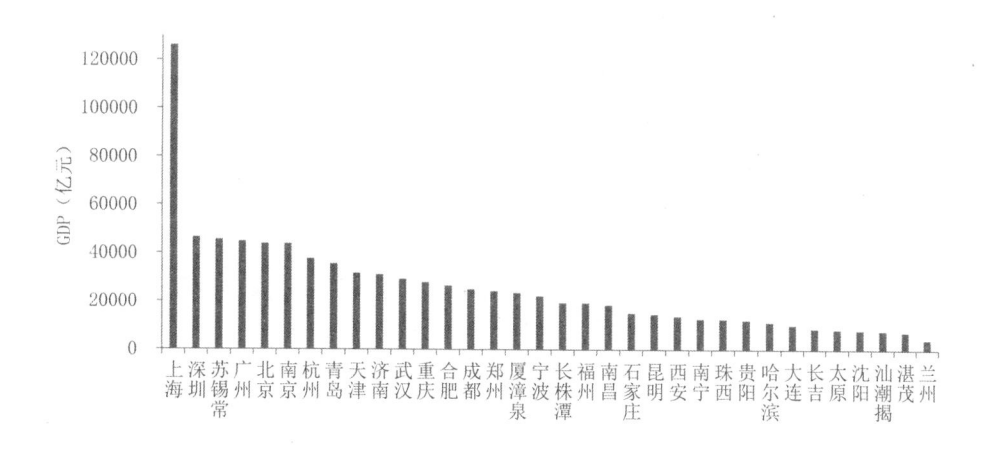

图4-16　2021年中国各都市圈GDP

数据来源：各地统计局

都市圈分类：成熟型优化功能布局，发育型加强一体化建设，起步型增强经济实力

根据都市圈的经济产业实力以及圈内中心城市对周边城市的带动作用，将34个千万级大都市圈分为成熟型、发育型、起步型三类（如表4-2）。成熟型都市圈2020年GDP均在3万亿元以上，A+H股上市公司数均在200家以上，年发明专利授权量均在1.5万件以上，都市圈内部分周边城市与中心城市差距相对较小，且呈持续缩小态势。发育型都市圈2020年GDP多在1.5万亿元以上，但多数都市圈的中心城市尚处于虹吸阶段，中心城市与几乎所有周边城市的人均GDP差距都在扩大。起步型都市圈2020年GDP在1.5万亿元以下，产业创新指标也在大都市圈中排名相对靠后。根据上述标准，上海、深圳、广州、北京、杭州、苏锡常等6个都市圈为成熟型；南京、青岛、天津、济南等16个都市圈为发育型；沈阳、昆明等12个都市圈为起步型。

表4-2 都市圈分类

分类	都市圈
成熟型（6个）	上海、深圳、广州、北京、杭州、苏锡常
发育型（16个）	南京、青岛、天津、济南、重庆、武汉、合肥、郑州、成都、厦漳泉、宁波、长株潭、福州、南昌、西安、珠西（珠江口西岸）
起步型（12个）	石家庄、沈阳、昆明、南宁、贵阳、哈尔滨、大连、长吉、汕潮揭、太原、湛茂、兰州

成熟型优化功能布局，发育型加强一体化建设，起步型增强经济实力。

第一，成熟型都市圈整体经济水平领先，多位于长三角和珠三角地区，且中心城市与部分周边城市差距持续明显缩小，应优化功能布局。该类都市圈均位于经济率先发展的出口基地长三角、珠三角地区，圈内周边城市均受益于中心城市制造业产业链的外溢，起步较早、经济发达。长三角、珠三角地区各大都市圈已经连绵成片，不少都市圈区域相互重叠，内部经济联系紧密的长三角、珠三角城市群已初具雏形。比如，上海、苏锡常、杭州、南京、宁波、合肥都市圈组成了长三角连绵区；广州、深圳、珠西、汕潮揭、湛茂组成珠三角连绵区。成熟型都市圈应优化功能布局，重视中心城市过度集中的人口与产业的疏解，继续提升基础设施、公共服务同城化水平，在治疗"大城市病"的同时建设各功能组团有序分工、紧密协调的大都市圈。

第二，发育型都市圈整体经济实力较强，但中心城市对周边城市的发展带动尚不足，应重点加强一体化建设。发育型都市圈尽管经济基础和发展势头较好，但周边城市尚未缩小与中心城市发展差距。随着经济实力的进一步提升及产业结构的进一步优化，发育型都市圈有望向成熟型都市圈过渡。该类都市圈应重点加强圈内一体化建设，加快形成城市间交通一体化网络，打破阻碍同城化发展的行政壁垒，增强中心城市对周边城市的发展带动作用，同时避免中心城市的功能过度集中。

第三，起步型都市圈中心城市经济实力尚不足以影响稍远的周边地区，经济上较为孤立。起步型都市圈整体经济实力不够强，中心城市和周边城市的经济联系较弱，应重点增强整体经济实力，尤其是中心城市的经济实力，同时补齐基础设施建设等领域的短板。当区域经济实力和中心城市对周边的辐射能力提升后，起步型都市圈有望转变成发育型都市圈。

房地产大趋势

十大最具发展潜力都市圈

上海大都市圈：长三角城市群的"强核"，辐射周边都市圈

上海大都市圈2021年GDP达12.6万亿元，占长三角城市群的54.5%，圈内已有5个GDP超万亿的城市。《上海市城市总体规划（2017—2035年）》规划的上海大都市圈包括上海、苏州、无锡、常州、南通、宁波、嘉兴、舟山、湖州在内的"1+8"城市，跨越两省一市，陆域面积约5.6万平方千米，2021年常住人口7794万人，分别占长三角的15%和34%左右；2015—2020年常住人口年均增量超百万人，但上海贡献不到1/10，苏州和宁波合计贡献度近50%（如图4-17）。上海大都市圈经济规模在全国都市圈中首屈一指，2021年GDP达12.6万亿元，占长三角城市群的54.5%，其中经济强市林立，GDP超1万亿元的城市就有沪苏甬锡通5个（如图4-18）。

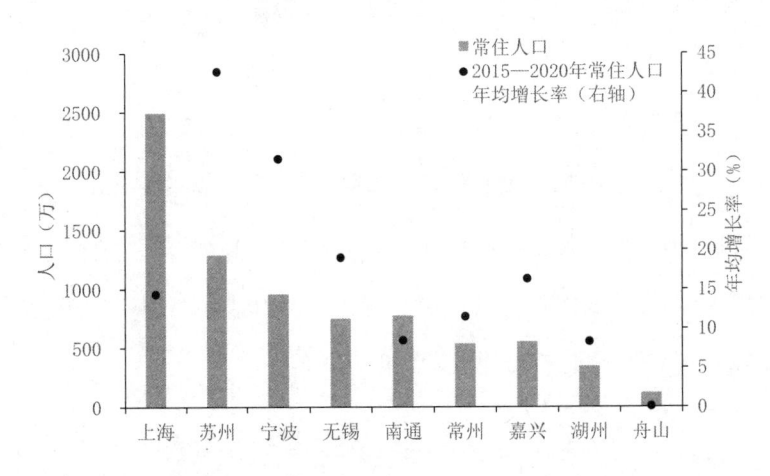

图4-17　2021年上海大都市圈常住人口及2015—2020年年均增长率

数据来源：各地统计局

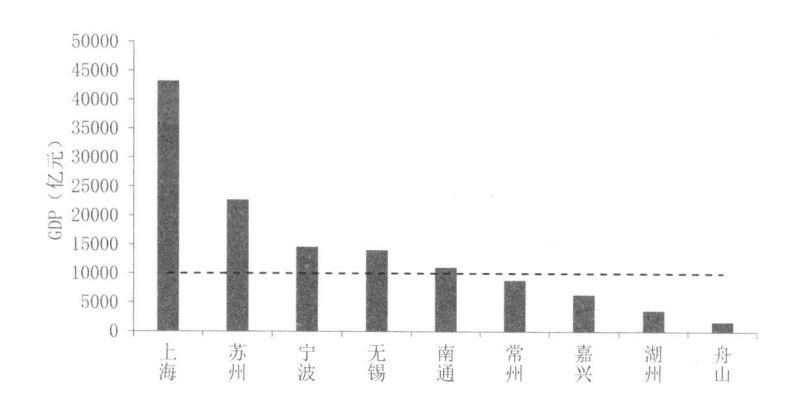

图4-18 2021年上海大都市圈各城市GDP数据

数据来源：各地统计局

2016年，国务院常务会议通过《长江三角洲城市群发展规划》，提出构建"一核五圈四带"的网络化空间格局，其中"一核"即提升上海全球城市功能，打造世界级城市群核心城市；"五圈"即促进南京、杭州、合肥、苏锡常、宁波五个都市圈同城化发展（如表4-3）。根据2022年1月上海市政府、江苏省政府、浙江省政府联合印发的《上海大都市圈空间协同规划》，上海大都市圈未来将建成卓越的全球城市区域，为长三角一体化发展做出新贡献。

表4-3 长三角区域都市圈情况

都市圈	发展潜力排名	2021年常住人口（万人）	2021年GDP（万亿元）	核心城市人口占比（%）	核心城市经济占比（%）	包含城市
上海	1	7793.6	12.6	31.9	34.3	上海、苏州、南通、无锡、常州、宁波、嘉兴、湖州、舟山

(续表)

都市圈	发展潜力排名	2021年常住人口（万人）	2021年GDP（万亿元）	核心城市人口占比（%）	核心城市经济占比（%）	包含城市
苏锡常	5	2567.7	4.6	50.0	49.9	苏州、无锡、常州
杭州	6	3008.2	3.8	40.6	48.1	杭州、绍兴、衢州、湖州、嘉兴、黄山
南京	7	3408.0	4.4	24.0	37.4	南京、淮安、扬州、镇江、芜湖、马鞍山、滁州、宣城
合肥	9	3002.8	2.7	31.5	43.0	合肥、蚌埠、淮南、六安、芜湖、马鞍山、滁州
宁波	11	1737.0	2.2	54.9	66.1	宁波、台州、舟山

数据来源：各地统计局

以上海为龙头的长三角地区是我国产业链最完备、产业创新最突出的区域，上海与周边城市产业互补性很强。上海拥有高度发达的金融、贸易等现代服务业和先进制造业，而周边城市有着发达的制造业。按照"研发在沪、生产在外"的思路，制造生产环节在周边城市的产业梯度分工格局已经形成，同时圈内城市在承接产业中不断升级产业，实现产业"再造"，共同分享价值红利。苏州高新区正加快建设环太湖科创圈和沿沪宁产业创新带"一圈一带"；南通积极承接上海产业转移，选择跨江发展，拓展自身产业链；宁波聚焦自由贸易港及智能制造、生物医药等高端制造业，利用比较优势，与上海在产业链的不同环节上实现错位发展；常州推进"两湖"创新区建设，培育一批优秀新能源企业，积极融入沿沪宁产业创新带和长三角G60科创走廊。

上海大都市圈面临人口老龄化、社会资源差距大的问题。第一，上海大都市圈老龄化较严重，劳动人口年龄占比相对较低，15~59岁劳动年龄人口占比66.5%，低于北京的67.3%、广州的69.5%、深圳的75.1%。其中，由于南通的居民寿命较长，老年人基数多，所以劳动年龄人口占比在都市圈内最低，仅59.0%。第二，上海大都市圈是国内仅有的跨三个省份的都市圈，区域协同方面困难较多、压力较大。在教育资源方面，上海高校数量最多，占都市圈总量的43%，而湖州教育资源缺乏，高校总量不及上海的5%。在医疗资源方面，上海执业医师资格数量占都市圈总量的34%，湖州、舟山相对较少。近年来上海大都市圈通过推动教育协同多层次发展、构建养老一体化平台、实施医保异地结算等手段，促进跨区优质资源协同和共享，但仍受跨省统筹难度大、财税机制不完善等因素制约。

深圳都市圈：年轻移民的创业天堂，经济大市、土地小市

深圳都市圈人口和经济高速增长，是年轻人的创业天堂，也是珠三角城市群的"硬核"之一，与广州都市圈形成"双足鼎立"发展格局。深圳都市圈的建设经历了扩圈到缩圈的过程，最早可以追溯到2009年，深莞惠三市率先推广一体化发展；2014年，新增汕尾、河源；2020年深圳发改委明确将两市加入深圳都市圈规划范围，共同融入粤港澳大湾区建设；2022年广东省自然资源厅发布《广东省都市圈国土空间规划协调指引》（以下简称《指引》）将深圳都市圈缩小为深莞惠三市，构成"一主两副"发展格局。根据各地统计局数据，2021年，深圳都市圈GDP约4.6万亿元，占广东省的37.4%；常住人口3428.4万人，占广东省的27.0%；广州都市圈（广州、佛山、肇庆、清远）GDP约4.5万亿元，常住人口3652.2万人；珠西都市圈（珠海、中山、江门、阳江）GDP约1.3万亿元，常住人1438.9万人。深圳都市圈人口结构年轻，产业创新实力排名全国前三，比肩京沪，是年轻移民的创业天堂。深圳都市圈拥有A+H股上市公司近500家，数量仅低于上海、北京都市圈。"七普"数据显示，深圳都市圈15～59岁劳动年龄人口占比77.8%，2015—2020年常住人口年均增量超百万，为都市圈最高，其中深圳、东莞、惠州分别贡献64%、23%、13%。《指引》提出推动建设广州、深圳、珠西、汕潮揭和湛茂5个都市圈，深圳都市圈与广州都市圈2021年经济总量合计占广东省的73%，形成"双足鼎立"的发展格局。

深圳都市圈已经从深圳向莞惠单向梯次转移发展为区域内产业融合发展、外溢与回流并存，目前深莞产业融合明显。在深圳都市圈发展初期，深圳从"三来一补"的制造工厂升级成为创新创意之都，向东莞、惠州等地梯次转移产业。与此同时，部分在东莞、惠州发展壮大的企业向深圳核心区回流、寻找合作机遇，形成了都市圈内部产业外溢与内流并存的格局。东莞因其紧贴深圳、连接广深的区位优势在制造业承接上占得先机，接受了深圳大量的创新生产环节外溢，形成了45度产业高度协作区。东莞临深片区的力合双清创新基地接收超80%的深圳企业入驻，东莞松山湖、滨海湾新区已成为高端制造业、现代服务业等创新产业的重要载体，华为、大疆、蓝思科技等知名深圳企业纷纷转移而来。惠州的产业以电子信息、汽车零部件制造及石化产业为主，与东莞的产业在层次上有一定差距，但惠州的产业升级将受益于深圳产业布局东进。

深圳是经济人口大市、土地面积小市，通过行政区划调整解决发展空间不足的可能性长期存在，但受制于广东省发展大局，跨区协调发展成趋势，深莞核心区将引领都市圈发展。深圳全市面积仅1997.47平方千米，约为北京、上海、广州的1/8、1/3、1/4；全市平均人口密度8852人/平方千米，居全国第一，可开发土地空间几乎已达上限。坊间一度流传深圳携东莞、惠州成立直辖市的说法，但考虑到对广东省其他地区的影响，可能性极小。东莞划归深圳则是比深圳成为直辖市可能性稍大的一种方案，但受制于全省发展规划，两市目前以都市圈内核心区的形式推动一体化发展，有利于催生经济发展的规模效应，缓解空间拓展压力。根据最新的都市圈规划，深圳都市圈的核心发展区域包括深圳和东莞两市，2021年两市GDP合计高达4.2万亿元（如图4-19），超越北京、比肩上海，且近年来经济增速较高，引领区域经济发展。

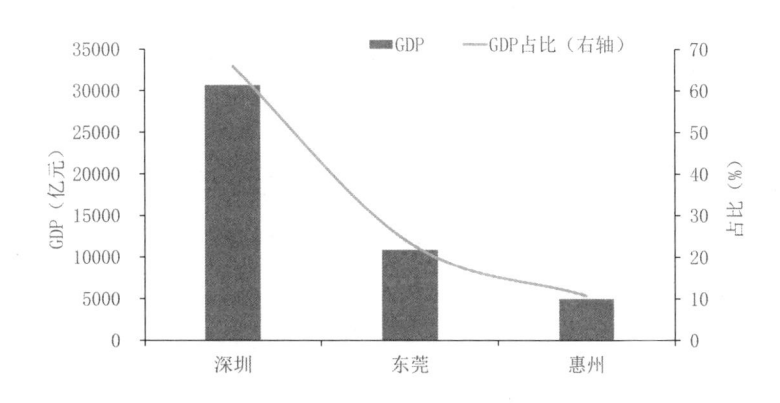

图4-19　2021年深圳都市圈各城市GDP数据

数据来源：各地统计局

北京都市圈：从单中心到疏解非首都功能，通州区与"北三县"协同发展

疏解北京非首都功能，从"摊大饼式单中心辐射"向"紧密集约型多组团"格局转变。北京都市圈尚无明确的文件和规划。若以1小时通勤圈为标准，北京都市圈包含北京市大部分区域，以及北京以东、以南方向的廊坊北三县、固安、廊坊市区、涿州、武清等地。距离北京中心城区更远的天津、唐山、保定、雄安新区等则属于京津冀城市群范畴。北三县划归北京的传言自20世纪六七十年代起便一直存在，但多次被证伪，未来跨区协调发展将成为代替行政区划调整的主要手段。2020年3月，国家发改委正式发布北三县与通州区"四统一"的规划，区域一体化发展向前迈进一步。北京都市圈面积约2.2万平方千米，2021年常住人口在2700万以上，GDP约4万亿元，其中北京GDP突破4万亿元，仅低于上海；而环京地区仅为北京的零头，2021年廊坊市GDP为3553亿元。由于北京严控人口、疏解产业，周边区域承接了一部分人口转移，2017—2021年北京常住人口几乎零增长，同期廊坊常住人口年均增量约18万人。根据北京市规划和国土资源管理委员会发布的《北京城市总体规划（2016年—2035年）》，北京市域范围内要形成"一核一主一副、两轴多点一区"的城市空间结构，着力改变单中心集聚的发展模式，疏解核心功能区和中心城区的非首都功能，建设城市副中心以及顺义、大兴、亦庄、昌平、房山新城等多个疏解承接重点地区，构造城市西北部的生态涵养区，探索出人口经济密集地区优化开发的新模式。参考这一规划，可以将北京都市圈大致划分为梯度辐射的三个圈层：一是中心城六区，疏解非首都功能；二是城市副中心及城市发展新区多个新城，坚持集约发展，承接中心城区适宜功能及新增首都功能，辐射带动北京周边地区协同发展；三是生态涵养区及北京以东、以南的环京地区。

北京市域内集聚以科技创新、现代服务业为代表的高精尖产业；通州区加快与北三县产业联动，优化区域产业布局。北京是全国科技创新中心，以中关村科学城、怀柔科学城、未来科学城为代表的科技创新平台，以亦庄、顺义为重点的创新型产业集群和"中国制造2025"创新引领示范区，以8所"985"院校、18所"211"院校为代表的高校科教资源形成了全国最优质的产学研合作创新生态系统。北京还聚集了金融、科技、文化创意、信息、商务服务等价值链高端的现代服务业，汇集中国约580家A+H股上市公司。随着通州区与北三县一体化发展的推进，北京部分产业向北三县等周边地区转移，加强区域间合作，2019年以来，北京市与北三县连续4年举办项目推介会，累计签约项目超160个。

环京地区承接产业不足、通勤效率低下需补短板。廊坊全市拥有A+H股上市公司仅8家、发明专利授权量649件，仅占北京的1%左右，北京产业向环京地区溢出不足与资源配置的行政壁垒有一定关系；此外，与长三角、珠三角相比，北京并非制造业基地，产业链较短，溢出效应较弱；北京市行政区划面积达1.64万平方千米，远大于广州、上海、深圳的7434平方千米、6340平方千米、1997平方千米，这也导致中心城区产业较少溢出至市域范围外。不过，环京地区近年来迎来重大发展机遇。固安、永清打造"北京CED固安园""北京亦庄·永清高新区"等产业园区，重点发展电子商务、智能制造等产业，再造"新亦庄"；京南环京地区还将受益于围绕北京新机场发展的空港产业链以及未来雄安新区的产业溢出。北三县也开始受益于与通州融合发展，北京已通过政府引导、市场运作和合作共建等方式推动产业向北三县转移。北三县承接产业延伸，在此基础上已培育引进高新技术企业319家、科技型中小企业2973家。

广州都市圈：大湾区现代制造业中心，广佛同城

从广佛同城到广州都市圈，广佛同城已基本实现，广佛两市经济总量比肩深莞。广州和佛山城区紧靠，历史人文相亲，在明清两代均属广州府管辖范围。广佛同城化的概念于2003年首次提出，2008年国家发改委发布的《珠江三角洲地区改革发展规划纲要（2008—2020年）》让广佛同城进入实质性阶段，2009年两市即签署同城化建设合作框架协议。同年，广州都市圈的概念由广佛同城催生，广州、佛山、肇庆3市签署《广佛肇经济圈建设合作框架协议》。2015年广佛肇经济圈市长联席会议先后提出推动清远、云浮、韶关加快融入广佛肇经济圈，开拓"3+3"经济圈合作发展。2022年《广东省都市圈国土空间规划协调指引》（以下简称"指引"）中指出广州都市圈仅包括广州、佛山两市全域，以及肇庆和清远的市辖区，空间规划更完善。

交通方面，广佛两市地铁互联成为跨城市轨道交通互联的典范。《指引》指出：加快落实广佛地铁18条衔接通道，优先推进佛山经广州至东莞城际（广州28号线）、佛山11号线的建设。交通一体化快速发展催生大量跨城通勤需求，根据广州市规划和自然资源局发布的《2021年广州市交通发展年度报告》，2021年度广佛两市间出行量174万次，高于深莞的128万次，同城联系更紧密。

经济方面，2021年广州都市圈GDP约4.5万亿元，占广东省的36%，比肩深圳都市圈，其中广州与佛山的GDP合计4万亿元，与深圳和东莞相当，广州略低于深圳，而佛山高于东莞，均跻身万亿俱乐部。

人口方面，2021年广州都市圈常住人口约3652.2万人，约占广东省的29%，2017—2021年常住人口年均增量超百万，仅低于深圳、上海都市圈，其中广州、佛山贡献了超九成增量。

广州都市圈是华南地区国际性现代服务业中心和先进制造业基地，广佛两地分别聚焦"IAB（新一代信息技术、人工智能、生物医药）+NEM（新能源、新材料）"创新产业和先进制造业，肇庆承接广佛产业转移。广州将以"IAB+NEM"等创新产业为主导方向，进一步提升先进制造业和现代服务业占比。佛山是我国先进制造业基地，在家电、家具、建材等传统制造业和机械装备、电子信息、汽车等现代制造业与高新技术产业方面基础雄厚，将开展制造业转型升级，开拓金融后台服务等现代服务业。肇庆以资源型加工工业为传统优势产业，休闲旅游及农业资源丰富，目前通过大旺高新区、怀集广佛肇经济合作区等载体积极承接广佛产业转移，打造与广佛产业相配套的装备制造业、高新技术产业和传统优势产业。

广州都市圈需要加强核心区域竞争力，通过强化内核来辐射周边区域发展，形成多极联动。2022年《广东省都市圈国土空间规划协调指引》中指出构建以广州中心区为主核、佛山中心区为副核的广佛核心区，打造多中心的都市圈内圈层，2021年广佛GDP约4万亿元，略低于深莞，主核广州经济总量低于深圳，受制于创新能力较弱、金融业发展不足的问题，都市圈主核的经济增长仍受限制，未来将依托广佛同城、一主一副的发展格局，实现"1+1＞2"的增长速度，从而辐射周边地区。

苏锡常都市圈：长三角地区的连接"桥梁"，制造业强区推进长三区域一体化

苏锡常都市圈位于长江三角洲，包括苏州、无锡、常州三市，共汲太湖之水，衍生了细腻清新的吴文化。目前苏锡常圈是国内二级城市圈中经济实力第二强的都市圈，苏锡常面积有1.7万平方千米，2021年末常住人口2568万。苏锡常处于距上海200千米的上海大都市圈圈层范围内，其快速发展受益于上海的直接影响。一方面，苏锡常一体化是各自城市发展的求变求新，另一方面，也是围绕上海这个强劲发展极，放大其经济溢出效应，作为经济腹地，在承担上海功能扩散及参与国际分工的过程中成长为独立完整的强劲增长区域，逐渐达到以上海为中心、与上海优势互补、错位发展的格局。值得注意的是，苏锡常三市皆非直辖市、副省级城市、计划单列市或沿海城市，因此抱团发展显得更加重要。从经济实力看，2021年苏州GDP总量居全国第六、地级市之首，人均GDP全国第四，一般公共预算收入仅次于北上深。人口方面，苏州是江苏省内唯一人口破千万的城市，2010—2020年人口比重、增量、增长率稳居第一。在江苏省内，相比于2021年苏州市GDP的2.3万亿元，南京、无锡、南通GDP分别为1.6万亿、1.4万亿、1.1万亿元。而常州市，2021年地区生产总值达8808亿元，增长率9.1%，从目前的发展势头来看，常州有希望冲击"万亿俱乐部"，成为江苏的第五座"万亿之城"（如图4-20）。

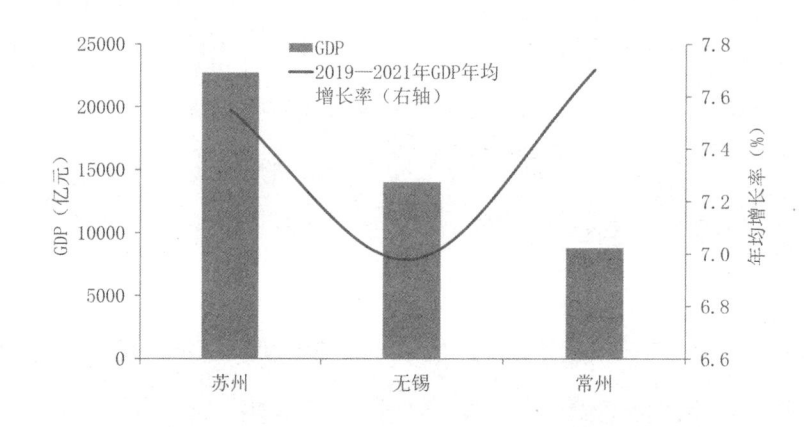

图4-20 2021年苏锡常都市圈各城市GDP数据

数据来源：Wind、各地方统计局

苏锡常一体化不仅为达到"1+1+1＞3"的目标，还在于做好上海、南京都市圈间的"桥梁"，核心目的在于以苏锡常的一体化助推长三角一体化发展。20世纪80年代初，社会学家费孝通提出"苏南模式"，苏锡常乡镇企业蓬勃发展，被赞为改革开放样本地区。2002年，国务院审查同意、建设部行文批复《江苏省城镇体系规划（2001—2020年）》，首次提出"苏锡常都市圈"。2016年，国务院常务会议通过《长江三角洲城市群发展规划》，要求苏锡常都市圈全面强化与上海的功能对接与互动，加快推进沪苏通、锡常泰跨江融合发展，建设苏州工业园国家开放创新综合试验区等。2019年，中共中央、国务院印发《长江三角洲区域一体化发展规划纲要》，明确"推动上海与近沪区域及苏锡常都市圈联动发展"。2020年4月，苏锡常三市在金鸡湖畔召开了苏锡常一体化发展合作峰会，签署了《苏锡常一体化发展合作备忘录》，以局部一体化支撑和助推长三角一体化，携手打造具有国家影响力的大都市区。2022年，江苏省发改委正式印发《苏锡常都市圈发展行动方案（2022—2025年）》，国家明确部署了合力打造苏锡常一体化高质量示范区的六大领域行动。

自古以来就有"苏常熟，天下足"的谚语，当前苏锡常地区仍然是中国经济和工业高度发达的地区。2021年工信部公示了第一、二批国家先进制造业集群决赛优胜者名单，全国25个集群入围，其中江苏共占据六席，苏州、无锡、常州在其中各占一席。

（1）苏州坐实了"全球工业大市"位置。2021年，苏州规模以上工业总产值迈上了4万亿元的新台阶，高新技术企业突破1万家，其中电子信息产业晋级万亿级，与上海、深圳共同位列全国三大工业城市之一。苏州自古代、近代形成了以丝绸、棉纺织两大产业为代表的深厚制造业积淀，叠加近年来上海制造业占比下降，苏州凭借区位优势、生产要素成本优势成为主要承接者，并由发展低端劳动密集型制造业转向以新一代信息技术、生物医药、纳米技术、人工智能为主的高端制造业，四大先导产业产值占规模以上工业总产值的比重达25%。恒力、沙钢等知名企业总部均位居苏州，且苏州的外资、民营、台商企业均高度活跃。

（2）无锡则是物联网、集成电路产业的新高地。2021年，无锡2021年工业总产值突破2万亿元，10个产业集群规模超千亿元，其中集成电路设计、制造、封测销售收入1246.6亿元，占全省45.2%，产业链规模全省第一、全国第二，拥有A股上市公司11家，有实力打造世界级先进制造业集群。

（3）常州的新能源汽车领域更是建树领先全国。常州新汽车独角兽企业平均估值超过400亿美元，汽车独角兽企业估值总金额位列第二，数量上仅次于北京和上海。常州工业总产值超过1.3万亿元，拥有3000多家高新技术企业，智能装备、新型材料、动力电池等新兴产业培育已成气候。常州新能源车企呈现多点开花、链式发展的特征，目前已形成整车、动力电池等配套齐全的新能源汽车产业布局。常州市现拥有以蜂巢能源、中创新航等为代表的一批新能源汽车企业，宁德时代、比亚迪也均在常州新增项目布局。仅金坛区便拥有产业链生产企业超110家，产值接近千亿元规模。2021年，常州新能源汽车产业产值增幅超过60%。

杭州都市圈：民营经济和互联网经济发达

杭州都市圈中，杭嘉湖绍四市民营经济发达，互联网经济领先，新成员衢州、黄山有望承接相关产业。杭州都市圈包含杭州、嘉兴、湖州、绍兴、衢州、黄山6市，面积5.3万平方千米，2021年常住人口2988万，GDP3.77万亿元。在长三角地区近年来人口增长缓慢的背景下，杭州都市圈人口再集聚明显，2010—2015年常住人口年均增长仅10.6万人，2015—2018年年均增长升至39.4万人，2018—2021年年均增长47.5万人，其中2/3由中心城市杭州贡献。2021年杭州GDP达1.8万亿元，相当于绍嘉湖衢四市总和。杭州是以互联网经济为代表的民营经济天堂，2021年杭州民营经济增加值首破万亿，占全市GDP的比重达61.3%，对GDP贡献很大，且民间投资在重大投资项目中超九成。在"2021浙江民营企业就业100强榜单"中，杭州有28家企业上榜。2021年杭州数字经济核心产业增加值4905亿元，占全市GDP的27%，阿里巴巴、蚂蚁金服、海康威视等企业是典型代表，盒马鲜生、网易严选等新零售新业态蓬勃发展。

2020年杭州都市圈即将进入"后二绕"时代。杭州都市圈于2007年启动建设，最初包含杭州、嘉兴、湖州、绍兴4市；2014年国家发改委批复杭州都市圈经济转型升级综合改革试点；2016年《长三角城市群规划》中杭州都市圈位列"五圈"之一；2020年杭州都市圈第十一次市长联席会议正式通过《杭州都市圈发展规划（2020—2035年）》，提出加快建成都市圈城际铁路一期，谋划嘉湖城际、杭海城际延伸等项目，并计划杭绍城际线延伸至杭州东站、利用浙赣线开通杭诸城际，形成"一小时通勤圈"。目前，杭嘉湖绍四市已实现"市市通高铁、县县通高速、镇镇通干线、村村通班线"目标。高铁方面，杭州与嘉湖绍市区已实现"半小时高铁圈"，从德清、桐乡等地到达杭州市区的时间仅为15分钟，通勤高铁"西施号"在杭州东站与诸暨之间的运行时间约为25分钟。杭衢高铁建成通车后，从衢州40分钟可达杭州西站，90分钟可达上海。高速方面，2020年12月杭州绕城高速西复线（杭州二绕）、千黄高速浙江淳安段、临金高速建德至金华段通车，标志着全省全面实现"县县通高速"，杭州都市圈全面进入"后二绕"时代，以杭州都市圈高速公路环线为纽带，串联德清、安吉等区县市，构成千万级人口规模、功能联系紧密的同城化城镇发展环。

杭嘉湖绍四市产业协同程度高，嘉兴的海宁、桐乡，绍兴的柯桥、诸暨等县市均与杭州产业密切融合。毗邻杭州下沙经开区的海宁高新区有70%的企业是由杭州迁入，包括娃哈哈、西子重工等杭企；德清有约1/4的高新技术企业、30%以上的高端人才、60%以上的科技成果转化中心来自杭州。受益于杭州电子商务中心地位及2015年获批的杭州跨境电子商务综合试验区，湖州、嘉兴、绍兴等地的传统外贸产业利用"互联网+"拓展新空间，电子信息产业发展水平均居浙江前列。都市圈新成员衢州、黄山2021年GDP分别仅为1875亿元和957亿元，比杭嘉湖绍四市中最小的湖州也相去甚远（如图4-21）。衢州、黄山融入都市圈后产业转移承接和项目对接能力正在大大增强。黄山将立足长三角生态屏障、徽文化等优势，实施文旅一体化战略，开展大数据资源富矿区建设；衢州则立足"四省通衢"区位及国家公园试点政策，培育新能源、新材料、高端设备等产业，打造"钱塘江源头大花园"、智慧产业新高地。

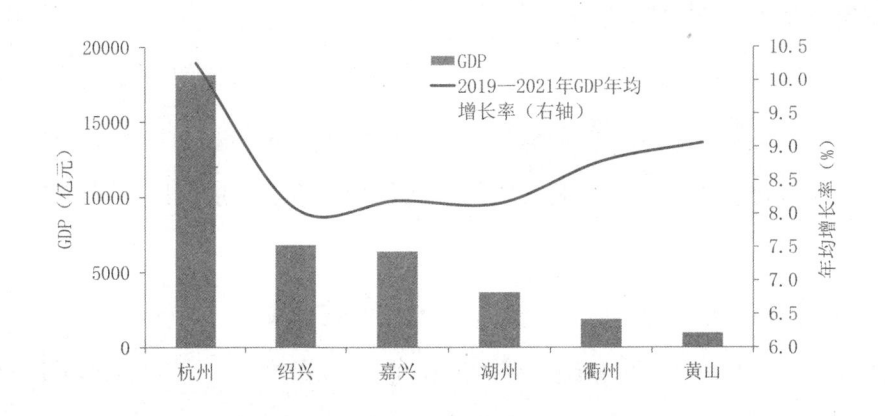

图4-21　2021年杭州都市圈各城市GDP数据

数据来源：Wind、各地方统计局

杭州都市圈东面发展空间不足，西进扩大经济腹地。上海大都市圈横空出世后，杭州都市圈不再独享嘉兴与湖州，东面发展空间受到一定挤压，南面的金华又自成金义都市圈。事实上，嘉兴的嘉善、平湖等近沪区域历史上和上海关系更密切；杭州东距上海也仅约165千米，不具备南京远离上海的区位优势。因此，杭州都市圈选择西进。2018年，杭州都市圈在第九次市长联席会议上扩容，衢州、黄山正式加入。此番扩容填补了经济腹地不足的短板，打通了长三角"金南翼"的西进通道，利用西南方向自然资源丰富、生产成本低等比较优势，建设杭州都市圈的产业转移承接、优质农产品供应基地和重要生态功能区。

南京都市圈：经济东强西弱，首个跨省都市圈惠及皖东四城

南京都市圈经济东强西弱，南京引领产业链从高到低三级梯队。南京都市圈包括江苏省南京、镇江、扬州、淮安4市全域和常州的溧阳、金坛以及安徽省马鞍山、滁州、芜湖、宣城4市全域，面积6.5万平方千米，2021年常住人口3529万，GDP4.67万亿元。南京都市圈地处长江下游，是长三角城市群的重要组成部分，是连通东部中部两大板块、衔接长江淮河两大流域的枢纽区域，也是我国最早启动建设的跨省都市圈，具有重要的战略地位。都市圈内江苏4市GDP明显高于安徽4市，经济实力差距较大（如图4-22）。以南京为中心、沿江和京沪两大通道为主干的现代综合运输体系基本形成。科创优势突出，普通高等院校达到100所，国家重点实验室达到25家，国家工程研究中心等创新平台持续增加，南京国家科技体制综合改革试点及创新名城建设稳步推进，苏南和合芜蚌国家自主创新示范区叠加优势明显。南京跨省级行政区区域治理新模式，为我国现代化都市圈建设积累经验、提供示范。

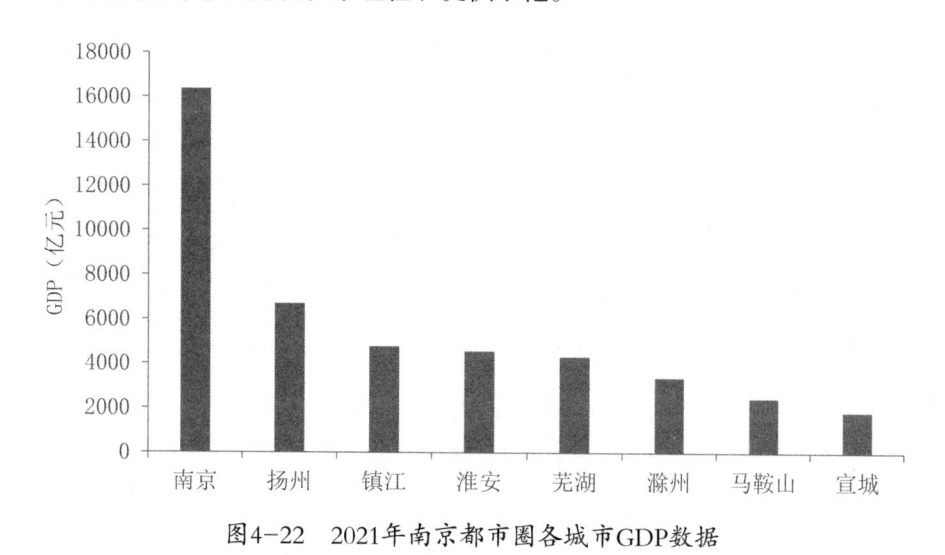

图4-22　2021年南京都市圈各城市GDP数据

数据来源：Wind，各地方统计局

南京都市圈是我国第一个规划的跨省都市圈，安徽东部城市受益于与南京同城化发展，共同构建"一极两区四带多组团"的都市圈空间格局。2002年12月，江苏省人民政府批准《南京都市圈规划（2002—2020）》，开始组建我国第一个跨省都市圈。2013年8月，南京都市圈第一届党政联席会议召开，成立南京都市圈城市发展联盟，发布《南京都市圈区域规划》。2021年，国家发改委复函同意《南京都市圈发展规划》，这是当前和今后一个时期推动南京都市圈高质量发展的指导性文件，规划期至2025年，远期展望到2035年。南京都市圈以南京为"一极"，宁镇扬和宁马滁两个同城化片区为"两区"，以基础设施一体化和公共服务一卡通为着力点，打破行政壁垒，强化基础设施、创新创业、产业体系等领域的同城共建，以南京为中心向外辐射形成的沪宁合、沿江、宁淮宣、宁杭滁四条发展带为"四带"，至2035年打造具有国际影响力的现代化都市圈。

从产业看，南京是国家重要综合性工业生产基地、现代服务业中心和国家重要科教基地，传统和新兴产业门类齐全，服务业占比超60%。而扬州、镇江、淮安、芜湖均是全国或区域重要制造业基地，致力于打造先进制造业中心。马鞍山、滁州、宣城主要承接东部产业转移，并结合自身资源打造旅游或农业基地。8市共同构成产业链从高到低三级梯队。南京整合都市圈创新资源，推动与扬州新兴科创名城、淮安智慧谷、滁州高教科创城、宣城宛陵科创城等平台机构协同创新；创新跨区域产业合作模式，通过总部-生产基地、产业链合作、园区共建、整体搬迁等多种形式与周边城市共建产业园区。预计至2035年，南京都市圈在汽车及零部件、装备制造、信息技术、航运物流等领域将形成一批国际竞争力较强的产业集群。

南京都市圈轨道交通体系前瞻性布局，与公路、机场、港口群共同打造综合交通枢纽示范区。2019年2月，南京市政府发布《南京都市圈一体化高质量发展行动计划》，提出加快促进"四铁融合"，实现南京都市圈城市全部通行高铁或城际铁路，实现圈内主要城市半小时高铁通达。九条S系列城际轨道向四面八方发散，加强与周边所有城市的联系，并将延伸至马鞍山市等周边地区。2021年，南京市轨道交通运营里程已达443千米，仅次于北上广，居全国第四；轨道交通网络遍及市域内全部11个区，成为中国第一个全部区县开通地铁的城市。从南京到马鞍山、滁州的高铁最短运行时间均在20分钟以内，催生"跨省上班族"；南京到芜湖也仅需半个多小时。南京多条城际轨道建设接近安徽地界，如S3、S8、S9号线，极大地方便了跨省人员通勤；S4号线建成后将把南京江北新区到滁州的时间缩短到10分钟。此外，南京都市圈的优势之一是多数城市都有沿江港口，宁镇扬组合港、芜马组合港、宣州综合码头、定埠港建设将加快推进，形成联动协作的都市圈现代化港口群。

成都都市圈：成都人口经济集聚度高，周边地区城镇化率较低、空间大

成都尚处于做大做强吸聚周边资源阶段，人口经济集聚度高。成都都市圈以素有"天府之国"称号的成都平原为主体，与联系紧密的德阳市、眉山市、资阳市共同组成，包括成都市，德阳市旌阳区、什邡市、广汉市、中江县，眉山市东坡区等，面积2.64万平方千米，2021年末常住人口约2761万人，GDP为2.5万亿元。2021年11月，四川省政府正式印发《成都都市圈发展规划》，规划都市圈范围拓展到成都、德阳、眉山、资阳全域，总面积3.31万平方千米。成都都市圈是继南京、福州都市圈以后，国家层面批复的第三个都市圈规划，也是中西部唯一一个。成都吸聚周边人口显著，2018年常住人口达2119万人，占都市圈五市总人口的76%；2015—2021年成都市常住人口年均增长76万人，与同期整个都市圈人口增量几乎相等。成都2021年GDP达1.99万亿元，在二线城市中仅次于重庆、苏州，占成都都市圈GDP的79.6%；中心城市产业集聚度远大于长三角、珠三角发达都市圈。

成都周边4市城镇化率较低、城镇化空间大，形成"一干多支"省级发展战略。2014年，四川省政府发布《成渝经济区成都城市群发展规划（2014—2020年）》提出成都城市群概念，范围包括成都、绵阳、德阳、遂宁等及乐山部分区县，面积约7.8万平方千米，范围较大，无法与都市圈概念等同。成都市2016年《政府工作报告》提出"成都大都市区"概念，范围包括成都、德阳、资阳、眉山全域及雅安市辖区，使同城化发展成为可能。2020年，四川省政府印发了《关于推动成德眉资同城化发展的指导意见》，明确了成德眉资同城化发展，确定了"一干多支"发展战略的牵引性工程。2021年，中共中央、国务院印发《成渝地区双城经济圈建设规划纲要》，引领成渝地区双城经济圈建设走上新台阶。成都正在强化其作为西部地区重要的经济中心、科技中心、文创中心、对外交往中心和综合交通枢纽的功能，加快天府新区和国家自主创新示范区建设，提升中心城市带动能力。2018年成都城镇化率为73%，远低于一线城市和南京、武汉等同级别二线城市；德阳、眉山、资阳、雅安均在42%~52%之间，远低于全国平均城镇化率59.6%，都市圈人口城镇化潜力较大。随着成都产业进一步高端化，一般制造业将外溢，成都将由吸聚周边资源转为带动周边地区协同发展，加快形成主干引领带动、多支竞相发展、干支协同联动的发展局面。

城市间产业协同互补性有待提升，巴蜀文化打造现代服务业高地。产业布局方面，成都是新一代信息技术、装备制造、航空航天、新材料、生物医药、现代服务业等产业聚集区，产业门类齐全；而德阳、资阳、眉山、雅安分别是上述一类或几类产业聚集区，城市间产业协同互补性不如发达都市圈。至2035年，成都将有效发挥带动作用和各地比较优势，加快生产力一体化布局，创建成德眉资同城化综合试验区，打造成德临港经济产业带、成眉高新技术产业带、成资临空经济产业带。推动成都东进，以促进制造业高质量发展为重点将成都东部建成与重庆联动的重要支点，补齐产业结构短板。成都都市圈拥有得天独厚的"巴蜀"特色文化底蕴，民谚有云"少不入川，老不离蜀"，繁华与闲适自古以来一脉相承。2022年8月，《建设富有巴蜀特色的国际消费目的地实施方案》提出加强优质旅游产品供给，构建巴蜀文化旅游走廊品牌体系，促进旅游消费升级，激发天府文化创新创造活力是未来方向。以多元融合的消费带动供给升级，打造高品质消费空间是成都地区的发展必经之路，如促进"经典川菜、智慧医美、三星堆文化"等品牌化发展，促进川派餐饮与商贸、文旅融合发展，打造春熙路-太古里等世界知名商圈，建设现代化服务业高地。

目前，成都与周边城市均已开通高铁或城际快速铁路，可实现1小时内通达。作为西南地区最重要的铁路枢纽，成都放射状铁路网四通八达，在运营线路有成渝、成昆、宝成等铁路干线，成渝高铁、西成高铁等高铁干线，以及成绵乐城际、成蒲铁路等城际铁路。2021年12月，随着德阳至都江堰高速公路建成投用，成都都市圈环线高速公路全线建成通车。作为第三条成都都市圈环线高速公路，成都都市圈环线高速公路全长443千米，"圈"更大，衔接的节点城市更多，覆盖服务区域更广，是高质量推进成德眉资同城化发展、支撑成都都市圈极核突破的标志性工程。成都都市圈高速公路网里的"三绕"全面闭环，加上截至2022年已建成的13条、在建的两条射线高速公路，成都都市圈高速公路网基本形成，实现成德眉资1小时通勤，向基础设施同城同网迈出关键一步。

长株潭都市圈：中部沿江崛起，城区"半小时交通圈"紧密相邻

长株潭三市产业互补性强，产业协同势头良好，是中部崛起重要战略支点之一。湖南作为东部沿海地区和中西部地区过渡带、长江开放经济带和沿海开放经济带结合部，有着得天独厚的区位优势。长株潭都市圈（与以长株潭三市为核心的"3+5"环长株潭城市群范围不同）包括长沙市全域、株洲市中心城区及醴陵市、湘潭市中心城区及韶山市和湘潭县，面积1.89万平方千米，2021年常住人口1484万，经济总量1.79万亿元。2007年长株潭获批全国"两型社会"建设综合配套改革试验区以来，长株潭都市圈同城化建设加快推进，都市圈竞争力、经济实力显著增强。近年来省会城市长沙经济持续高速增长，2021年GDP达1.3万亿元，为全国24个万亿俱乐部城市之一，对周边城市经济带动作用日益增强。2015—2021年，长沙常住人口年均增长高达32.7万人，人口吸聚能力强劲。从1984年正式提出建设长株潭经济区方案至今，长株潭一体化发展经历几十年有效探索，已成为湖南全省现代化建设和全方位开放的战略支撑。

湘江两岸，呈"品"字形分布的长沙市、株洲市、湘潭市，具有一体化发展的天然优势。长株潭三市城区最远不过距离40多千米，一体化存在地理便利，2022年成为第四个被国家发改委批复的都市圈。长沙市区距株洲、湘潭市区40多千米，株洲、湘潭市区仅相隔20千米，构成中国城区距离最近的大都市圈。三市历史渊源久远，历代长期均属长沙郡或长沙府管辖。三市之间528.32平方千米的生态绿心区是长株潭都市圈一大特色，三市共同推进"绿心"保护，打造优势独特的绿心城市中央公园，建设现代化生态型城市群。1997年长株潭一体化发展战略正式实施，2007年长株潭城市群获批"两型社会"建设综合配套改革试验区，2018年三市签署《长株潭城市群一体化发展合作机制》，拥有市级层面一体化发展联席会议制度。2022年3月，湖南省政府发布《长株潭都市圈发展规划》，长株潭都市圈建设再提速，成为第四个被国家发改委批复的都市圈。提升对长江中游城市群的支撑能力，助推长江经济带和中部地区高质量发展。2022年6月，湖南省长株潭一体化发展领导小组办公室印发《长株潭都市圈建设实施方案（2022—2026年）》，明确了以强省会战略为引领，2026年都市圈GDP突破2.7万亿元，常住人口1700万人左右，常住人口城镇化率82%左右的目标及一系列配套建设方案。

长株潭三市均为老工业基地，制造业基础深厚，产业发展存在一定的差异性和互补性。长沙是湖南省科教文化和服务业中心，以装备制造、电子信息、生物医药为主导，建设"创新谷"；株洲是京广铁路和沪昆铁路交会的重要铁路枢纽，以轨道交通、航空航天、新能源汽车为主导，建设"动力谷"；湘潭旅游业较发达，同时以智能装备、汽车及零部件、钢材精深加工为主导，建设"智造谷"。三市注重产业协同创新，联合拥有长株潭"两型社会"建设综合配套改革试验区、长株潭国家自主创新示范区等国家级政策平台，联手创建长株潭衡"中国制造2025"试点示范城市群、长株潭国家军民融合创新示范区，是中部崛起战略中与武汉城市圈并驾齐驱的重要支点。长株潭都市圈着力培育以工程机械、轨道交通、航空航天为主的世界级高端装备智能制造产业集群。工程机械智能化发展，关键零部件配套体系正在形成。科创产业融合度更深，自主创新能力全面提升，优势产业竞争力显著增强。

高铁、城际铁路、高速公路、城市主干道大串联，打造轨道上的长株潭，共同构成长株潭都市圈"半小时交通圈"。京广高铁、沪昆高铁在长沙交会，从长沙乘坐高铁到株洲、湘潭仅需10多分钟。2016年，长株潭城际铁路长沙至株洲南、湘潭段开通运营，"轨道上的长株潭"发展节奏加快。从长沙至株洲、湘潭仅需30分钟，出行进一步同城化。公交车开通多条跨市运营线路，并与城际列车站无缝接驳。长株潭"三干两轨四连线"工程，对三市相连的主干道进行快速化改造、加快建设渝长厦高铁常益长段、长赣段，推动呼南高铁顺畅转换连接长株潭，研究长株潭对接长三角、山东半岛的高铁新通道，逐步打造长株潭高铁枢纽和国际铁路枢纽。2020年，芙蓉大道、洞株路、潭州大道快速化改造项目集中通车，长株潭全面融入"半小时交通圈"。2021年，长株潭城际铁路开启"公交化"运营模式，100.5对列车的开行数量大幅缩短发车间隔时间，三市开始享受"城内地铁化，城外城际化"便利。此外，《长株潭都市圈发展规划》也提到了长株潭城际路段扩容、长沙机场改扩建、湘江主干航道等级提升等综合交通网络升级的项目。

武汉都市圈："缩圈"蓄力，产业链向外延伸

从半径150千米的"1+8"武汉城市圈到半径80千米的武汉大都市区，再到武鄂黄黄都市圈，规划范围逐渐缩小。武汉都市圈按已有的政府规划可产生范围不同的两种理解：一是"1+8"武汉城市圈，包含武汉及周边的黄石、鄂州、黄冈、孝感、咸宁5个地级市和仙桃、潜江、天门3个省直辖县级市；二是武汉大都市区，包含武汉、周边5个地级市的市辖区、仙桃以及与武汉接壤的部分其他县市。以武汉中心城区为圆心，武汉城市圈的半径约为150千米，面积5.8万平方千米，在周边地区与武汉发展差距巨大的情况下较难一体化发展；而武汉大都市区半径约为80千米，范围更务实。武汉城市圈最早出自2002年提出的"武汉经济圈"，2007年被国家发改委批复为全国"两型社会"建设综合配套改革试验区；2014年，《武汉城市圈区域发展规划（2013—2020年）》获国家发改委批复；2016年的《长江中游城市群发展规划》要求全面加快武汉城市圈等地方的一体化建设；2018年，以"1小时通勤圈"为核心的武汉大都市区被提出，范围更加合理；2022年9月，武汉都市圈发展协调机制第一次会议在武汉召开，武汉、鄂州、黄石、黄冈四城参会，并签署十大工程合作协议，区域范围明显缩小。交通方面，"两纵两横两连"的高铁路网中心、鄂州机场建设加强水陆空交通枢纽，城际铁路网将串联武汉都市圈，武黄（经鄂州）、武咸、武冈、武孝、武仙城际均已开通。经济人口方面，2021年武汉GDP超1.7万亿元，周边城市中GDP最高的孝感仅2000亿元（如图4-23）。武汉2017—2021年常住人口年均增量34万人，周边城市人口吸引力较弱，同期人口基本零增长或负增长。2022年9月武汉都市圈发展协调机制第一次会议在武汉召开，武汉、鄂州、黄石、黄冈四城参会，并签署十大工程合作协议，武鄂黄黄成为武汉都市圈核心。

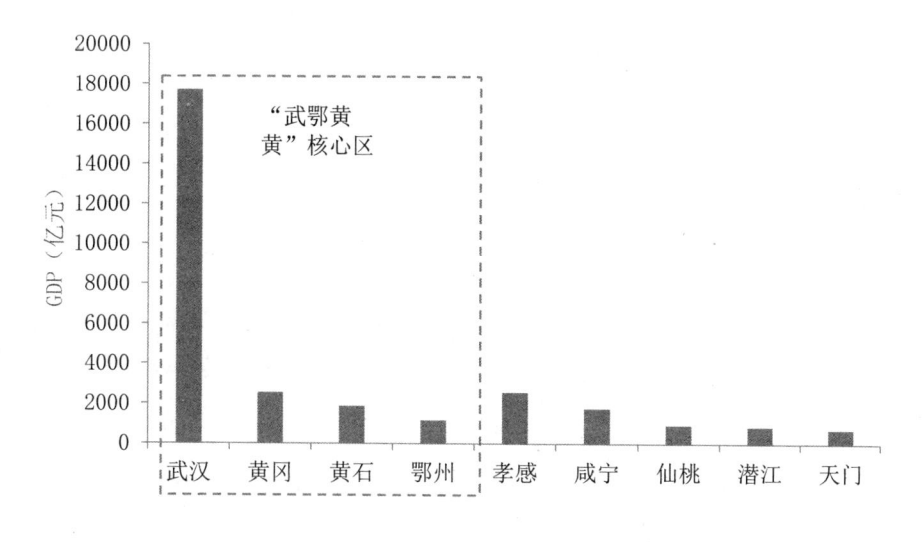

图4-23　2021年武汉城市圈各城市GDP数据

数据来源：各地统计局

武汉产业链沿武鄂黄黄、武咸、武仙、汉孝等发展廊道向周边城市延伸，完善都市圈功能布局和产业体系。武汉都市圈致力于建设全国重要的综合交通运输枢纽、先进制造业和高技术产业基地、中部地区现代服务业中心。根据规划，武汉核心发展区构建"1主3副"的空间格局，主城为以现代服务业为主导的中央活动区；光谷、车都、临空3座副城分别以东湖高新区、武汉经开区、临空港经开区为主要依托，分别承载科技创新、先进制造、枢纽物流等核心职能。在核心区域外围，武汉将建设3个新城组群，分别重点打造产业转型、产学研融合、生态文明示范区，并建设长江新城。黄石、鄂州是以冶金、能源、建材等为主的原材料生产加工基地，鄂州以建设民用机场为契机大力发展临空产业；孝感及仙桃、潜江、天门重点发展纺服、化工、汽车零部件、医药等产业；咸宁是农副产品加工基地和生态旅游区，也是轻纺、机电等生产基地。在与周边城市产业协同方面，武汉东湖高新区加强与鄂州、黄石、黄冈、咸宁联动发展，打造科技创新走廊；武汉经开区加强与洪湖、仙桃、天门等地联动发展，打造先进制造走廊；临空港经开区与孝感联动发展，打造临空经济走廊。

武汉都市圈核心区域仍需发展、辐射作用较弱。一方面，全国来看，武汉都市圈总体经济实力不够强，2021年武汉城市圈GDP约3万亿元，是全国实力最强的省域城市圈，但相比苏锡常都市圈的4.6万亿元、南京都市圈的4.4万亿元、杭州都市圈的3.8万亿元还有较大差距；另一方面，目前武汉都市圈已经明确将武鄂黄黄作为核心区域，但是从经济总量看，核心区除了武汉GDP总量过万亿，其余3市GDP呈现断层式下降，均不足3000亿元，作为核心区域来说经济实力较弱。

中国十大最具发展潜力城市

导读

城市是现代经济社会活动的主要载体，国家之间的竞争也越来越体现为城市之间的竞争。40多年改革开放带动中国城市化快速推进，中国城市格局发生深刻变化，很多城市快速崛起，也有一些城市逐渐衰落或相对衰落。随着城市化进程进入中后期，中国城市的基本格局逐步确定。

按照人随产业走、产业决定城市兴衰、规模经济和交通成本等区位因素决定产业布局的基本逻辑，我们对全国除港澳台外的337个地级及以上城市的发展潜力进行客观排名，北京、上海、深圳、广州、杭州、成都、苏州、南京、武汉、重庆位居前10名。

北京：政治、文化、国际交流和创新中心

北京当前城市功能定位虽然没有经济中心职能，但却集政治中心、创新中心、金融中心、国际交流中心、文化中心等优势于一身，未来北京将聚焦于发展首都核心功能。1953年北京被定义为政治、经济和文化中心，特别是要建成强大的工业基地和科学技术中心；1982年北京修订城市总体规划，不再提"工业基地"；2004年的《北京城市总体规划（2004—2020年）》不再提"经济中心"，取而代之的是"国家首都""政治中心""文化中心""宜居城市"；2014年习近平总书记视察北京时，明确指出首都的城市战略定位是"政治中心""文化中心""国际交往中心""科技创新中心"，要求努力把北京建设成国际一流的和谐宜居之都。在北京功能定位发生变化的同时，2012年北京正式提出将通州建设为"城市副中心"、2017年提出设立雄安新区，打造北京非首都功能疏解集中承载地，北京更加专注于发展首都核心功能。

2021年北京GDP超4万亿元，仅低于上海，位列全国第二。交通区位方面，北京是中国铁路网的中心，京九铁路、京沪铁路和京哈铁路等连通全国；目前，北京航空"双枢纽"格局初步形成，年旅客吞吐量超过一亿人次；北京是中国第一个开通地铁的城市，目前轨道交通里程达783.1千米，客运量世界第一。北京是全国教育医疗水平最高的城市，聚集了全国数量最多的重点大学，其中有8所"985"、18所"211"；拥有55家三甲医院。

北京从工业城市逐步发展为服务经济城市，第三产业比重达到82%，金融、总部经济和科技创新成为三大名片。中华人民共和国成立初期，北京定位于工业城市；20世纪70年代末，北京已成为中国北方最大的经济中心和重工业基地；20世纪80年代，北京发展规划不再提发展重工业，一些制造业也向河

北和京郊迁移；2004年，北京总规提出加快发展现代服务业、高新技术产业。2021年，北京第三产业比重达到81.7%，全国最高。当前，金融业、信息传输、软件及信息技术服务和科学研究及技术服务业是北京的支柱产业，增加值合计占GDP比例超过40%。

第一，金融为北京第一支柱产业，是对北京经济增长拉动最大，财政增收贡献最多的产业，2021年产业增加值占GDP比重近20%，占比接近国际金融中心城市。北京是国家金融管理中心，不仅有金融监管部门——"一行两会"，还有三大政策性银行总部、中农工建等大型商业银行总部、四大资管公司总部等，2021年北交所成立，继续完善北京多层次的金融管理体系建设。第二，北京总部经济明显，根据2022年中国总部经济国际高峰论坛的数据，北京拥有54家世界500强企业，连续10年居全球城市榜首。第三，北京科技创新优势突出，科研院校和研究所集聚，根据2021年中关村论坛会议发布的国际科技创新中心指数排名，北京总和排名全国第一、世界第四。2021年北京战略新兴产业和高技术产业增加值占GDP比值超过50%。

北京严控人口规模抬升生活成本、影响城市活力，但引导人口布局优化也有助于城市高质量发展；受益于京津冀协同发展，北京周边地区功能定位不断强化、交通联系日益紧密，但区域发展不平衡问题仍存。第一，过去40多年，中国城镇化快速发展，但城市治理能力、城市规划水平并未相应跟上。比如，2013年以来，北京市加强人口调控，提出以水定人、以房管人、以证管人、以业控人，2017年北京常住人口增量由正转负，此后人口几乎零增长（如图4-24）。2021年北京户籍人口中65岁及以上人口占比达19.8%，年轻外来人口涌入使得常住人口老龄化程度降至14.2%。控人政策挤出低收入人群，减少了生活性服务业从业者数量，进而抬升生活成本，还会减少适龄劳动力占比，加剧老龄化趋势，影响城市活力。但优化人口布局和疏解非首都功能有助于城市高质量发展。近年来，北京通过疏解产业、引导人口布局优化，形成"多中心"发展格局，打造了包括怀柔科学城、北京自贸区等一批新的经济增长极。

第二，京津冀交通领域一体化逐渐发展，截至2022年8月底，京津冀三省市铁路营业里程近1.1万公里，其中高铁覆盖京津冀所有地级市，交通联系日益紧密；产业方面，津冀地区持续承接北京溢出产业，截至2020年，北京输出到津冀的技术合同成交额累计超过1200亿元。但北京与津廊两市更为紧密，而唐山、石家庄、保定、邯郸等城市，较难受到核心城市辐射带动作用，区域发展不平衡问题仍然存在，京津冀高质量协同有待更大范围的发展。

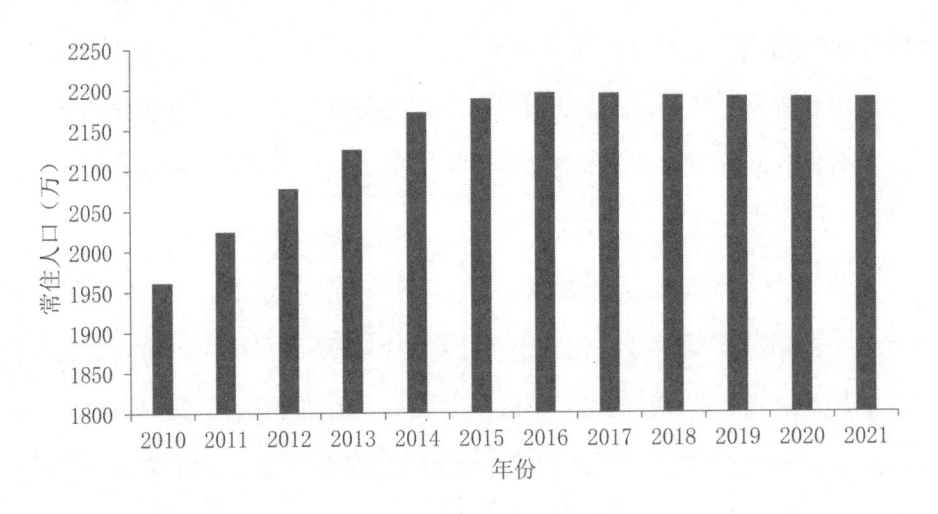

图4-24 2010—2021年北京常住人口

数据来源：北京市统计局

未来，北京将建设成为国际一流的和谐宜居之都，并且作为核心引擎，引领京津冀协同发展，作为全国第一个减量发展城市，北京将从粗放型扩张向精细化调整转型。《北京市国民经济和社会发展第十四个五年规划和二〇三五年远景目标纲要》提出大力加强政治中心、文化中心、国际交往中心及科技创新中心建设，未来将建成国际一流的和谐宜居之都；同时，推动北京城市副中心和河北雄安新区两翼齐飞，增强与天津、河北联动，构建现代化首都都市圈，建设以首都为核心的世界级城市群。

上海：全球化的大上海，未来媲美纽约

上海是中国经济的心脏，随着中国经济的腾飞，其未来有望媲美纽约，成为主要的全球经济金融中心。19世纪中期，通江达海、地理位置优越的上海开埠；20世纪初，上海成为远东第一大城市、中国金融中心，被誉为"东方巴黎"；20世纪80年代，广东和福建的经济特区在改革开放中抢得先机，上海由于观念落后和体制僵化，地位有所下降；1990年，中央做出"开发浦东，振兴上海，服务全国，面向世界"的战略决策；为了进一步推进改革开放、加快人民币自由兑换进程，2013年上海自贸区成立。2021年《上海市国民经济和社会发展第十四个五年规划和二〇三五年远景目标纲要》提出，目前上海已基本建成国际经济、金融、贸易、航运中心，形成具有全球影响力的科技创新中心基本框架。2021年上海GDP为4.3万亿元，全国第一。上海现有外商投资企业约6万家，累计认定跨国公司地区总部767家，是我国内地外资总部型机构最多的城市。交通方面，2021年，上海港集装箱吞吐量超4700万标准箱，连续12年位居全球首位。教育医疗方面，上海拥有4所"985"、6所"211"高校，32家三甲医院。

上海以汽车、电子、金融为支柱，培育了一批优秀的互联网企业。1949年以来，上海产业结构经历数次调整，1956年从以轻纺工业为主向综合性工业转变；1992年抓住浦东开发的历史机遇，上海吸引大量外国银行、跨国集团和合资企业入驻，产业结构从"二、三、一"向"三、二、一"转型；21世纪重点发展金融、商贸等第三产业和先进制造业。汽车制造业、电子信息制造业及金融业是上海三大支柱产业，2021年电子信息和汽车制造总产值占规模以上工业总产值的21.0%、金融业增加值占GDP的18.5%。

第一，上海是全球金融要素比较完备的城市之一，2021年上海金融市场交易总额突破2500万亿元，全市持牌金融机构超1700家。上海本土诞生了浦发银行、交通银行、太平人寿等大型金融机构。根据全球金融中心指数排名，上海已从2007年首次发布时的全球第二十四位，跃升至现在的第三位。第二，上海是中国六大汽车基地之一，2021年上海汽车产量283万辆，全国占比超过10%，位居全国第二。第三，上海集成电路产业供应链完备、规模全国领先，占全国比重超20%。芯片制造强企中芯国际、华虹集团总部均坐落于上海，支撑其强大的芯片制造实力。近年来，上海一批优秀的互联网企业逐渐崛起，比如电子商务平台拼多多、视频平台哔哩哔哩、游戏开发平台米哈游、生活社交平台小红书、生鲜电商叮咚买菜、金融信息服务平台东方财富网等，均在所属垂类细分行业占据领先地位，根据中国互联网协会发布的《中国互联网企业综合实力指数（2021）》，上海上榜企业16家，数量仅低于北京。

上海过去城市基础设施规划滞后，人口控制降低城市活力，近年来结构性放宽落户条件，引进高学历人才。第一，上海过去实际人口增长超过了政府规划，基础设施和公共服务不能满足市民需求。比如，上海都市区的轨道交通运营里长约831千米，路网密度约0.67千米/平方千米，远低于纽约、东京等城市。

第二，《上海市城市总体规划（2017—2035年）》提出要严控常住人口规模，至2035年常住人口控制在2500万左右。2021年上海常住人口2489.4万人，按此规划，上海未来常住人口增量有限（如图4-25）。"七普"数据显示，上海户籍常住人口65岁及以上比重达25.6%，外来常住人口仅3.4%，外来常住人口15～59岁人口占比高达85.8%，年轻外来人口入沪使得其常住人口65岁及以上比重降为16.3%（如图4-26）。近年来，上海结构性放宽落户条件、引进高学历年轻人才的政策有助于缓解户籍人口老龄化问题、优化人口结构、增强城市活力。2020年11月上海市人力资源和社会保障局印发的新版《留学回国人员申办上海常住户口实施细则》取消了留学生回国后首份工作地不在上海的限制，并新增3个留学生激励政策；2020年上海市政府印发的《上海市引进人才申办本市常住户口办法》将人才引进落户通道由16个增加到18个，落户通道明显放宽；2021年底，放宽五大新城和自贸区的落户政策，本地应届研究生可直接落户。

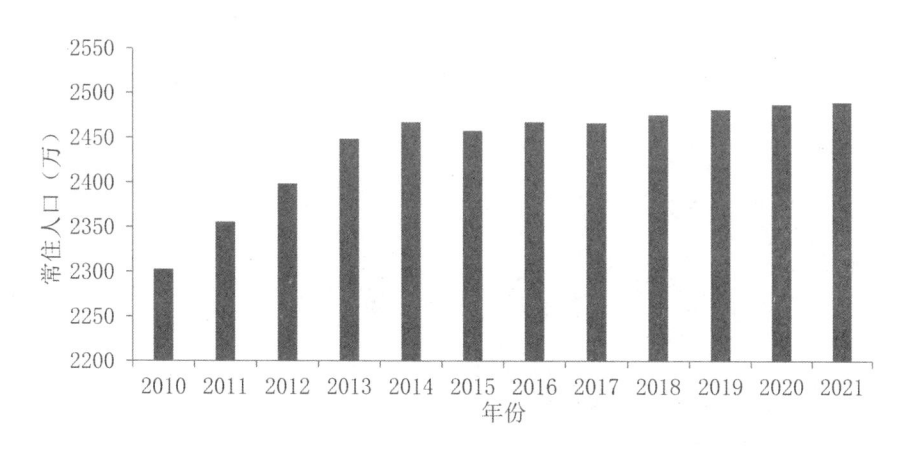

图4-25　2010—2021年上海常住人口

数据来源：上海市统计局

未来，上海将继续坚持开放，建成卓越的全球城市，带动形成具有全球竞争力的长三角世界级城市群。根据《上海市国民经济和社会发展第十四个五年规划和二〇三五年远景目标纲要》，上海到2035年将基本建成令人向往的创新之城、人文之城、生态之城，基本建成具有世界影响力的社会主义现代化国际大都市。上海将坚持开放包容，充分发挥服务长江经济带的龙头城市和"一带一路"建设桥头堡的作用，带动形成具有全球竞争力的长三角世界级城市群。

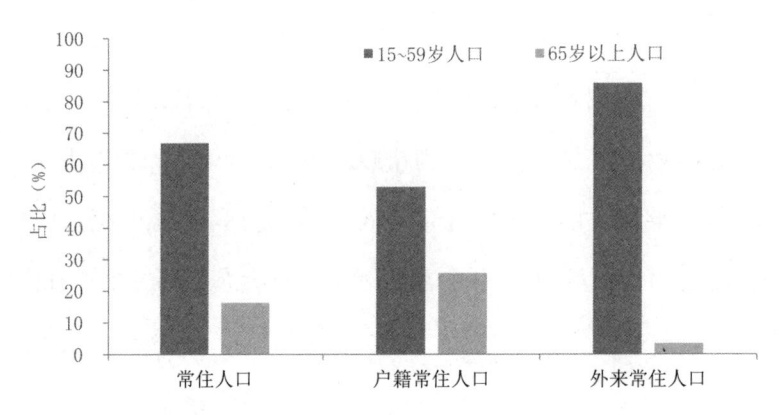

图4-26 "七普"数据中上海人口年龄结构

数据来源：上海市统计局

深圳：乘改革开放之风、造创新活力之都

深圳乘改革开放之风腾飞，从1979年人均GDP仅为香港1/11的小渔村，变成2018年GDP超过香港的一线城市；2010—2020年常住人口年均增量超70万人，居全国之首。在改革开放前，深圳前身宝安县是一个鲜为人知的小渔村，1979年其人均GDP仅606元，仅为一河之隔的香港的1/11；得益于改革开放，

1979年深圳被确定为四个经济特区之一，此后进入快速增长的13年，GDP年均复合增长率近50%，远高于同期全国和全省增长率，创造了"深圳速度"。2014年，深圳获批首个以城市为基本单位的国家自主创新示范区，全面打造创新型城市。《粤港澳大湾区发展规划纲要》提出，深圳要发挥作为经济特区、全国性经济中心城市和国家创新型城市的引领作用，加快建成现代化国际化城市，努力成为具有世界影响力的创新创意之都。

2021年深圳GDP超3万亿元，居全国第三，仅低于上海和北京；常住人口1760万，2012—2021年常住人口年均增量超70万人，居全国之首；并且人口结构非常年轻，15~59岁人口占比79.5%，在重点城市中排第一。与厦门、珠海、汕头等经济特区相比，深圳一枝独秀的原因主要有三方面：一是毗邻经济发达的中国香港，初期可以便捷地接受境外的投资和产业转移；二是发展初期一穷二白，不受旧有体系的羁绊；三是深化改革、坚持创新，紧跟时代不断推动产业升级和转型。

深圳是引领全国的创新创意大都市，战略新兴产业为支柱产业，2021年增加值占GDP比重近40%。改革开放初期，深圳以来料加工、来料装配、来样加工和补偿贸易为主，初步实现从第一产业到第二产业的转变；20世纪90年代，深圳凭借地缘优势承接国际产业梯度转移，以电子和计算机为龙头的高科技企业及配套产业集群开始迅速发展，华强北有"中国电子第一街"之称；2001年中国加入世界贸易组织（WTO）后，深圳的政策优势有所减弱，面临金融业和制造业流失的困境，大力发展高新技术产业，昔日的"制造工厂"变为"硬件硅谷""创新之城"。新一代信息技术、数字经济、高端装备制造等战略新兴产业已经成为深圳的支柱产业，2021年战略新兴产业增加值合计1.2万亿元，占GDP比重达39.6%。其中，新一代信息技术产业增加值占比18.4%。截至2021年，深圳国家高新技术企业超2万家，华为、中兴、腾讯、比亚迪等科技巨头就坐落在深圳。

深圳也面临着土地资源不足、产业外迁、优质公共服务资源短缺等问题。第一，深圳土地面积仅为1997.47平方千米，分别为北京、上海、广州的1/8、1/3、1/4，发展空间严重不足。并且深圳居住用地供应不足，2020年建设用地中居住用地占比仅24%，为一线城市最低。第二，受制于土地资源不足，土地成本上升，部分制造业生产部门外迁，华为将生产手机和平板电脑的终端总部搬到东莞，中兴将生产基地迁往河源，比亚迪在汕尾投资建设新能源汽车产业基地。近年来深圳发展"飞地经济"破除空间瓶颈，深汕、深江合作区逐渐建立，深圳逐渐从"后厂"发展为"前店"。第三，优质公共服务资源供给短缺已成为制约深圳发展的瓶颈。教育方面，深圳教育资源稀缺，2000—2021年深圳在校小学生由31万增至113万，但学校数量反而由353所降至343所；科教资源不足，虽在大力引进国内名校，但要形成规模还需时日。医疗方面，全市各级各类医院数量只有145家，仅为北京的19.8%、上海的36.4%、广州的50.2%；每千人病床数仅3.3张，远低于北京、上海、广州。

未来，深圳将携手粤港澳大湾区各城市参与全球分工与合作，打造全球创新创意之都。2021年《深圳市国民经济和社会发展第十四个五年规划和二〇三五年远景目标纲要》提出，不断增强深圳在粤港澳大湾区中的核心引擎功能，助力粤港澳大湾区加快建设富有活力、竞争力的国际一流湾区和世界级城市群。年轻活力、锐意改革、开放创新的深圳将携手粤港澳大湾区各城市参与全球分工与合作，建设现代化、国际化的创新型城市，到2035年实现在经济总量上再造一个"深圳"。

广州：广东省高质量发展的排头兵，省制造业的中坚力量

广州由华南中心升级为国家中心城市，GDP由1978年的全国第八上升到2015年的全国第三，之后被深圳超越。广州一直是华南地区的政治、经济、文化中心，是世界唯一2000多年仍长盛不衰的大港，3世纪30年代起成为海上丝路的主港，唐宋时成为中国第一大港，是明清两代唯一的对外贸易大港。改革开放初期，广州GDP全国第八，不仅低于北京和上海，也低于武汉和沈阳等城市。得益于改革开放，广州先试先行、积极实践。1989年其GDP跃居全国第三，仅低于北京和上海。2010年，广州获批国家中心城市，从华南中心城市变为国家中心城市，城市定位升级。1989—2015年的27年间，广州GDP稳居全国第三，奠定了其作为一线城市的基础。此后广州被深圳超越，成为经济总量第四的城市。

2021年广州GDP约2.8万亿元，全国第四；人均GDP约13.4万元，十大城市中排名第七。人口方面，广州2012—2021年常住人口年均增量近60万人，全国第二，仅低于深圳；教育方面，广州有广东省超50%的高校，在校大学生总数超130万人，数量居全国第一。

产业发展方面，广州商业氛围浓厚、是省制造业的中坚力量。广州自古以来就是中国重要的商业中心之一，服务经济气氛浓厚。2021年广州第三产业增加值占比达到71.6%，低于北京、上海，高于深圳。当前，汽车制造业、电子产品制造业和石油化工制造业是广州的三大工业支柱产业，占全市规模以上工业总产值的一半。具体看，广州是中国南方最大的汽车生产基地，2021年汽车产量为296万辆，占广东省的近九成，占全国汽车产量的11%，连续3年居全国首位。其中2021年广汽集团名列世界500强第176名，创历史最好成绩。广州是广东省制造业的中坚力量，2021年广东省政府发布的《广

东省制造业高质量发展"十四五"规划》中，18个战略性产业集群将广州作为核心布局城市，广州也将重点发展战略新兴产业，优化新的经济增长点。

与其他一线城市相比，广州存在创新能力弱、金融业发展不足的问题，经济增长仍受限。第一，近年来广州研究与试验经费支出占GDP比重2%~3%，2020年为3.1%，北上深分别为6.4%、4.2%、5.5%；2020年广州发明专利授权量仅1.5万件，低于北京的6.3万件、深圳的3.1万件、上海的2.4万件，且每万人发明专利授权量也是一线城市最低。第二，金融是现代经济的核心和资源配置的枢纽，广州2020年金融业增加值占GDP比例为8.9%，远低于北上深的19.8%、18.5%、15.1%。近年来广州经济增长受限，2019—2021年广州GDP年均增长率为5.2%，低于北上深的8.8%、8.7%、7.2%。

广州将携手粤港澳大湾区各城市参与全球分工与合作，建设活力全球城市。《广州市国民经济和社会发展第十四个五年规划和2035年远景目标纲要》对广州的定位是国家中心城市、综合性门户城市、国际商贸中心、综合交通枢纽、科技教育文化医疗中心，广州的发展目标是建成具有经典名城魅力和时代花城活力的国际大都市，未来广州将充分发挥国家中心城市引领作用，全面增强国际商贸中心、综合交通枢纽和科技教育文化中心功能，推动与港澳全面深度融合。

杭州：民营经济的"大本营"、全国领先的"数智化城市"

杭州经济发展势头良好，2017—2021年常住人口年均增量位列长三角第一。"东南形胜，三吴都会，钱塘自古繁华"，历史上的杭州得益于京杭运河和通商口岸的便利，以及自身发达的丝绸和粮食产业，成为重要的商业集散中心。改革开放后，依托铁路以及上海在进出后贸易方面的带动，杭州轻工业发展迅速，民营经济活跃。2000年杭州开始大规模城市改造，大量资金流向杭州，推升杭州房价步入全国第一梯队。但由于杭州房价上涨过快，加之2008年金融危机影响，杭州房价一直阴跌至2015年低谷。随着阿里巴巴、网易等科技企业的带动，互联网经济成为杭州新的经济增长点。2016年G20峰会后，杭州的国际化水平和影响力大幅提升。2016—2021年，杭州经济增长超60%，位列十大城市第二，仅小幅低于成都。2021年杭州GDP达1.8万亿元；城镇居民人均可支配收入7.5万元，全国第四，绝对购买能力强。从上市公司数量看，杭州有A+H股上市公司共189个，全国第四，仅低于北京、上海、深圳。2017—2021年杭州常住人口年均增量为长三角第一。

民营经济和数字经济是杭州的"金名片"。改革开放初期，杭州是中国重要的工业城市之一；20世纪90年代，开始由工业向高新科技产业、服务业转型。2021年三产占比达68%，位列全国前10。杭州是我国民营经济最活跃的区域之一，2021年民营经济占GDP比重达61.3%，汇集了包括阿里巴巴、吉利控股、传化集团、网易等一批优秀的民营企业。根据全国工商联公布的"2021中国民营企业500强"榜单，杭州共有36家企业上榜，占比7.2%，已连续19年位列全国和全省第一。杭州数字经济发展全国领先，大批互联网经济体扎根于杭州，2021年数字经济核心产业增加值4905亿元，占GDP的27.1%，《杭州市国民经济和社会发展第十四个五年规划和二〇三五年远景目标纲要》提出要继续巩固和壮大数字经济产业，领跑行业。

杭州产业门类偏科、轨道交通建设仍需发力。第一，杭州产业门类偏科。一线城市在传统制造业、金融、文创、智能硬件、互联网、生物科技、新能源等多个领域多点开花，而杭州的强项主要集中在传统制造业、互联网等少数领域，在其他领域与北上广深仍存在差距。第二，杭州需加强轨道交通建设。截至2020年底，杭州已经开通9条地铁线路，总里程超过300千米，跻身全国前10，但整体看轨道交通密度仍较低，轨道交通密度为369千米/万平方米，低于一线城市，且低于成都、长沙等二线城市。

杭州将推动更高水平开放，打造面向世界的创新高地。根据2021年杭州市规划和自然资源局发布的《杭州市国土空间总体规划（2021—2035年）》（草案），杭州的定位为长江三角洲区域中心城市，国家历史文化名城，国家中心城市和国家综合性科学中心，全国数字经济第一城，国际文化旅游休闲中心，世界一流的社会主义现代化国际大都市。《杭州市国民经济和社会发展第十四个五年规划和二〇三五年远景目标纲要》提出打造营商环境最优城市，全面推进国家营商环境创新试点城市建设，激发各类资源要素活力；率先以数字变革推进创新驱动发展，进入创新型城市前列。

成都：新一线龙头、西部经济高地

成都2021年GDP近2万亿元，占四川省的36.9%；连续7年在新一线城市排名中位居第一。成都是古蜀文明发祥地，汉为五大都会之一，唐为最发达的工商业城市之一，北宋是汴京以外的第二大都会。改革开放初期，成都通过与首轮开放的沿海地区合作，实现了借道而行、拼船出海。

2021年成都GDP近2万亿元，占四川省的36.9%；人均GDP达9.5万元、城镇居民人均可支配收入5.3万元，绝对购买能力领跑西南。2021年成都常住人口

2119万人，是全国唯一常住人口超过2000万的省会城市。交通区位方面，成都是"陆上丝绸之路"和长江经济带的中间连接点和枢纽，拥有亚洲最大的铁路集装箱中心站，是我国第四大航空枢纽，是国内继上海、北京后第三个拥有双国际机场的城市，2021年成都双流机场旅客吞吐量超4000万人次，位居全国第二。教育医疗方面，成都集聚全省50%以上的本科院校，拥有2所"985"和5所"211"高校，大学生和三甲医院的数量均为西南第一。与同为"西南双核"的重庆相比，成都的优势在于居民收入、消费水平高，科教实力强。"第一财经"新一线城市排名连续7年把成都列为第一，争议颇大。成都除在人口、交通、首位度[1]方面胜过杭州，其他方面并未明显占优，将来能否成为新一线城市龙头还需时间验证。

从产业发展看，中华人民共和国成立后，出于国防需要，成都成为重点建设的工业基地之一。改革开放前夕，成都已拥有较为完善的现代化工业体系，具有机械、冶金、化工、电子、轻纺等多种工业，以重工业为主。1994年，成都实现了"发展市场占有率高、科技含量高、附加值高、经济效益高的'四高'产品作为支柱产品"的产业布局，工业与商贸业协同发展，第二产业迅猛发展的同时，有效带动第三产业发展。2021年，成都第二、第三产业增加值占比分别为30.6%、66.4%。当前成都电子信息为支柱产业，成都作为全国重要的电子信息产业基地，是"中国软件名城"之一，2020年成都电子信息产业成为成都首个万亿级产业集群，集成电路贡献大，预计"十四五"期间，成都电子信息产业集群规模将突破两万亿。此外，成都拥有中西部地区数量最多、种类最齐全的金融机构。2022年3月，中国（深圳）综合开发研究院与英国智库Z/

---

[1] 城市首位度是指中心城市的各类发展指标占全省的比重。

Yen集团共同编制并发布"第31期全球金融中心指数报告",成都金融中心指数排名西部第一。

成都与重庆作为西南双雄,存在广泛的竞合关系,汽车和电子产业竞争与合作并存。随着人流、资金流和信息流等要素流动显著加快,成渝双城间的联系将空前紧密,竞争也更加错综复杂。从政策看,重庆国家级新区和国家中心城市的批复时间都早于成都,综合保税区、保税港区等数量也多于成都。从产业来看,重庆和成都都将汽车制造和电子信息产业作为支柱产业大力发展,力求打造成为跨国公司集聚地,两地承接国外、沿海产业转移的决心和力度都非常大。在电子信息产业方面,成都在集成电路、软件研发等方面有优势,重庆则是全球重要的计算机整机、手机生产基地。2020年,成渝合计生产微型计算机整机1.66亿台,占全国比重高达44%(如图4-27)。在汽车产业方面,重庆作为全国六大汽车基地之一,大力发展新能源汽车和智能汽车。而成都作为后

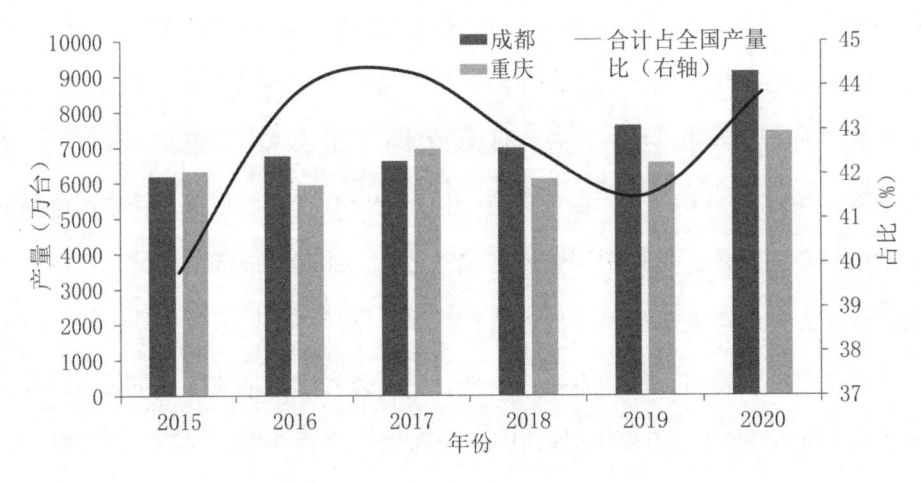

图4-27 2015—2020年成渝计算机产量

数据来源:各地统计局

起之秀，引进了一汽大众、吉利、沃尔沃等优秀的整车企业。2021年12月，重庆市经信委与成都市经信局签署《共建世界级先进汽车产业集群战略合作协议》，主攻新能源和智能网联汽车，规划到2025年实现汽车产量300万辆、产值6000亿元的目标，共建中国西部汽车中心。

成都将全面发挥国家中心城市的核心功能，并携手重庆，合力打造西部经济高地。根据《成都市国民经济和社会发展第十四个五年规划和二〇三五年远景目标纲要》，未来成都将建成泛欧泛亚区域性的经济中心、科技创新中心、金融中心、贸易中心、文化中心；根据《成渝地区双城经济圈建设规划纲要》，成都作为西南双核之一，其定位是区域经济中心、科技中心、世界文化名城和国际门户枢纽。未来成都将继续发挥在西部大开发新格局中的引领作用，成为"一带一路"内陆开放型经济高地，加速推进开放合作向更高层次、更高水平迈进，同时全面发挥国家中心城市的核心功能，并携手重庆，合力打造西部经济高地，共筑双城经济圈。

苏州：从"世界工厂"发展为"创新高地"

苏州先后经历乡镇工业崛起、外向型经济腾飞、开放型创新经济等发展阶段，成为地级市的"天花板"。苏州自古经济繁荣，春秋吴国时，苏州是政治、经济中心；秦汉时被称为"江东第一都会"；南宋时苏州行政级别仅次于国都杭州；明清时苏州商品经济发达，成为全国经济文化中心、第一商业都会。改革开放后，苏州乘国内开放和国际产业转移的东风，提出"从五湖四海走向五洲四洋"战略，成为"世界工厂"，确立了外向型经济龙头地位。2013

年开始，创新驱动纳入苏州发展规划，发展从要素驱动转变为创新驱动，由低端制造向高端制造转型。2020年苏州GDP总量突破"两万亿"大关，位居全国第六、地级市之首。

苏州是"全球工业大市"，工业总产值仅低于深圳。从规上工业总产值看，2021年苏州规模以上工业总产值突破4万亿元，超越上海，以极小劣势逊于深圳。从结构看，苏州前五大工业产业分别为计算机、通信和其他电子设备制造业、通用设备制造业、电气机械和器材制造业、黑色金属冶炼和压延加工业、汽车制造业，占比分别为29.6%、8.9%、8.0%、7.1%、5.7%。具体看，2021年，苏州共有营收超百亿的工业企业46家，居全省第一，其中恒力、盛虹、沙钢、亨通和协鑫5家企业营业收入超千亿元，是苏州工业经济发展的"压舱石"。"有为政府+市场化导向"是苏州制造业成功的秘诀；"区位优势+历史积淀+优化营商环境"促成苏州制造业规模日益壮大，并且苏州政府发展意识超前，提前布局制造业向"智造""智能化"转型、打造电子信息和装备制造业创新集群，推动制造业变得"又大又强"。苏州也涌现出一批包括科创第一股华兴源创、全球领先高端装备制造商迈为科技等在内的优秀创新型企业。

苏州存在教育、医疗资源不足的问题，近年不断引进名校入驻、提升城市吸引力。第一，苏州共拥有26所普通高校，其中本科层次的仅9所，而南京、杭州分别拥有53所、40所普通高校，远高于苏州。其中苏州仅1所"211"院校，而南京拥有"211"院校8所，质量上远超苏州。为了持续吸引人才，苏州引进了牛津大学、杜克大学、利物浦大学、中国人民大学、南京大学等分校区或研究所。第二，苏州医疗资源相对不足。2020年苏州每千人拥有的床位数是5.86，低于南京的6.75和江苏省的6.31，医疗资源低于全省平均水平。同时苏州执业（助理）医师数为3.7万人，低于北上广深的11.9万人、8.2万人、6.2万人、

4.0万人，也低于南京的3.8万人。

未来苏州将发挥长三角城市群重要中心城市作用，为打造长三角世界级城市群贡献力量。2021年苏州市自然资源和规划局发布的《苏州市国土空间总体规划（2021—2035年）》明确苏州城市性质为国家先进制造业基地、产业科技创新中心、长三角世界级城市群重要中心城市。未来苏州将继续发挥资源优势，助力长三角城市群发展成为世界级领先城市群。

南京：六朝古都，"芯片之城"正在崛起

因地理和历史因素，南京是江苏和安徽之间的纽带，2021年人均GDP位居十大城市第四。南京有着2400多年建城史，曾是六朝古都，历史上长期是中国南方的政治、经济、文化中心。从地理位置上来看，作为江苏省会，南京并未处于中心位置。南京主要辖区直接与安徽接壤，自南往北依次是宣城、马鞍山、滁州，不少安徽人来到南京就业。南京对安徽东部影响力巨大，已经超过了安徽省的省会合肥。事实上，古时江南省由江苏和安徽所组成，当时南京是江苏、安徽共同的首府。在历史和地理因素的作用下，南京始终是江苏和安徽两省之间的一个纽带。

2021年南京GDP超1.6万亿元，人均GDP为17.5万元，位居十大城市第四，低于北京、苏州、上海；常住人口942万人，2012—2021年常住人口年均增量13.1万人，位居江苏省第二。南京自古以来商业发展繁华，是很多省内消费的终端，人口只有上海的1/3左右，社会消费总额却达到上海的1/2。交通方面，南京高铁网辐射全国6个方向，南京禄口国际机场为江苏两大枢纽机场之一，南

京港是国内最大的内河港口、吞吐量位省内港口第二。教育方面，文化底蕴丰富，有"天下文枢""东南第一学"的美誉，明清时期中国一半以上的状元出自南京江南贡院。南京目前拥有2所"985"和8所"211"高校，在读大学生超90万人，十大城市中位居第四。

南京以汽车、钢铁、电子、石化为支柱，致力于打造"芯片之城"。南京是洋务运动的始发地之一，金陵制造局的创办成为南京近代工业的开端。改革开放初期，熊猫电视机、金城摩托、南汽依维柯、同创电脑等产品，不断走到国内同行的前列。改革开放后，南京将产业结构调整作为主要任务，开始大力发展第三产业，1979—2021年，第二产业占比从68%降至36%，第三产业占比升至62%，全省最高。南京逐渐形成汽车、钢铁、电子信息制造业和石化新材料四大支柱产业，代表公司有南京汽车集团、南钢股份、熊猫电子、扬子石化等。南京一直致力于打造"芯片之城"，聚集了台积电、中兴通讯等企业，形成了涵盖芯片设计、晶圆制造、封装测试、终端制造等环节的集成电路产业链，共涉及企业183家，其中集成电路设计业全年营收为全国第六。

由于长三角地区经济强市云集，与杭州、苏州、无锡、常州等发达地市相比，南京辐射能力有限，近期人口集聚能力明显减弱。长三角城市群是我国经济规模最大、人口最为集中的区域，强市云集。在经济方面，上海、苏州、杭州GDP高于南京，无锡、宁波也呈奋起直追之势。在产业方面，各个城市产业实力大多不俗，形成了具备各自特色的产业体系。在人口方面，《南京市国民经济和社会发展第十四个五年规划和二〇三五年远景目标纲要》提出常住人口破千万的目标，2021年南京人口942.3万，较2020年增加10万左右，距离目标还差60万左右，考虑到2020—2021年增加了10万人左右的情况，叠加少子化及抢人竞争激烈等因素，实现目标有一定难度。

南京未来将以"创新名城、美丽古都"为城市发展愿景，携手长三角各城市打造世界级城市群。根据《南京市城市总体规划（2018—2035）》（草案），"创新名城"即落实国家创新驱动发展战略，立足南京科教资源优势，进一步塑造城市竞争力，加快建设具有全球影响力的创新名城；"美丽古都"即立足南京生态人文优势，丰富拓展美丽中国建设的南京实践，加快建设具有中国特色社会主义风范的美丽古都。《长江三角洲城市群发展规划》也指出发挥上海中心城市作用，推进南京、杭州、合肥、苏锡常、宁波等都市圈同城化发展，到2030年，全面建成具有全球影响力的世界级城市群。

武汉：九省通衢，中部崛起的战略支点

武汉基本处于中国主要经济带的地理中心，2021年人均GDP近13万元，雄踞中部地区首位。历史上，武汉一直是中部地区的军事和商业重镇，目前已发展成为国家中心城市、长江经济带核心城市、国际化大都市。改革开放前，武汉GDP一度仅次于上海、北京、天津，1978年仍位居全国第十。随着东南沿海城市凭借着地理优势、国家政策在改革开放道路上加速奔进，武汉步伐明显落后，2002年武汉GDP跌落至14位。2004年抓住中部崛起战略的机会，武汉开始重新崛起。

2021年武汉GDP达到1.8万亿元，占湖北全省的近40%，全国第九；人均GDP近13万元，雄踞中部地区首位。区位方面，武汉处于中国主要经济地带的地理中心，历来有"九省通衢"之称，是中国内陆最大的水陆空交通枢纽、长江中游航运中心，是国家区域发展"钻石结构"的核心，距离北京、上海、广

州、成都、西安等大城市都在1000千米左右，"米"字形高铁网辐射大半个中国，还是华中地区唯一可直航全球五大洲的城市。人口方面，武汉是中部人口最多的城市，2015—2020年，常住人口年均增量超30万人，在长江中游城市群的城市中排第二，仅低于长沙。教育方面，武汉有84所高等院校，包含2所"985"和5所"211"高校；武汉有约130万在校大学生，位列全国第三，仅低于广州和郑州。医疗方面，武汉有31家三甲医院，是华中最大的医疗中心。

从"钢城"到"车都""光谷"，目前武汉拥有钢铁及深加工、汽车、信息技术、医药等完整工业体系。武汉是洋务运动的始发地之一，是近代中国的工业重镇。新中国成立以来，工业重镇依旧是武汉的"城市名片"。"一五计划"国家确定的156个重点建设项目中，武钢、武重、武锅等7个项目安排在武汉，武钢钢铁产量一度占据全国钢产量10%。改革开放后，武汉将产业结构调整作为主要任务，削减传统重工业产能。40年间，武汉从一个以冶金、机械、纺织三大支柱产业的老工业基地，变成拥有钢铁及深加工、汽车及零部件、信息技术、生物医药和医疗器械等完整工业体系的现代化城市。武汉是国内首个聚集法、日、美、自主四大车系、五大整车企业的城市，被誉为"中国车都"。2021年武汉汽车产量近140万辆，汽车产业产值超过3300亿元。产业创新上，武汉充分挖掘科教资源、推动产业转型升级、发展光电、生物医药、智联网汽车、数字经济、航天等新兴产业，2021年武汉规上高新技术产业增加值较2016年增长两倍，占GDP比重达27.3%，光纤光缆生产规模全球第一。

武汉民营经济占比相对较低，民营经济活力不足，近年来武汉不断优化营商环境。武汉是传统的工业重镇，以武钢、东风汽车等为代表的国企是武汉的经济支柱，而民营经济发展相对薄弱。2020年武汉民营经济占GDP比重约40%，比全省平均水平低10个百分点，比杭州、重庆、苏州、成都、南京分别低21个、19个、11个、10个、6个百分点，武汉有A+H股上市公司数量71家，而杭州、南京、成都均超过100家。在沿海经济发达省份，民企已经是科技创新的主要力量。以江苏省为例，2021年江苏超过五成的GDP、六成的税收、七成的企业研发投入和社会固定资本投资、八成的新增就业岗位、九成的高新技术产值来自民营经济，民营企业已成为江苏创新驱动、转型发展的主力军，浙江民企比例更高。武汉逐渐认识到民营经济的重要性，落实"车谷科创33条"、人才强区政策"黄金十条"等惠企政策。

未来，武汉将作为中部崛起的战略支点，在全球范围内建设具有一定竞争力和影响力的国家中心城市。根据《武汉市国民经济和社会发展第十四个五年规划和二〇三五年远景目标纲要》，武汉将紧紧围绕国家中心城市、长江经济带核心城市和国际化大都市总体定位，加快打造全国经济中心、国家科技创新中心、国家商贸物流中心、国际交往中心和区域金融中心，努力建设现代化的武汉。

重庆：携蓉城共筑西南双核

大重庆经济总量超2万亿元，小重庆人均GDP约10.1万元，略高于成都。古时重庆为西南军事重镇，19世纪末被辟为对外商埠，至此重庆开始凭借其水陆集散的优势不断发展起来，并不断追赶四川地区的传统中心成都。20世纪80年代，重庆抓住改革开放的新浪潮默默改变，积蓄力量。重庆多次在隶属四川省和成为直辖市的状态之间变换，1997年，重庆第三次成为直辖市，也是西部唯一的直辖市。交通区位方面，重庆是长江上游地区唯一汇集水、陆、空交通资源的城市，有着成都无可比拟的水上交通优势；作为西南地区综合交通枢纽，共建成了"三环十射"高速公路网和"一枢纽十一干线"铁路网。

2021年重庆GDP总量为2.8万亿元，仅低于四个一线城市，常住人口3212.4万，是中国人口最多的城市。由于重庆面积较大，如果选取重庆主城都市区，GDP和常住人口分别为2.1万亿和2118.6万人，人均GDP为10.1万元，规模与成都相近。2011—2021年重庆主城都市区人口占比从62%提升至66%（如图4-28）。教育方面，重庆拥有高等院校70所，其中有1所"985"和1所"211"高校。医疗方面，重庆拥有三甲医院41家，5家医院跻身我国百强医院。

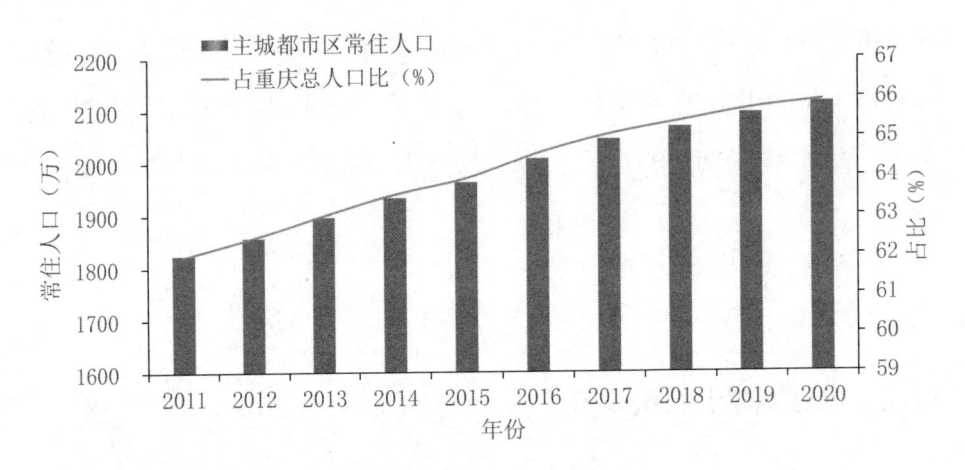

图4-28 2011—2020年重庆主城都市区人口变化情况

数据来源：重庆市统计局

重庆以电子制造和汽车产业为工业经济的支柱，二者占其工业总产值比重约40%，同时重庆也在加快培育"专精特新"企业。抗战时期大批工业厂矿的迁入，使重庆变成了一座工业基础良好的重工业城市，1949年后的三线建设更使重庆巩固了这一地位。重庆是全国重要的电子信息产业基地，有惠普、华硕、戴尔、索尼等品牌落户重庆，2014年至今重庆笔记本电脑产量一直位居全球第一，2021年重庆笔电产量超过1亿台，产值连续8年全球第一。在汽车产业中，重庆有长安、东风小康等四十多家本土汽车品牌，2021年重庆汽车产量199.8万辆，占全国的7.5%。近年来传统电子和汽车制造产业市场容量趋于饱和，重庆积极寻找新的增长动能，打造了集成电路、智能家电、新能源、机器人等33条重点产业链，发挥制造业优势，实现"强链补链"。并且，重庆市政府推进"专精特新"企业高质量发展，2022年以来新增"专精特新"企业近1600家，为历年之最。

重庆仍面临科技创新实力不突出的问题。一方面，尽管重庆有几十所高校，但大部分为职业院校，一流的理工类学校屈指可数，人才输送不足。另一方面，近年来，重庆先后启动了人工智能、大数据云计算、智慧城市技术创新与应用等重点专项，投入经费近5.7亿元，成效初显，但与沿海发达地区相比仍有差距。从全年研究与试验经费支出占GDP比重看，重庆为2.1%，小于苏州的3.7%、杭州的3.6%、成都的3.1%。从财政科技支出占比看，重庆为1.7%，小于苏州的9.6%、杭州的7.0%、武汉的6.3%、成都的5.8%、南京的5.8%。

重庆将继续发挥西部国际综合交通枢纽作用，携手成都打造内陆改革开放新高地。《重庆市国民经济和社会发展第十四个五年规划和二〇三五年远景目标纲要》对重庆的定位是重要经济中心、科技创新中心、改革开放新高地、高品质生活宜居地；《成渝地区双城经济圈建设规划纲要》对重庆的定位是国家重要先进制造业中心、西部金融中心、西部国际综合交通枢纽和国际门户枢纽。重庆在2017年底被国务院明确定为全国四个将重点打造的"国际性综合交通枢纽"之一，未来重庆将加快国际交通枢纽建设，携手成都共同推动内陆改革开放，建设与国际接轨的内陆开放型经济新体制。

第 5 章

重点城市研究

上海房价涨幅大的背后逻辑

导读

在上海内部,哪里的房子涨幅最大?本节通过分析上海不同区域、户型、地段等房价涨幅差异,考察背后的逻辑。

2010—2021年,上海住房均价共经历4轮上涨,上涨2倍。2010年1月—2022年11月,上海新房年均增长率10.4%,二手房年均增长率9.5%。四轮上涨期中,2—5月为"小阳春",若房价"高烧"不退,则形成"上台阶式"上涨。

中心城区涨幅居前,环沪区域涨得快。从区域看,2015—2016年、2020年3月—2021年6月,黄浦区二手房年均增长率分别为30.1%、22.9%,位列全市第一。分环看,近两轮上涨存在分环轮动,2015—2016年外环先涨,2020年3月—2021年6月内环先涨。从环沪区域看,上海都市圈协同发展使得环沪区域经济产业受益,交通便利使上海部分产业、资金和置业需求溢出,带动环沪区域房价上涨。2015年1月—2022年11月,嘉兴市嘉善县新房均价年均增长率为13.9%,高于嘉兴整体新房的8.0%。

2011年1月—2022年11月,上海主力成交户型逐渐从一居室、两居室向更具改善属性的三居室、四居室变化。从涨幅看,满足"刚需"的二居室以及满足改善型需求的三居室户型涨幅更高。

2010年1月—2022年11月,上海学区房均价年均增长率12.0%,高于全市二手房均价年均增长率（9.5%）。短期看,上海"中考新政"使优质初中学区房价格适当降温,2021年3—6月,样本学区房均价下跌0.3%,同期全市二手房价上涨4.8%。

地铁开通推升房价,距地铁近则涨幅大。在楼盘品质、学区相同的前提下,每远离地铁站500米,房价下降800～1200元/平方米,租金下降10～20元/平方米/月。从涨幅看,2010年1月—2022年11月,样本正地铁房、准地铁房、近地铁房、非地铁房的均价年均增长率分别为11.2%、8.8%、8.3%、7.4%,地铁开通前后年均增长率分别为40.4%、24.8%、10.4%、7.9%。[1]

上海房价近10年均价上涨约两倍

从新房价格涨幅看,2010年1月—2022年11月,上海新建商品住宅均价上涨2.2倍,年均增长率10.4%,同期北京、广州、深圳新建商品住宅均价年均增长率分别为9.2%、7.7%、8.9%。从二手房价格增长率看,2010年1月—2022年11月,上海二手房均价上涨1.9倍,年均增长率为9.5%,同期北京、广州、深圳二手房均价年均增长率分别为9.1%、10.5%、7.9%。

---

[1] 部分楼盘缺少成交数据等。

从上涨节奏看，2010年1月—2022年11月，上海房价经历4轮上涨，2—5月可能为"小阳春"，如果房价"高烧"不退，则会形成"上台阶式"上涨（如图5-1）。

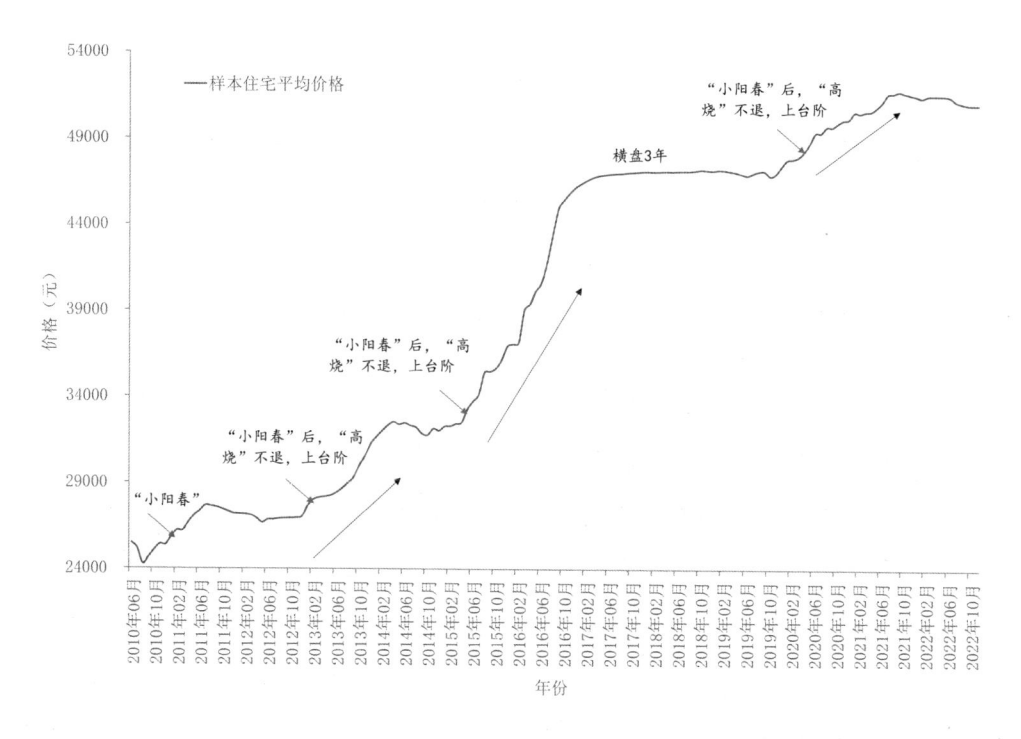

图5-1　2010年1月—2022年11月上海房价走势

数据来源：Wind

（1）2011年2月，上海房价开启第一轮上涨，持续半年左右，未形成"上台阶式"上涨。2011年，上海小学入学人数达16.9万人，同比增长12.6%，达到小高峰。由于家长要在孩子入学前购买学区房，当年购房需求增加，叠加2009年货币宽松政策滞后效应，上海住房均价从2.5万元/平方米涨至2.7万元/平方米。但随着2011年下半年新"沪四条"出台，限购政策收紧，同时"一房一价"限制开发商随意涨价，因此均价上涨的态势被抑制，房价在后续一年里稳中略降。

（2）2013年2月，上海房价开启第二轮上涨，形成"上台阶式"上涨，持续一年左右。2013年，上海小学入学人数达18.1万人，同比增长5.0%，入学人数创新高，导致购房需求增加。住房均价从同年2月开始上涨，11月"沪七条"将二套房商贷首付比例从60%提至70%，非户籍居民缴纳税收或社保费年限，调整至购房之日起的前3年内在本市累计缴纳2年以上。但由于前期市场持续回暖使库存下降，需求稳定，均价仍处于上升通道，上涨一直持续至2014年4月。此阶段上海住房均价从2.7万元/平方米涨至3.2万元/平方米。2014年，中国经济面临下行压力，下半年上海房价有所回调。

（3）2015年4月，上海房价开启第三轮上涨，形成"上台阶式"上涨，持续近两年。2015年，上海"330新政"提出二套房商贷最低首付比例降至40%，个人住房转让营业税免征期限从5年降为2年，刺激改善住房需求，住房均价开始上涨；叠加2015年下半年央行两次存贷款基准利率和存款准备金率的下降，货币政策环境宽松，房价形成"上台阶式"上涨，持续近两年，上海房价均价从3.2万元/平方米涨至4.6万元/平方米。直到2016年楼市新政"沪九条"规定非户籍购房社保年限增至5年、二套房商贷首付比例提至50%，购房需求才逐渐被抑制。2016年下半年，楼市调控政策继续收紧，全面叫停"接力贷""合力贷"，并严禁购房者的前妻或前夫参与还贷。2017年，政策进一步收紧，住宅用地实行"招挂复合"方式出让，引入评分制，不再价高者得，土地溢价率降低；伴随公证机构主持开盘摇号，落实购房实名制，售价不得高于备案价等规范市场秩序的政策出台，市场降温，横盘3年。

（4）2020年3月，上海房价开启第四轮上涨，持续一年半左右。上海"小升初"实行"公民同招"增加了公办学区房确定性；上海小学入学人数创新高，均推升了学区房需求。此外，2020年7月，上海第一批满足"居转户"7年持证要求的人群出现，人才引进数量上升，购房需求增加，房价再次形成"上台阶式"上涨，住房均价从4.7万元/平方米涨至5.2万元/平方米。随着"三道红线"、贷款集中度管理、预售资金监管收紧、限购限贷等收紧政策密集出台，全国楼市都面临下行压力，购房者观望情绪浓厚，上海楼市也受到冲击，房屋销售均价从2021年下半年开始横盘甚至小幅下降。

从区域看：上海主城区房价涨幅居前

从绝对房价看，主城区房价居前，虹口、长宁、黄浦区房价位居前三

2022年11月，上海主城区（黄浦、徐汇、长宁、静安、普陀、虹口、杨浦、浦东外环以内区域）新房价格中位数均在9万元以上，价格中位数最高的黄浦三区约为价格最低的金山区的5.1倍。根据中指研究院统计，2022年11月，虹口、长宁、黄浦三区新建商品住宅价格中位数分别为12.95万元/平方米、12.56万元/平方米、12.28万元/平方米，位列前三；而奉贤、崇明、金山三区分别为3.61万元/平方米、3.10万元/平方米、2.53万元/平方米，位列倒数前三，价格中位数最高的虹口区约为金山区的5.1倍。

上海核心区域房价高，与高端产业、优质资源集聚有关。2021年，上海各区新房价格中位数与三产占比、经济密度的相关系数为0.88。上海中心城区高端产业集聚，包括金融服务、航运服务、商贸服务等组成的现代服务业，智能医疗、智能制造、智能安防、大数据等融合性数字产业，以及芯片设计、卫星导航等战略新兴产业。2021年，根据上海市统计局的相关数据，上海中心城区（不含浦东新区）GDP达1.4万亿元，占上海总体GDP的33.0%；第三产业平均占比超90%；人均GDP（人口按2020年计算）达21.1万元，高于上海整体的17.4万元。此外，中心城区医疗商业等配套富集。2020年，上海中心城区（不含浦东新区）每千人执业（助理）医师6.5人，郊区2.4人；中心城区的床位数、卫生技术人员占全市比例达51.8%、55.2%。中心城区商圈众多，包括南京西路、徐家汇、陆家嘴、南京东路等商圈，中心城区商业面积占全市比例近50%。

分区看，黄浦区房价涨幅领先

2015—2016年、2020年3月—2021年6月，黄浦区二手房均价年均增长率分别为30.1%、22.9%，位列全市各区第一。

由于新房限价并且近年新房成交多在郊区，本次讨论房价涨幅，采用更能够反映市场供需情况的二手房房价进行分析。从整体看，2015年1月—2022年11月，崇明、黄浦、青浦、长宁、闵行五区的二手房均价年均增长率居前五位，分别为10.8%、10.6%、10.3%、9.8%、9.7%。从两轮上涨看，2015—2016年，黄浦、崇明、虹口、杨浦、静安五区的二手房均价年均增长率分别为30.1%、26.5%、24.4%、24.1%、23.9%，位列前五，大部分为主城区；2020年3月—2021年6月，黄浦、长宁、静安三区二手房均价年均增长率位列前三，分别为22.9%、13.4%、12.9%，均为主城区（如图5-2）。黄浦区作为上海的经济、政治、文化中心所在地，经济发展居全市前列，2021年人均GDP为43.8万元，居全市第一；区域经济密度为141.4亿元/平方公里，居全市第一。黄浦区产业结构优势明显，2021年第三产业比重为98.4%，上海14家国家级金融要素市场中有6家在黄浦，金融市场交易额占全市的3/4，金融业贡献居行业之首。

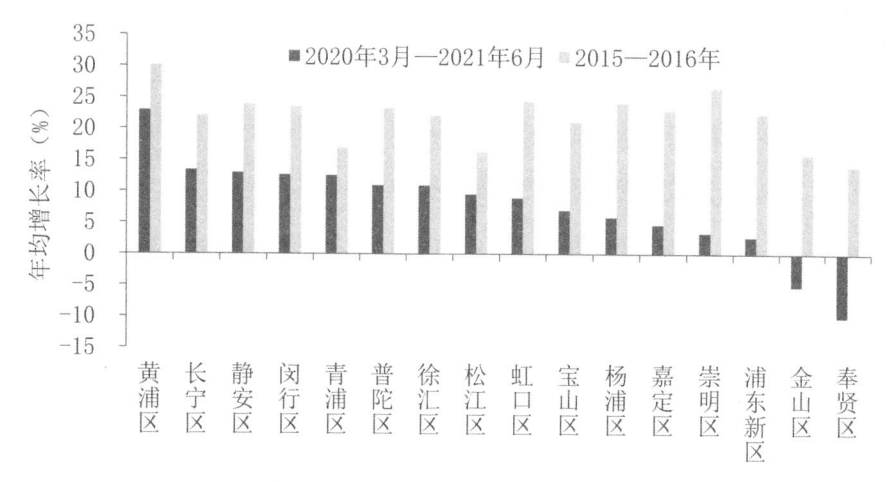

图5-2 上海各区域房价分时段年均增长率

数据来源：中指研究院

分环看，内环二手房价涨幅居前

分环线看，近年来上海内环二手房价涨幅居前，在两轮上涨周期2015—2016年、2020年3月—2021年6月，内环内二手房均价年均增长率分别为23.9%、13.0%。从整体看，2015年1月—2022年11月，上海内环内、中内环间、中外环间、外环外二手房均价年均增长率分别为9.1%、10.0%、9.0%、8.6%，中内环间涨幅略高。从两轮上涨周期看，2015—2016年，内环内、中内环间、中外环间、外环外二手房均价年均增长率分别为23.9%、23.7%、23.0%、19.3%；2020年3月—2021年6月，内环内、中内环间、中外环间、外环外二手房均价年均增长率分别为13.0%、8.7%、10.1%、6.6%，内环内涨幅居前。

从上涨节奏看，两轮上涨存在分环轮动现象。2015—2016年，中外环间先涨，带动中内环间房价上涨；2020年3月—2021年6月，内环内先涨，带动中外环间房价上涨。一般情况下，刚需或首次买房人群资金相对不足，会选择较便宜的郊区房，推动郊区房价先涨；卖掉郊区房子的人则选择置换靠近城区的房子，使城区房价跟涨，因此房价上涨顺序为从外到内。

分板块看，古北、古美罗阳等板块涨幅居前

分板块看，2020年3月—2021年6月这轮上涨中前十的板块，主城区略多，古北、古美罗阳、老西门二手房均价年均增长率居前，分别为23.8%、23.3%、22.7%。整体看，2015年1月—2022年11月，朱家角、陈家镇、嘉定北部板块的二手房均价年均增长率居前，分别为13.7%、13.6%、13.0%。从两轮上涨看，2015—2016年二手房均价增长率前十的板块中，有7个板块位于郊区，其中松江南部、嘉定北部、华漕板块的二手房均价年均增长率居前三，分别为39.3%、36.9%、30.5%。2020年3月—2021年6月二手房均价年均增长率前十中，有6个板块位于主城区，其中古北、古美罗阳、老西门板块年均增长率居前三，分别为23.8%、23.3%、22.7%（如图5-3）。

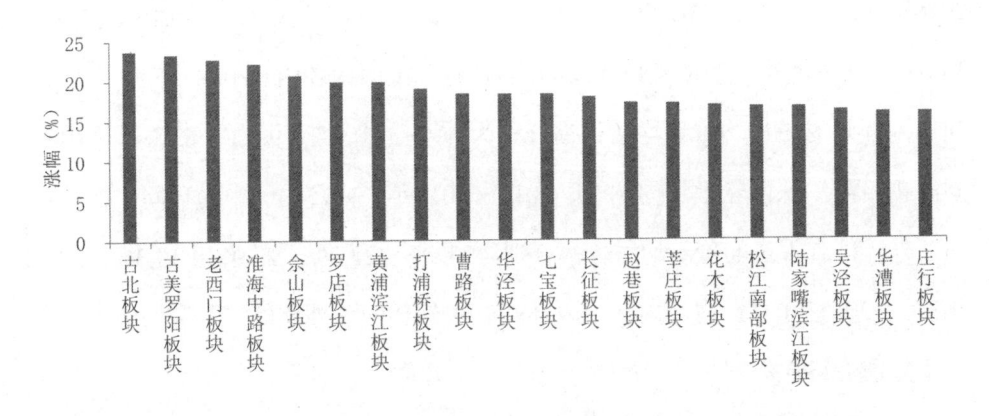

图5-3　2020年3月—2021年6月上海各板块均价涨幅

数据来源：中指研究院

需求溢出，环沪区域房价涨得快

环沪区域房价涨幅较大。上海北临苏州的太仓、昆山（其中花桥镇为上海地铁11号线经停站点），南临嘉兴的嘉善、平湖，东临南通的启东市、海门区，西临苏州的吴江汾湖。从新房看，2015年1月—2022年11月，昆山、吴江房价年均增长率分别为14.9%、12.2%，均高于苏州的8.0%。2015年1月—2022年11月，嘉兴市嘉善县房价年均增长率13.9%，高于嘉兴整体新房的8.0%。从二手房看，2015年1月—2022年11月，昆山、吴江房价年均增长率分别为14.1%、12.6%，均高于苏州的8.0%；其中昆山市花桥镇房价年均增长率为14.1%，与昆山整体相同；吴江区汾湖镇房价年均增长率为16.0%，高于吴江的12.6%。同时期嘉兴市嘉善县房价年均增长率与嘉兴市整体接近；海门区房价年均增长率12.9%，高于南通的8.7%。

上海都市圈协同发展，使得环沪区域经济产业受益；交通便利，使上海部分产业、资金和置业需求溢出。一方面，上海都市圈协同发展对环沪区域经济产业发展有推动作用。2010—2021年，上海都市圈GDP从4.8万亿元增至12.6万亿元，位居全国都市圈第一；常住人口从6785.2万人增至7794.0万人，年均增长近100万人，增量位居全国前二。上海在都市圈内建设规则相同、标准互认、要素自由流通的统一市场，推动都市圈内各产业协同发展，使得环沪区域受益。另一方面，上海都市圈区域交通基础设施一体化进程较快，伴随高铁、轻轨等同城化交通建设，有利于上海一部分产业、资金和置业需求向环沪城市溢出，带动当地经济发展和人口集聚。

二、三居室户型涨幅居前

从成交量看，2011年1月—2022年11月，上海主力成交户型逐渐从一居室、两居室向更具改善属性的三居室、四居室变化。2022年11月，三居室和四居室的累计成交量占比分别为63.1%、11.2%，较2011年分别提高40.2、7.6个百分点；而小户型的一居室和二居室累计成交量占比分别为0.4%、13.7%，较2011年分别下降10.7个、36.6个百分点（如表5-1）。从房价涨幅看，2011年1月—2022年11月，一居室、二居室、三居室、四居室、五居室、复式的均价年均增长率分别为9.2%、10.1%、10.1%、8.6%、4.8%、6.8%，满足"刚需"的二居室以及"改善型"需求的三居室户型涨幅更高。

表5-1 2011年1月—2022年11月上海分房型成交量占比

单位：%

	2011年	2012年	2013年	2014年	2015年	2016年	2017年	2018年	2019年	2020年	2021年	2022年1—11月
一房	11.1	9.1	7.9	6.5	5.3	5.3	3.6	3.0	3.4	2.4	1.4	0.4
二房	50.3	45.7	41.1	38.8	35.3	31.0	27.1	27.5	22.7	20.9	17.3	13.7
三房	22.9	26.2	32.1	34.7	38.6	36.6	37.5	46.1	49.0	51.4	58.1	63.1
四房	3.6	4.8	6.4	5.9	6.5	6.9	8.9	8.3	7.2	8.3	9.1	11.2
五房	0.4	0.4	0.2	0.3	0.3	0.6	0.6	0.6	0.4	0.3	0.5	0.4
复式	2.1	3.9	2.1	2.6	1.8	2.2	3.9	2.0	1.9	1.2	1.9	0.5
其他	9.6	9.9	10.0	11.3	12.2	17.4	18.5	12.5	15.4	15.5	11.8	10.8

数据来源：中指研究院

学区房：上海"中考新政"使优质初中学区房降温

2010年1月—2022年11月，上海学区房均价年均增长率12.0%，高于全市二手房均价年均增长率（9.5%），其中黄浦区学区房以年均13.1%的增长率领涨。

我们选取上海市浦东、徐汇、黄浦、静安四区的24个学区房楼盘作为研究样本，数据来源为链家或中指研究院样本楼盘的二手房成交记录。总体看，2010年1月至2022年11月，样本学区房均价由3万元/平方米涨至11.4万元/平方米，上涨2.8倍，年均增长率12.0%，高于上海整体二手房均价年均增长率（9.5%）。分区域看，2010年1月至2022年11月，黄浦区、徐汇区、浦东新区、静安区样本学区房均价分别由3.1万元/平方米、3.1万元/平方米、2.9万元/平方米、2.8万元/平方米涨至13.2万元/平方米、10.6万元/平方米、11.2万元/平方米、10.6万元/平方米，年均增长率分别为13.1%、11.0%、12.0%、11.9%，较各区二手房均价年均增长率分别高3.2个、2.1个、4.6个、6.3个百分点（如图5-4）。

2021年，上海市教委公布了《上海市高中阶段学校招生录取改革实施办法》（简称"中考新政"），使优质初中学区房降温。2021年3—6月，样本学区房均价下跌0.3%，同期全市二手房均价上涨4.8%。上海民办教育质量高于公办，但2018年上海市教委出台的幼升小"公民同招"政策（《2018年本市义务教育阶段学校招生入学工作的实施意见》），打破了家长原本"冲民办、保公办"的策略。公办小学与学区房绑定，确定性优势明显，更受欢迎，因此优秀生源选择回流公办小学。2018年，上海幼升小人数18.3万人，民办报考率11%，较2017年下降12个百分点，公办报考率从77%提升至89%。2020年3月，上海市教委发布《2020年本市义务教育阶段学校招生入学工作的实施意见》，提出

"小升初"实施公民办学校同步招生和民办摇号,民办初中报名人数超过招生计划的,实行电脑摇号随机录取。由于民办初中录取的确定性下降,优质学区房热度上升。

2021年,上海"中考新政"开始实施,优质高中一半以上的招生名额实施"名额到区""名额到校",目的是推进教育公平和均衡化,平抑学区房市场预期,抑制部分房东试探性"虚高""虚假"的挂牌价格。短期看,这一新政使学区房热度有所回落。[1]根据统计的样本学区房价格,2021年3—6月,样本学区房均价下跌0.3%,同期全市二手房均价上涨4.8%。分区域看,黄浦、静安、徐汇、浦东四区的学区房均价增长率分别为4.4%、3.7%、-0.8%、-5.6%,分别低于同期区域二手房均价增长率8.3个、0.2个、6.3个、7.7个百分点。

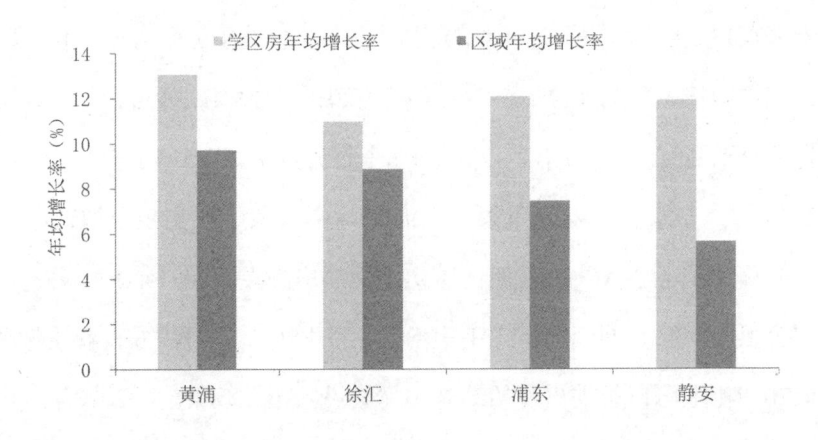

图5-4　2010年1月至2022年11月上海学区房与区域年均增长率对比

数据来源:链家,中指研究院

---

[1] 短期看,上海"中考新政"使学区房降温,但是拉长时间维度看,学区房价涨幅高于区域整体涨幅。

地铁房：地铁开通推升房价，距地铁近涨幅大

我们选取上海地铁13号线西段金运路站至金沙江路站（2012年底开通）、12号线东段金海路站至天潼路站（2012年底开通）、17号线东方绿洲站至虹桥火车站（2017年底开通）的20个楼盘作为样本，数据来源为链家对样本楼盘的二手房成交数据。

在楼盘品质、学区相同的前提下，离地铁越近，房价越高，租金越高。每远离地铁站500米，房价下降800~1200元/平方米，租金下降10~20元/平方米/月。距离地铁站越近，出行越方便，因此房屋价值也相应提升。从房价看，2022年11月，样本正地铁房、准地铁房、近地铁房、非地铁房的均价分别为8.2万元/平方米、7.3万元/平方米、6.0万元/平方米、4.6万元/平方米，离地铁站越近，房价越高。从租金看，2022年11月，样本正地铁房、准地铁房、近地铁房、非地铁房的租金分别为119.6元/平方米/月、95.6元/平方米/月、70.5元/平方米/月、53.9元/平方米/月。

距地铁越近，楼盘均价涨幅越大。地铁线为居民提供便捷的出行方式。2021年，上海轨道交通运营线路长度825千米，跃居全球城市首位，日均客运量达978万人次，承载了上海人的生活，也由此推动了地~房价格的上涨。2010年1月—2022年11月，样本正地铁房、准地铁房、近地铁房、非地铁房均价年均增长率分别为11.2%、8.8%、8.3%、7.4%（如图5-5）。样本地铁房的均价在开通前后涨幅较大，并且楼盘离地铁站越近，在开通前后涨幅越大。相应地铁线开通前后，样本正地铁房、准地铁房、近地铁房、非地铁房房价年均增长率分别为40.4%、24.8%、10.4%、7.9%。

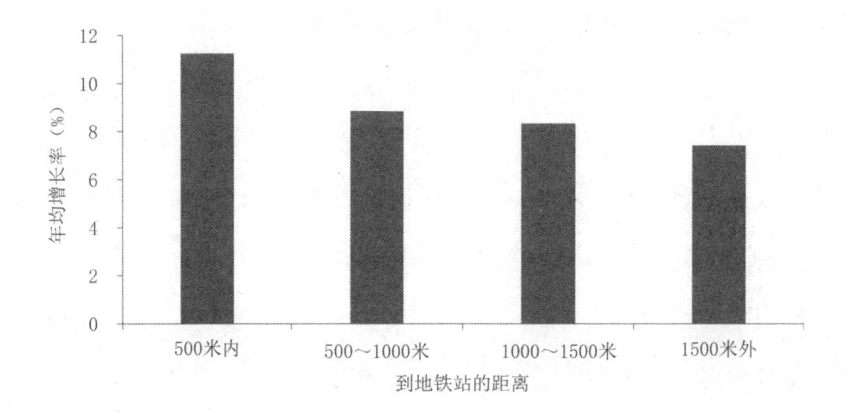

图5-5 2010年1月—2022年11月不同地铁房均价年均增长率

数据来源：链家

长沙——全国房地产调控的"模范生"

导读

  2010—2020年，在全国大部分一二线城市房价大涨的背景下，长沙房价、涨幅在全国主要城市中处较低水平，在全国主要城市中处于较低水平。2020年8月，中央电视台《焦点访谈》节目点名长沙，为长沙出色的调控手段和适量的商品房供给模式点赞，长沙已然成为全国地产调控的"模范生"。2020年12月，住建部在《建设工作简报》第79期刊载了题为《长沙市落实主体责任稳妥实施房地产市场平稳健康发展长效机制》的文章，对长沙在房地产市场调控方面的经验给予充分肯定，建议全国学习"长沙模式"。

  从供给端看，长沙是典型的多中心组团空间结构，土地供应量大；严格限制土地成交溢价率，控制房企拿地成本；设定商品房"成本+利润+税金"的价格构成，既确保房企一定的盈利空间，也确保房价相对稳定；约束房地产固定资产投资占比，保持对房地产建设总量的调控。从需求端看，长沙限制投机行为，针对房屋契税、人才购房、离异人士购房、购房摇号、限售，均要求严格。

房地产大趋势

2010—2020年长沙房价、房价收入比、涨幅在全国主要城市中处较低水平

从房价绝对值看，根据中国房价行情平台数据，2022年11月长沙二手房均价为12005元/平方米，位居全国主要大城市末位，低于周边省会城市武汉（18759元/平方米）、南宁（12405元/平方米）、南昌（13073元/平方米）；从房价收入比看，2010—2020年长沙维持在6~7，在主要大城市中居于末位，同期北京的房价收入比从22.5升至30.8，杭州从16.4升至21.4；从房价涨幅看，根据中指研究院数据，2010年1月—2022年11月，长沙市新房均价年均增长率6.2%，低于南京（7.9%）、郑州（7.0%）、武汉（6.6%）。2021年，长沙GDP居全国第15位，经济发展迅速的同时兼顾了"稳房价"。

2020年12月，住建部在《建设工作简报》第79期刊载题为《长沙市落实主体责任稳妥实施房地产市场平稳健康发展长效机制》的文章，对长沙在房地产市场调控方面的经验给予了充分肯定，建议全国学习"长沙模式"。

长沙房地产为什么调控得好

供给端：大量土地供应，首创商品房"成本+利润+税金"价格构成

城市规划：多中心组团均衡发展，住房需求有效分散

不同于从核心区向外围扩张的单一中心城市，长沙在全国较早提出"多中心、分散组团式"的城市布局，各组团均衡发展，降低了居民对特定区域的居住偏好，将住房需求有效分散，减轻了"职住分离"问题，带来了平衡房价的

"空间红利"。

早在1990年，长沙市政府出台的《长沙市城市总体规划（1990—2010）》就确定，在城市规划区内，沿湘江和319国道两条生长轴线拓展城市发展空间，构筑了"一组两次四组团"的"多中心、分散组团式"城市布局。而2014年4月由国务院批复的《长沙市城市总体规划（2003—2020年）》（2014年修订版），提出城市空间结构规划为沿多条生长轴线拓展城市发展空间，构筑"一轴两带多中心、一主两次五组团"的城市空间结构。从城市边际拓展看，多核心组团减轻了城市从"核心—边缘"区位价值递减的情况，提高了外围城区居住价值，拓展了城市居住边界，避免了单中心结构导致的中心城区住房需求旺盛无法疏解的问题。从各区房价看，长沙各区价格差异较小。根据中国房价行情平台的数据，2022年11月，长沙六区中岳麓区平均单价最高，为15839元/平方米；望城区平均单价最低，为9511元/平方米。长沙市自然资源和规划局在2021年底公示的《长沙市国土空间总体规划（2021—2035年）》中提出了增加副中心数量，如北部望城、东部黄兴等，扩张中心城区面积，未来城市建设空间有望进一步扩大。组团式的建设使得长沙的城市生态景观、公共交通设施及商业、购物、休闲文娱等在各个组团间分布较为均匀，带来了平衡房价的"空间红利"。

土地供给：实行"东拓西进，南移北扩"策略

2000年以来长沙实行"东拓西进，南移北扩"策略，城市建成区面积不断扩大，且规划目标被多次提前完成，土地供应量得到长期保证。《长沙市城市总体规划（1990—2010）》提出，至2010年时，长沙建设用地规模245平方千米、总人口230万。《长沙市城市总体规划（2003—2020年）》提出，至2020年时，主城区实际居住人口要控制在264万人以内，建设用地控制在253平方千米以内。这一目标在2008年被提前实现，因此《长沙市城市总体规划（2003—2020）》（2014年修订版）将2020年目标提升至人口规模629万，城市建设用地规模629平方千米。2019年，长沙实际建成区面积比2000年的119平方千米扩展了3.07倍。2003—2020年，长沙市建成区面积和建设用地面积年均增长率分为9.3%、7.0%，均处于较高水平；而同期南京、郑州的建成区面积年均增长率分别为4.0%、8.1%，建设用地面积年均增长率分别为3.1%、8.8%，长沙的土地供应量得到长期保证。

从土地用途看，2015—2020年长沙住宅用地供给增长近15倍，商住用地供给量增长2倍，增长率均不同程度地高于北京、成都等城市；从人均土地面积看，2010—2020年长沙人均土地供给超15平方米/人，位居二线城市前列。长沙的长期人口持续流入，但长沙采取加大供地的方式，形成了简易版的"人地挂钩"。

2018年7月，长沙市国土资源局出台《关于进一步加强土地市场调控的工作方案》，提出大力整顿"捂地惜建、囤地不建"行为，严格依法处置土地闲置和项目延期开工的行为；同时全力保障安居型商品住房用地，在新挂牌出让的商品住宅用地中，将安居型商品住房供地比例提高至60%以上。长沙商住和住宅用地供给量在2015年经历回落以来双双迎来高速增长期。

2020年，长沙商住用地供给面积为220万平方米，相比2015年的73万平方米增长201.4%；住宅用地供给面积为279万平方米，相比2015年的18万平方米增长14.5倍。而2015—2020年上海商住和住宅用地供给量增长分别为286.9%、18.4%；成都商住和住宅用地供给量增长2.4%、-42.9%；北京商住和住宅用地供给量增长分别为-0.8%、-3.6%（如图5-6）。上海经历了住宅和商住用地供给量双增长，但住宅用地供给量涨幅较小；北京的住宅和商住用地供给量均有所下滑；成都则是住宅用地供给大幅下降。全国很少有城市出现长沙这样住宅和商住用地供给量趋势出现"双高峰"的情况。

土地供给面积方面，2010—2020年，长沙的人均土地供给面积为15.7平方米/人，位居二线城市第三，仅次于太原（21.6平方米/人）、武汉（16.4平方米/人）。而同期青岛、南京、杭州、成都的人均土地供给面积分别为15.0平方米/人、12.4平方米/人、10.9平方米/人、9.8平方米/人，分别位居第四、第五、第六、第七。

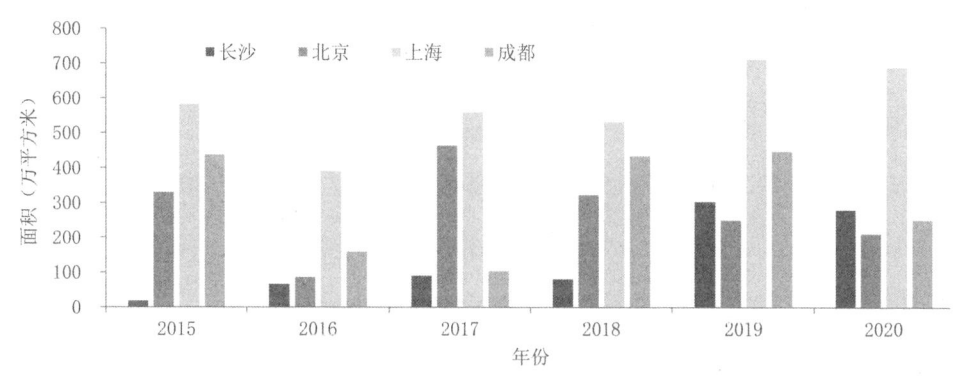

图5-6　2015—2020年四城住宅用地供应面积

数据来源：Wind

从土地供需比看，长沙商住和住宅用地供需比相对均衡稳定，2008—2020年长沙商住和住宅类用地平均供需比近1.20，略高于北京、上海、杭州等城市，且长期保持平稳大于1的状态。土地供需方面，2008年以来，长沙的商住用地和住宅用地供需比长期维持在近1.20的水平，但住宅用地供需比波动较大，数次下探至1以下（如图5-7）。商住用地方面，2008—2020年，长沙商住用地平均供需比为1.17，高于上海（1.14）、成都（1.11）、北京（1.10），长期商住用地供应可满足需求。住宅用地方面，2008—2020年，长沙的住宅用地平均供需比为1.19，高于成都（1.17）、杭州（1.14）、上海（1.13）、北京（1.10），长期住宅用地供需平衡。

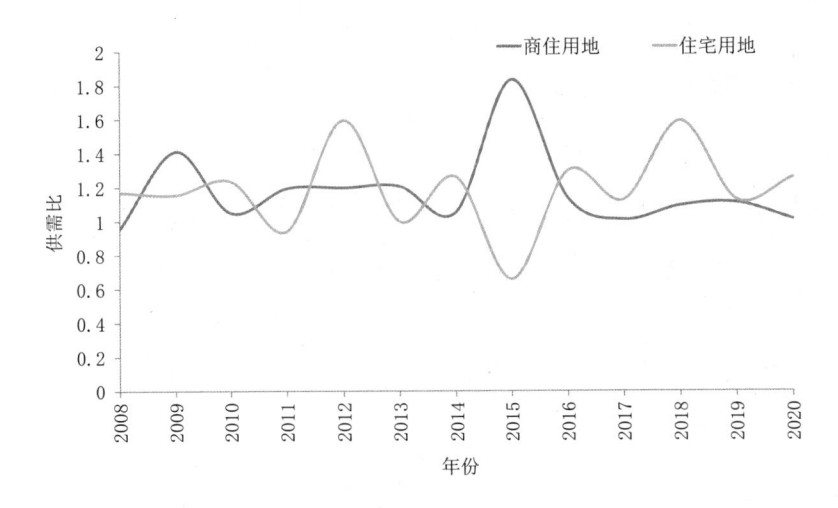

图5-7　2008—2020年长沙商住用地和住宅用地供需比

数据来源：Wind

长沙在2017年较早提出住宅最高土地成交溢价率为50%，2019年又提出商住经营性用地最高土地成交溢价率为30%，其阈值低于杭州、武汉、成都等城市，促使开发商理性争地，拿地成本降低，进而保证了房价平稳。住宅用地方面，2017年，长沙出台的《长沙市住宅用地"限房价、竞地价"试点操作规则》提出，根据住宅销售价与住宅综合开发成本，按不高于土地挂牌起始价的150%即最高溢价率为50%，综合确定土地交易最高限价；竞价达到最高限价时，改为现场摇号产生竞得者。而杭州于2016年9月出台的《加大土地供应　调整竞价方式》通过现场投报配建养老设施面积的程序按投报面积最高者确定竞得人；武汉2016年10月在土拍过程中首次启用"最高限价令"，提出最高成交价不得超过限定溢价率，最高溢价率不超过100%。对于开发商来说，"熔断"政策的推出和实施标志着土地原有的单纯竞价时代结束，促使开发商理性争地；另一方面，最终的土地竞得人拿地的成本降低，房屋的开发、建设成本也随之降低，有助于房价的降低。2008—2019年，长沙土地成交溢价率低于北京、杭州、南京、成都等城市。建设租赁住房的商住经营性用地方面，长沙市自然资源和规划局联合市住建局于2020年10月印发的《长沙市商住经营性用地出让限地价/溢价竞自持租赁住房实施细则（试行）》规定，当限价地块达到最高限价、不限价地块溢价率达到30%时，停止竞价，转为竞自持租赁住房建筑面积。而大多数一二线城市都通过改革土拍模式来调整限价力度，并未单独提出租赁住房的商住经营性用地溢价率规定。

值得注意的是，2021年8月，自然资源部召开闭门会议，对22个核心城市的土地出让政策进行调整，限制单宗住宅用地溢价率不得超过15%。长沙在2021年首轮集中供地中，平均土地溢价率仅为8%，位居22城的第15位。2021年初，自然资源部规定22个核心城市住宅用地公告不能超过三次，并且集中在3月、4月、8月，以促进各地土地交易市场平稳。集中供地政策的初衷是分散土地竞争，释放土地集中大量供应的预期信号，以平抑地价。各地自然资源和规划局官网的数据显示，第一轮集中供地成交数据中，有10个城市的地价平均溢价率超15%，其中厦门达34%，位列22城第一位；合肥、杭州地价平均溢价率分别为28%、26%，分别位列第二、第三位；但长沙的平均溢价率依然处于较低水平，仅为8%，位居第15位（如图5-8）。由于首轮集中供地并未实现政策的初衷，因此同年8月10日，自然资源部召开了闭门会议，对第二批次核心城市土地出让政策进行调整。

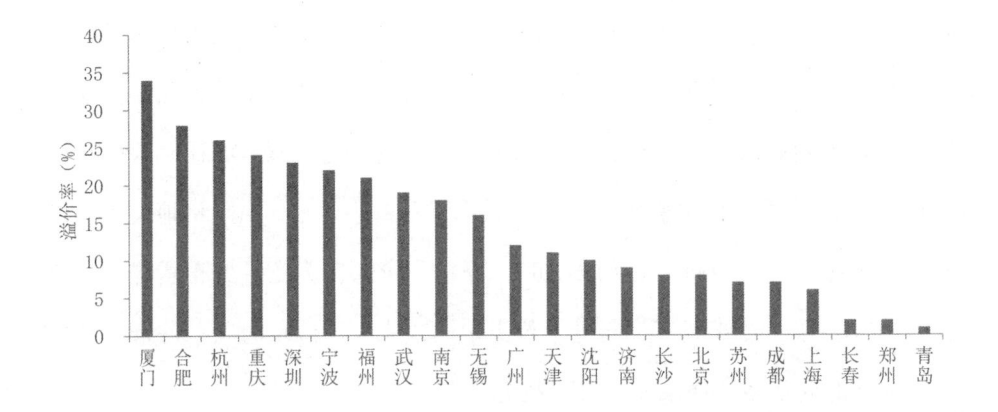

图5-8 2021年第一轮集中供地中22个核心城市的平均土地溢价率

数据来源：各地自然资源和规划局官网，中国网地产

住房供给："低端有保障"，住房供需长期平衡

在"低端有保障"方面，2008年7月，长沙市政府出台《长沙市经济适用住房货币补贴实施方案》，提出通过发放经济适用住房货币补贴的方式，力争2~3年内全面解决经济适用住房历史积压保障对象的住房问题。根据长沙市统计局的统计，长沙城镇住房保障覆盖率从2011年的19.51%升至2018年的23.21%，高出全国省会城市平均水平3个百分点，解决了20多万户家庭的住房问题，提前3年实现了《国家新型城镇化规划（2014—2020年）》提出的"十三五"末保障性安居工程受益覆盖率达23%的目标，极大地改善了中低收入困难群众的住房条件。

从住房租赁市场看，2018年长沙市政府出台的《关于加快发展住房租赁市场工作实施方案》指出，到2022年，通过政府统筹、企业建设、市场盘活等方式，新增各类租赁住房不少于500万平方米，其中新建200万平方米以上租赁住房、盘活300万平方米以上存量住房，形成广覆盖、多层次的租赁房源供应体系。截至2019年4月，长沙市累计建设（筹集）各类保障房22.92万套，其中经济适用房13.48万套，公共租赁住房9.44万套。保障性住房不但可以有效满足中低收入人群的住房需求，而且可以减少整个住房市场上的住房需求，从而减缓房价上涨。

长沙的房屋市场供应相对充足。从销供比看，2010年1月至2021年7月，长沙商品住宅销供比均维持在0.8～1.2的正常区间。从出清周期看，2013—2020年，长沙商品住宅平均出清周期为9个月，低于北京、西安等城市。根据中指研究院的数据，2010年1月至2021年7月，长沙商品住宅销供比从1.0上升到1.2，虽然在2016年、2017年、2018年出现供给缺口，但长期销供比浮动较小；而同期北京销供比浮动较大，多次低于0.8和高于1.2，如2018年仅为0.5；成都销供比浮动也较大，如2011年仅为0.6，但2017年为1.5。长沙长期保持商品住宅供需均衡，使得房价波动较小。出清周期方面，根据中指研究院的数据，2013—2020年长沙年均出清周期为9个月，而同期北京、西安、武汉年均出清周期分别为14个月、12个月、11个月。

针对开发商：首创商品房"成本+利润+税金"价格构成

长沙于2017年首创"成本+利润+税金"的商品房价格构成，限制商品住房的平均利润率为6%～8%，限价标准清晰严格，既确保了房企一定的盈利空间，也确保了房价相对稳定。长沙市发改委于2017年11月印发《长沙市限价商品住房价格管理暂行办法》，推行试点区域限价政策；2019年12月生效的《关于进一步完善我市新建商品住房销售明码标价监制有关事项的通知》，将这一政策应用于所有长沙商品房。商品房价格构成方面，长沙明确商品房价格由"成本+利润+税金"构成，并规定各种赔偿金、违约金、滞纳金和罚款不得计入商品房价格，对房企在营销过程中对销售成本的管控提出了更高要求，有效防止房企通过虚增成本避税和提高定价、转嫁成本的行为。而在一线城市中，仅有北京市住建委在2018年5月出台的《关于加强限房价项目销售管理的通知》，其中仅规定，如果限房价项目的销售限价与周边市场价格评估价之比高于85%（价差比低于15%），该限房价项目将由开发商直接作为商品房；不高于85%时，将收购转化为共有产权住房。相对于长沙直接规定利润率绝对值的政策，北京限价政策偏向限制相对价格，限价手段相对宽松。利润率限制方面，2018年10月长沙市发改委出台《关于进一步完善我市新建商品住房销售明码标价监制有关事项的通知》，明确规定了商品住房价格构成，并要求商品住房平均利润率为6%~8%。根据中指研究院统计，2019年前三个季度，长沙房企平均利润率约为10%，而2017—2020年全国百强房企的净利润率均超11%。

房地产固定投资：长期保持房地产投资占比25%的合理衡量值

2000—2017年，长沙房地产开发投资额占全市固定资产投资额比例均处于25%的合理区间，平均值为23.8%。房地产固定资产投资占比大于25%，会导致供过于求，超过一般城市化进程所需的金融资源会导致泡沫；反之则会影响城市的正常发展。同时期深圳、广州、成都的占比分别为37.0%、38.8%、31.2%，与25%的合理衡量值相差较大。

需求端：限制投机行为，针对房屋契税、人才购房、离异人士购房、购房摇号、限售均要求严格[1]

从房屋契税征收看，长沙首套房契税征收税率与一线城市及同类型省会城市基本持平，但在2019年率先在全国取消二套住房契税优惠政策，二套房屋

---

[1] 本节时间背景截至2021年。

及二套以上房屋的契税征收标准达4%，高于北京、上海（3%），契税税率较高，增加了购买多套住房的成本，限制投机行为。首套房契税征收标准方面，在长沙购买首套房且房屋建筑面积不超过90平方米的，契税标准为1%；大于90平方米的按照1.5%的税率征收契税，与上海、杭州、武汉等地持平。二套及以上房屋的契税征收标准方面，2019年之前，长沙实行2016年财政部规定的购房契税税率优惠政策，二套房契税与全国其他城市（除北京、上海、广州和深圳）持平，建筑面积在90平方米及以下的，按照1%的标准征收契税；90平方米以上的，契税税率为2%。2019年，长沙市出台《关于调整长沙市第二套住房交易环节的契税政策的通知》，规定自2019年4月22日起，在长沙市范围内停止执行对家庭第二套改善性住房的契税优惠税率，二套房屋及二套以上房屋的契税征收标准达4%；而武汉、杭州等城市依旧实行2016年财政部规定的购房契税税率优惠政策。具体来看，二套房建筑面积小于或等于90平方米的房产，长沙征收的契税为4%，高于北京、上海的3%和武汉、杭州的1%；二套房屋建筑面积大于90平方米的房产，长沙征收的契税为4%，高于北京、上海的3%及武汉、杭州的2%；三套房屋及以上所有建筑面积，长沙征收的契税为4%，高于上海、武汉的3%。契税税率较高，会增加购房者的成本，可适当压制购买二套住房的需求。

值得注意的是，根据《中华人民共和国契税法》要求，2021年9月1日起，湖北、广东、海南、四川、贵州等多地不实施第二套住房契税优惠政策，税率重新提升到3%；河北、辽宁、河南3省确定了3%和4%两档税率。根据1997年颁布的《中华人民共和国契税暂行条例》，境内转移土地、房屋权属，承受的单位和个人为契税的纳税人，应当按条例法规缴纳契税，契税税率为3%~5%。但2010年出台的《财政部 国家税务总局 住房和城乡建设部关于调整房地产交易

环节契税 个人所得税优惠政策的通知》对契税政策进行了调整，即个人购买普通住房作为家庭首套房，契税减半；其中面积为90平方米及以下的，契税标准降为1%。到2016年《财政部 国家税务总局 住房城乡建设部关于调整房地产交易环节契税 营业税优惠政策的通知》出台，契税标准按照房屋面积分类，房屋建筑面积在90平方米及以下的，减按1%的税率征收契税；面积为90平方米以上的，家庭首套房减按1.5%、二套房减按2%的标准征收契税（北京市、上海市、广州市、深圳市暂不实施契税优惠政策）。

从人才购房看，长沙市住建局于2017年8月出台《长沙市人才购房及购房补贴实施办法》，其中规定，非本市户籍的专科及以上学历人才，须满足在长工作、生活24个月才能购买住房（提供24个月工资流水和居住证），时间长于广州、南京、西安等城市，限制了短期运用人才政策进行投机的行为。而南京市政府2021年1月的《南京市人才购买商品住房办法》规定，取得博士学位的人才与单位签订1年及以上劳动合同即可在当地购房；广州市政府2021年4月发布的《关于完善我市房地产市场平稳健康发展政策的通知》规定，仅须提供购房之日前12个月在人才认定所在区连续缴纳个人所得税或社会保险的缴纳证明，即可在当地买房。在人才购房方面，长沙与广州、南京、西安等城市相比，限制政策不仅出台较早，且对获取购房资格的时长限制更严，能够充分筛选出愿意定居于长沙、为长沙做出贡献的人才，限制短期运用人才政策进行房产投机的行为。

从离异人士购房看，长沙在全国各城市中，较早对"假离婚"买房的行为进行了限制，2018年提出，夫妻离异后任何一方2年内购买商品住房的，其拥有住房套数按离异前家庭总套数计算，这限制了通过"假离婚"或者"假结婚"等方式"曲线"买房、炒房之风。长沙市在2018年6月便在《长沙市人民政府办公厅关于进一步加强房地产市场调控工作的通知》中明文单列出：夫妻离异后任何一方2年内购买商品住房的，其拥有住房套数按离异前家庭总套数计算。南京在2020年7月出台的《南京市住房和城乡建设委员会关于促进我市房地产市场平稳健康发展的通知》中，才有此项规定；北京则是在2021年8月才出台《北京市住房和城乡建设委员会关于进一步完善商品住房限购政策的公告》规定：夫妻离异的，若原家庭在离异前拥有住房套数不符合本市住房限购政策规定（即两套及以上）的，自离异之日起3年内，任何一方均不得在本市购买商品住房。在打击"假离婚"方面，长沙与南京、上海、深圳、北京等城市相比，较早出台政策堵住了通过"假离婚"获取购房资格的漏洞，限制了通过"假离婚"或者"假结婚"等方式"曲线"买房、炒房之风。

从购房摇号政策看，2017年长沙在全国较早推行公证摇号销售住房制度，只需满足"累计购房客户大于可供房源"的条件，即可采取公证摇号方式销售住房。长沙开启公证摇号的程序门槛严格，根据2017年长沙市住建委出台的《长沙市限购区域内新建商品住房销售摇号具体操作程序》，长沙市规定限购区域（芙蓉区、雨花区、天心区、开福区、岳麓区、望城区、长沙县）内的商品住房，只需满足"累计购房客户大于可供房源"的条件即可采取公证摇号方式销售住房。长沙公证摇号政策的出现，是对限价政策的进一步补充与深化。相比之下，其他一些一二线城市往往需要其他表明楼盘"热销"的条件方才启用摇号，例如，上海市2021年出台的《关于促进本市房地产市场平稳健康发展的意见》规定，购房人在认购后，将综合家庭、5年内在沪购房记录等因素，拥有一个分数，再按照摇号人数比房源多30%的原则，产生进入公证摇号选房的人员名单；2020年成都市出台《关于完善商品住房公证摇号排序选房有关规定的补充通知》规定，需要"登记购房人数在当期准售房源数1.2倍至3倍之间",才启动摇号程序。

长沙在2018年较早提出个人和企业购房限售期，且限售时长高于广州、南京等城市，分别为取得不动产权属证书满4年、5年，才能售卖。个人出售房产方面，长沙的限售年限长于广州、成都、重庆、南京等城市。长沙于2018年6月25日出台《长沙市人民政府办公厅关于进一步加强房地产市场调控工作的通知》，规定在长沙本市限购区域内个人购买的商品住房，须取得不动产权属证书满4年后方可上市交易。

而根据2017年3月出台的《广州市人民政府办公厅关于进一步加强房地产市场调控的通知》，广州的房产取得不动产证满2年后即可转让；成都在2018年5月的《成都市人民政府办公厅关于进一步完善我市房地产市场调控政策的通知》中规定，新购住房取得不动产权证满3年后即可转让。长沙对个人出售房产时间的限制长于其他城市，长达4年的等待交易期意味着通过市场差价赚钱的方式将遭遇长周期带来的风险冲击。

企业出售房产方面，《长沙市人民政府办公厅关于进一步加强房地产市场调控工作的通知》中提出，暂停企业在限购区域内购买商品住房，已购买的商品住房取得不动产权属证书满5年后方可转让。而广州则在上述政策中规定，企业取得不动产证满3年后可转让。长沙对企业出售房产提出限制的政策时间虽晚于广州，但其规定的转让时间长于广州，这削弱了企业投资房产资金的流动性，从而抑制了企事业单位的炒房行为。

重庆打出稳房价"组合拳"

导读

2010—2019年间,在全国大部分一二线城市房价大涨的背景下,重庆的房价、房价收入比、涨幅在全国主要城市中处较低水平。本文主要研究2010—2019年,重庆在经济快速增长的同时如何兼顾"稳房价",重庆对房地产市场有哪些有效的、具有"重庆特色"的调控手段。

我们研究发现,从供给端看,重庆是典型的多中心组团空间结构,地票制度将农民进城与土地指标转移挂钩,并且将零散土地供应统一收储后,由"政府主导规划+市场化土储机构"持续稳定、有节奏地出让,为土地一级市场提供了源源不断的"活水"。此外,坚持"人房挂钩"、约束房地产固定资产投资占比等,保持对房地产建设总量的调控。从需求端看,重庆人口流入不足、收入水平较低,房产税抑制高端住房市场需求。

(1)典型的多中心组团空间结构,各组团均衡发展降低了居民对特定区域的居住偏好,将住房需求有效分散,带来了平衡房价的"空间红利";

（2）首创"地票制度"，地票是跟随农民进城的市场化"人地挂钩"。重庆地票交易面积大，累计贡献了超三成的土地供应。经历了十余年的发展，地票制度也趋于成熟，是历经考验的土地交易制度；

（3）土地战略有完善合理的顶层设计，采用"政府主导规划+市场化土储机构"结合的模式。在土地规划上，施行土地储备的"超前储备、一步到位；细水长流，逐年供应"；

（4）将房地产建设与人口变化相关联，保持人均住宅面积约30平方米。重庆保障性住房建设起步早，并开创了"重庆模式"公租房制度，建立了市场供给与政府保障并举的"双轨制"体系；

（5）提出"每年房地产固定资产投资不超过全市固定资产投资的25%"的调控原则。房地产固定资产投资大于25%会导致供过于求，产生泡沫。相反，房地产投资偏少，则不足以支持城市化进程；

（6）中低端制造业集群多，居民收入低于其他主要城市，人才吸引力相对较弱；

（7）采取"高端有约束"的区别化房地产调控思路，开展第一批房产税试点，利用税收工具抑制高端住房需求，调节收入分配。

2010—2022年重庆房价、涨幅在全国主要城市处较低水平

从房价绝对值看，2022年12月，重庆二手住宅均价1.4万元/平方米，低于南京、杭州、成都、厦门等二线城市；从房价收入比看，2010—2019年，重庆房价收入比在8.4至11.5区间，处于主要城市中下游；从涨幅看，同期重庆房价年

均增长率7.4%，低于主要一二线城市。

根据中指研究院数据，2011年1月—2022年12月，重庆住宅二手房均价从6634元/平方米涨至13910元/平方米，同时期成都、天津分别从9437元/平方米、9345元/平方米涨至17007元/平方米、26771元/平方米。与一线城市比，上海普陀区均价7.8万元/平方米的两室一厅，76平方米价值约560万元，可在重庆沙坪坝区买同层次的二手房5.6套。2010—2019年，重庆的房价收入比稳定在8.4~11.5，在主要大城市中居于中下游。同期上海的房价收入比在20.6~26.6，杭州在11.2~16.4。2011年1月—2022年12月，重庆商品住宅年均增长率6.4%，在20个一二线样本城市中居第17位（如图5-9）。2016年我国一二线城市房价快速升温，2014—2017年重庆GDP增速领跑全国，但重庆房价增长率仍处较低水平。2014—2017年，重庆商品住宅年均增长率9.6%，甚至低于徐州、金华等三四线城市。重庆在经济快速增长的同时兼顾"稳房价"，成果引人注目。

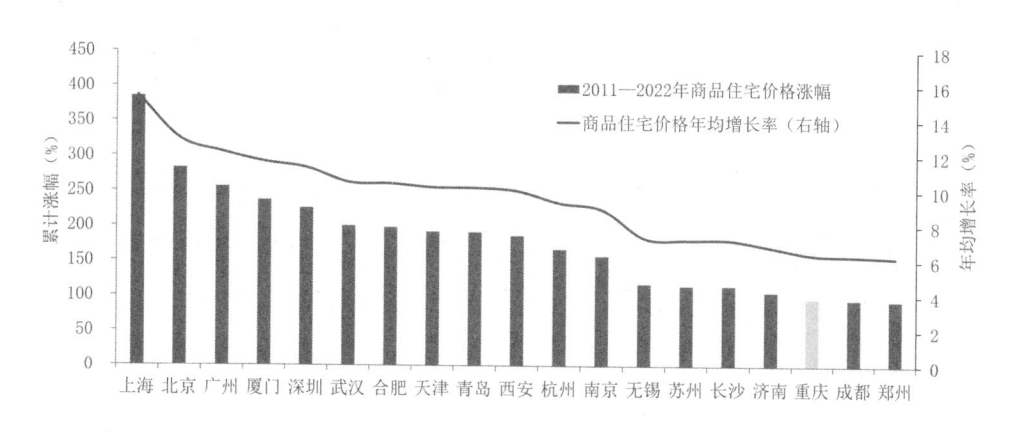

图5-9　2011—2022年国内主要城市房价涨幅

数据来源：中指研究院

重庆房地产为什么调控得好

从供给端看,重庆是典型的多中心组团空间结构,地票制度将农民进城与土地指标转移挂钩,并且将零散土地供应统一收储后,由"政府主导规划+市场化土储机构"持续稳定、有节奏地出让,为土地一级市场提供了源源不断的"活水"。此外,坚持"人房挂钩"、约束房地产固定资产投资占比等,保持对房地产建设总量的调控。从需求端看,重庆人口流入不足、收入水平较低,房产税抑制高端住房市场需求。

供给端:大量土地供应、充沛的保障性住房

城市规划:多中心组团均衡发展,住房需求有效分散

不同于从核心区向外围扩张的单一中心城市,在两江、四山的天然屏障分割下,重庆是典型的多中心组团空间结构,各组团均衡发展,降低了居民对特定区域的居住偏好,将住房需求有效分散,减轻了"职住分离"问题,带来了平衡房价的"空间红利"。

早在2007年,由国务院批复的《重庆市城乡总体规划(2007—2020年)》就将重庆的都市区空间结构规划为"一城五片,多中心组团"。组团拥有自己的商业中心及相关配套,是城区内相对独立的区域。2021年重庆市规划和自然资源局公示的《重庆市国土空间总体规划(2021—2035年)》进一步整合各组团,建设"两江四山三谷、一核一轴五城",各组团向科学中心、金融中心等方向分化,区域相对独立,功能完整而又各具特色。从城市边际拓展看,多核心组团减轻了城市从"核心—边缘"区位价值递减的情况,提高了外围城区居住价值,拓展了城市居住边界,避免了单中心结构导致的中心城区住房需求旺盛无法疏解的问题。从职住平衡看，重庆在历代规划中，组团内部注重生产合理配比居住、必要设施等，因此居民工作和居住地相对平衡。职住平衡减少了人口的跨区流动，据中国城市规划设计研究院交通研究分院调查，重庆居民日常出行中，组团内部出行占比约70%。从各区房价看，各区之间房价差异较小。2022年12月，重庆主城九区中，房价最高的为渝中区的17540元/平方米，最低为巴南区的11403元/平方米（如图5-10）。组团式的建设使得重庆的城市生态景观、公共交通设施及商业、购物、休闲文娱等在各个组团间分布较为均匀，带来了平衡房价的"空间红利"。

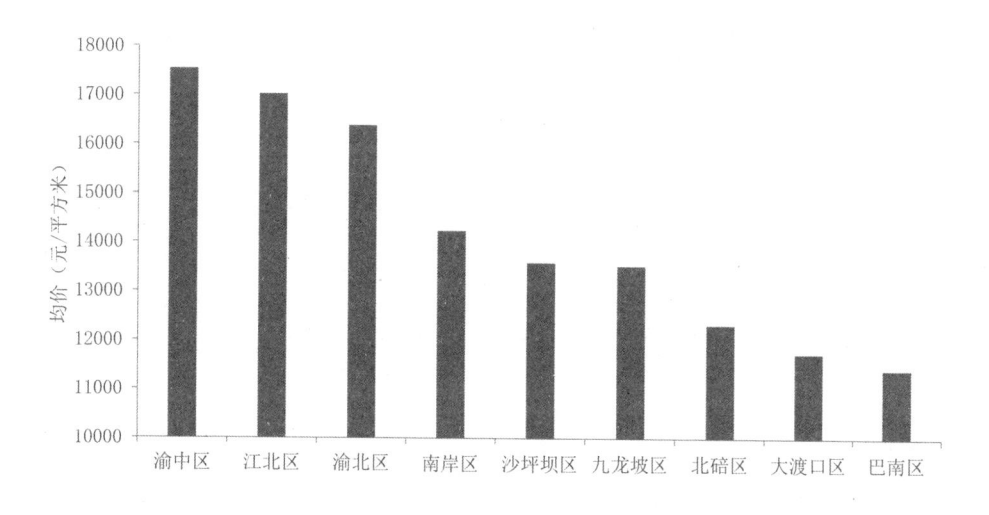

图5-10　2022年12月重庆主城区二手住宅均价

数据来源：中国房价行情平台

地票制度：跟随农民进城的市场化"人地挂钩"

地票制度解决了"二元分割"供地困境，盘活了广阔的农村闲置、废弃土地；通过复垦、交易、落地和分配，有效疏通了农村建设用地退出渠道，促进城乡间土地流转。

2008年12月，重庆作为全国统筹城乡综合配套改革试验区之一，成立了全国首个农村土地交易所——重庆农村土地交易所，探索农村集体建设用地和城市建设用地指标远距离、大范围置换的"地票"交易，以解决我国"二元分割"的土地制度下城市人口和建设用地增加，农村人口减少但建设用地不减反增，即农民进城却"两头占地、人地脱钩"的困境。本质上，地票是指农民进城后，将农村废弃的建设性用地（宅基地）复垦为耕地，形成地票，并通过地票交易所卖给开发商。由于一亩耕地地票可卖到二三十万元，农民交易积极性高。而开发商不用再通过行政审批建设用地指标，可以买市场化的地票，持票即可选择合适位置并提出用地申请，最终通过"招拍挂"完成土地交易（如图5-11）。

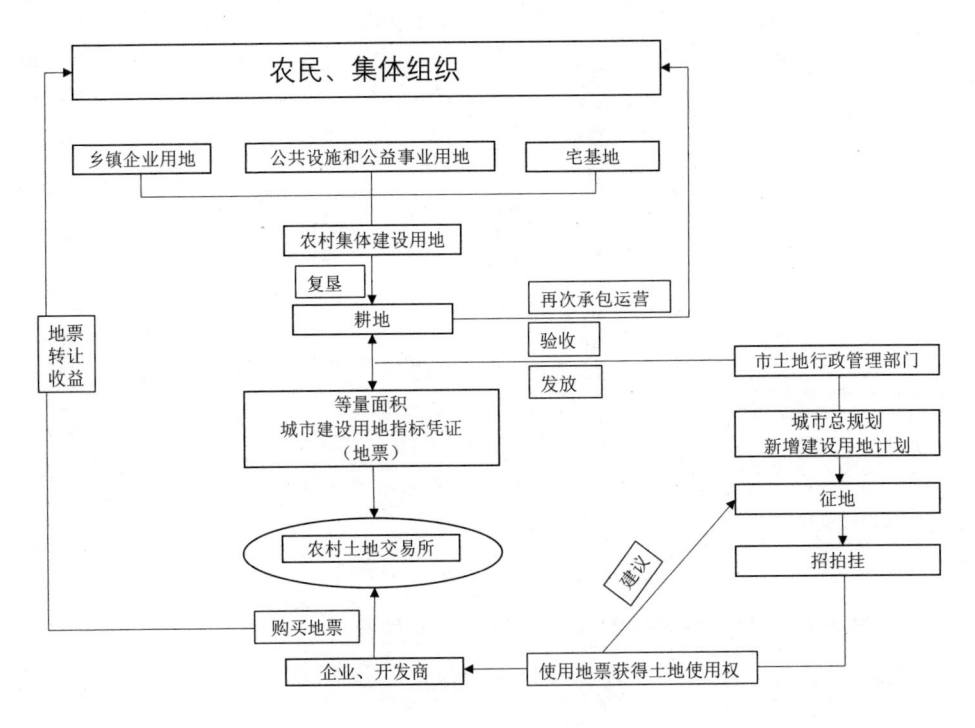

图5-11 地票制度运行模式

资料来源：泽平宏观

重庆地票交易热度高、交易面积大，累计贡献了超三成土地供应。经历十余年发展，地票制度趋于成熟，是历经考验的土地交易制度。从地票交易数据看，重庆地票交易热度高，年均交易约20次。从成交面积看，地票制度实施以来，交易规模最大的为2011年，成交面积高达5.29万亩。根据重庆土地交易所现所有公开数据，截至2020年末，重庆农村土地交易所累积供应地票33.7万亩、成交地票33.6万亩，使用地票新增供地26.5万亩，占地票制度成立以来土地供应的30.4%；从成交价格看，地票交易单价在2011年达到24.42万元/亩的峰值，此后开始平稳降低并保持在18万~20万元/亩的水平。至2020年末，地票成交总额638.9亿元，成交均价稳定在20.17万元/亩。根据交易趋势判断，地票交易经历了2008—2011年的急剧增长阶段、2012—2014年的基本稳定阶段和2015—2021年的平稳增长阶段，市场趋于成熟。从地票使用区域看，80%以上的地票使用在重庆主城与渝西片区，有效增加了重庆功能核心区的土地供应规模（如表5-2）。

表5-2　2018—2020年重庆地票交易运行情况

单位：亩

	供给面积			购买面积			使用面积		
	2018年	2019年	2020年	2018年	2019年	2020年	2018年	2019年	2020年
合计	40566	28074	26732	40566	30087	24440	40409	26817	30019
主城	428	369	231	15380	10739	12525	18558	9606	16344
渝西	7675	4260	4640	17366	11760	8311	13635	12223	9084
渝东北	21336	16128	17789	5390	5829	2730	6683	4988	3364
渝东南	7665	7317	4072	2430	1759	874	1533		1227
转让	3462								

数据来源：重庆农村土地交易所

完善的三层土储体系，超前土地储备，"细水长流"式供应土地一级市场

重庆积极开发土地资源，自2005年起不断提高城镇建设用地规划面积，实际建成面积更是高于规划，建成区面积不断扩大。《重庆市城乡总体规划（2007—2020年）》提出：到2010年，城镇建设用地总面积为580平方千米，至2020年提升至865平方千米；2011年修订版将2020年规划面积提升为1188平方千米（如表5-3），实际上到2019年就已达到1464平方千米，12年建成三倍新重庆。从建设用地面积增长率看，2007—2021年，重庆城市建成区面积由667平方公里扩张至1645平方公里，年均复合增长率6.7%。北京、上海由于成长建设期已过，历年城市建设用地基本维持稳定，增速不明显；天津同为直辖市，2007—2021年城镇建设面积年增长率约为5.7%，相比重庆，城市扩张速度稍慢。

表5-3　2005—2019年重庆城市建设政策规划

时间	规划	内容
2005年	《重庆市城乡总体规划（2007—2020年）》	2005年都市区城镇建设总用地为465平方千米。规划至2010年城镇建设总用地为580平方千米，人均城镇建设用地为88平方米；至2020年城镇建设总用地为865平方千米，人均城镇建设用地为93平方米。
2011年	《重庆市城乡总体规划（2007—2020年）》（2011年修订版）	调整规划至2020年城镇建设总用地为1188平方千米，人均城镇建设用地为99平方米。中心城区城市建设总用地为561平方千米。
2014年	《重庆市城乡总体规划（2007—2020年）》（2014年深化文本·图集）	城镇体系深化为1个市域中心城市、2个区域性中心城市、27个区县城、500个左右小城镇。
2019年	《重庆市国土空间总体规划（2021—2035年）》	构建"一区两群"协调发展格局，其中主城都市区构建"两江四山三谷、一核一轴五城"多中心组团式空间格局；主城新区"扩容提品质"。其中五城为中部历史母城、东部生态之城、西部科学之城、南部人文之城、北部智慧之城。

数据来源：重庆市规划和自然资源局

重庆国有土地储备整治管理是"政府主导规划+市场化土储机构"结合的模式。从储备体系看，重庆土储按照"一根管子进水，一个池子蓄水，一个龙头放水"，分为三个层级。2002年10月起实施的《重庆市国有土地储备整治管理办法》，标志着重庆土地储备制度正式建立，完善了土地投放总量调控机制。从宏观调控看，重庆政府部门进行城市土地管理，根据土地利用总体规划，将征用的农村集体土地等予以储存。土储机构方面，土储整治机构通过市场化融资购地，对土地进行道路铺设、水电等基础设施建设，将生地变为可建造房屋的熟地。从储备体系看，重庆土储体系第一层是以重庆市国土资源和房屋管理局牵头的执行机构，负责对全市的土地资源进行管理；第二层是由市政府授权成立的地产集团、城投公司、重庆渝富公司等十大国有独资公司，依照市场化模式运作，负责主城九区及全市重要项目用地的储备；第三层是土地和矿产权交易中心，作为土地使用权交易、转让的场所。各土地储备机构对土地（生地）进行前期开发后，土地行政管理部门将熟地交给土地矿产权交易中心进行出让，达成"一个龙头放水"的调控目标。

重庆在快速建设阶段一次性完成"超前储备"，之后每年只开发5%，实现土地储备"细水长流"式供应。在住宅类用地供应方面，保证住宅用地占城市用地超30%，居一二线城市前列。

从土地储备总量看，2002年，重庆一次性储备了主城40多万亩土地，至2009年，各大储备集团又在主城区共进行了46584亩的有效储备。从后续土地供应看，重庆在2002年之后20年内，每年只开发储备土地的5%，即2万亩左右。2002—2017年，重庆通过"招拍挂"出让了20余万亩土地，实现了土地储备"细水长流"式供应，做到了"手有余粮心不慌"。在住宅类用地供应方面，重庆坚守住宅用地配比红线，把城市用地的至少20%用于住宅开发，55%用于

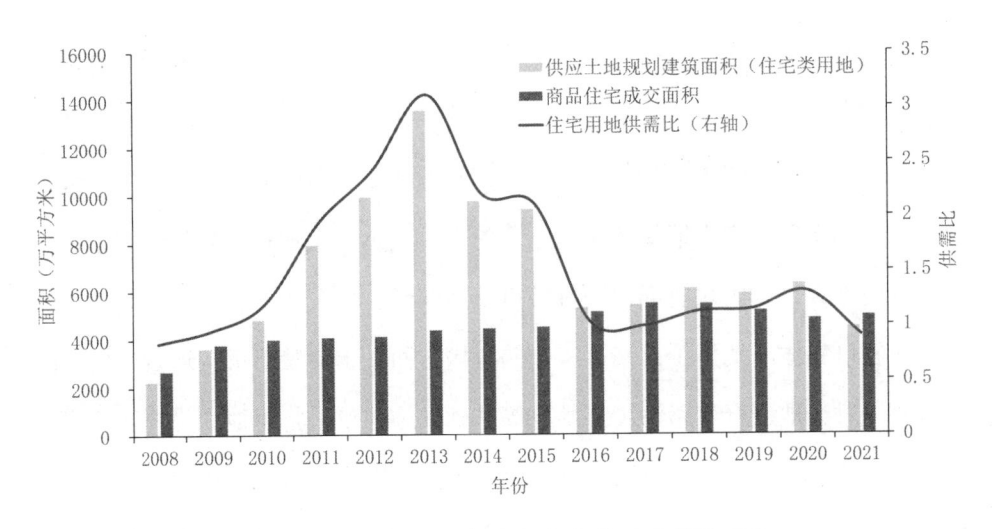

图5-12　2008—2021年重庆住宅类用地供需变化

数据来源：Wind

公共基础设施建设，至多25%用于工业、商业开发，解决了为GDP大手大脚搞工业、工业用地占比太高的问题，带来了与城市扩张相匹配的住宅土地供给，消除了城市发展的土地瓶颈。2008—2022年，重庆供应住宅类用地共430.7万平方千米，住宅用地供需比长期维持在大于1的超供状态（如图5-12）。从规划结果看，2002年以来，重庆居住用地占城市建设用地的面积稳定在30%左右，超额完成计划中城市用地至少20%用于住宅的比重，2011—2021年平均约为33%，高于北京（29%）、天津（28%）、苏州（27%）（如图5-13）。

重庆地票、土储制度等使重庆保持了大量土地供应，维持了"楼面地价不超过当期房价的1/3"，以控地价来稳房价。如果一地块周边当期房价为1万元/平方米，那么地价拍到3300元/平方米就要适可而止，否则就会推高房价。当土地供应比较充分、合理、有效的时候，如果地价偏高，重庆就拿出政府的储备地增加土地供给平衡地价。2008—2021年，重庆成交的楼面土地均价占房价均

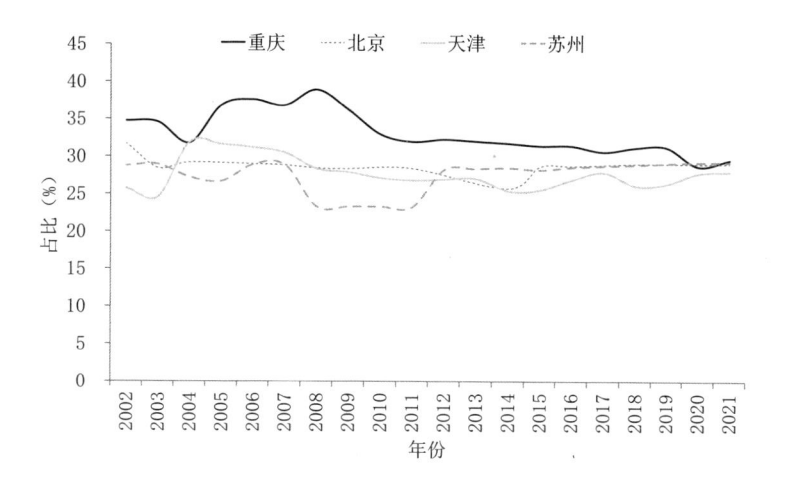

图5-13　2002—2021年渝、京、津、苏四城
居住用地占城市建设用地面积变化

数据来源：Wind

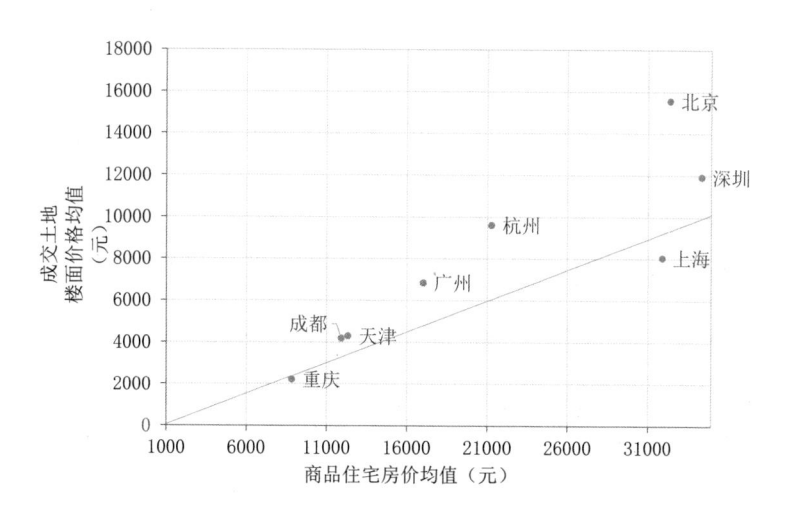

图5-14　2008—2021年全国主要城市地价占房价比重情况

数据来源：Wind

值的25%，而其他一二线城市如北京、杭州、成都分别为48%、45%、35%（如图5-14）。从土地溢价率看，重庆土地溢价率波动较小，且土地溢价率保持在20%以下，普遍低于其他重点城市。从人均住宅类供地建面看，重庆人均住宅土地供给充足，处于全国前列。重庆自2008年起，每人每年新增供应住宅土地建面在1~2平方米，为北京、上海、广州的2~3倍。

"人房挂钩"的住宅建设规划、"低端有保障"的保障性住房，充沛住房供应市场

重庆在计划、审批新房建设开发的过程中，把握"人房挂钩"的思路，将房地产建设与本市人口变化相关联，将人均住宅面积控制在30平方米左右。房地产建设过量会产生大量空置房，导致资源的浪费；建少了又供不应求，推升房价。从每新增人口的住宅供应面积看，2005—2021年，重庆常住人口净新增了414万人，在此期间重庆住宅竣工房屋面积高达42917万平方米，每净新增人口的住宅竣工面积约为104平方米，居我国主流城市之首。重庆为新增人口提供了远超其他城市的新房供应量，约为北京、上海供应面积的3倍，深圳的12倍。二线城市如武汉、郑州、宁波的每新增人口的住宅供应面积分别为42平方米、41平方米、39平方米，均低于重庆的住宅供应面积。从每新增人口的住宅竣工套数看，2011—2021年，重庆维持着年均35万套的住宅竣工套数，每新增常住人口住宅供应约为1.31套，明显供大于求。而北京、福建、广东分别为0.79套、0.58套、0.27套（如图5-15）。

在"低端有保障"方面，重庆保障性住房体系建设起步早，开创了"重庆模式"公租房制度，实现了市场供给与政府保障并举的"双轨制"住房体系。重庆年均约25%的保障房供地占比，有力地保证了中低收入购房者的住房供给。早在2002年，重庆市政府就出台了《重庆市城镇廉租房保障办法（试

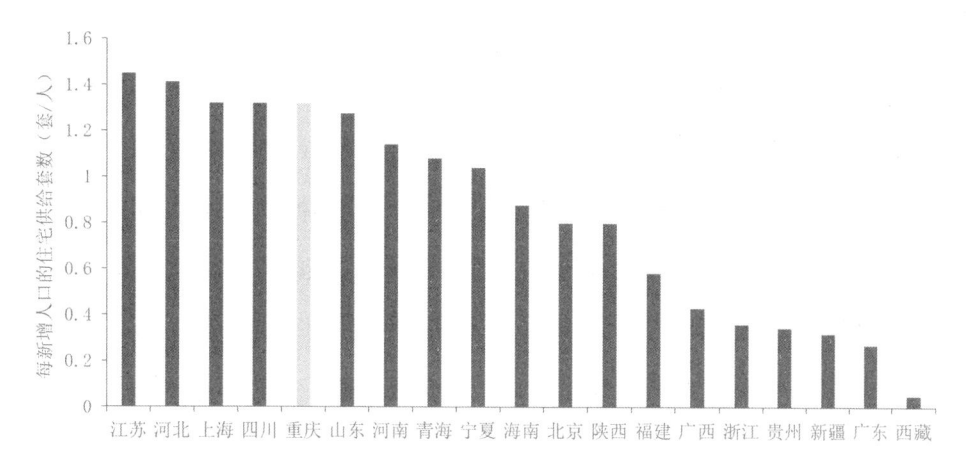

图5-15 全国主要地区每新增人口的住宅供给套数

数据来源：Wind

行）》，启动了廉租房保障工作。"重庆模式"概念由国家七大部委提出，指2010年重庆启动的公租房规划与户籍制度改革两大举措，其灵魂在于加大保障房建设，并第一次在实际操作中实现了双轨制。从具体规划看，自2010年起，重庆就加大保障房供应量，计划投入1200亿元建设公共租赁住房，同时开展2000万平方米的廉租房建设。截至2022年9月底，重庆共建公租房58.3万套，已分配55.4万套，保障中低收入群体约140万人实现了"住有所居"。其中，市级公租房31.8万套，已分配30.6万套，75%为进城务工及外地来渝工作的无住房人员，全面落实公租房保障范围常住人口全覆盖。对比我国其他地区，截至2021年，北京、山东、浙江分别累计完成20.0万套、19.7万套、18.6万套公租房分配，远远低于重庆。

房地产固定资产投资：把握金融源头，控制投资力度

早在2008年，重庆就提出"每年房地产固定资产投资不超过全市固定资产投资的25%，即不超过GDP的1/6"。房地产固定资产投资大于25%会导致供过于求，超过一般城市化进程所需的金融资源会产生泡沫，相反，则会影响城市的正常发展。重庆市政府、国土资源等部门会对每个楼盘的规划审批严格把控，以保证房地产固定资产投资占比，维持供求平衡。从具体方法看，房产商买地以后，每个楼盘都由政府做控制性详细规划、建设设计规划，并由国土资源和房屋管理局、规划局批准。如果当月房产投资量超过全市固定资产投资的25%，就把部分房地产商报来的规划件暂时搁置；如果低于25%，有关部门按法规批准即可施行，加快建设进度。另外，在建设部门也有一些手续上的快慢可以由政府把控。从房地产投资占固定资产投资总额比重看，自2009年起的十余年间，重庆的房地产投资占总投资额比重始终在22.0%左右。2009—2021年，重庆的房地产投资占总投资额比重均值为22.0%，而一线城市中的北京、上海、深圳房地产投资占比偏高，均值分别为53.3%、50.5%、36.5%；二线城市中的武汉、厦门、成都分别为30.7%、35.7%、29.7%，均与25%左右的标准相差较大。

需求端：人口、收入难撑高房价，房产税抑制高端需求

重庆收入水平相对较低，长期人口增幅低

重庆中低端制造业集群多，居民收入低于其他主要城市，人才吸引力弱。2010—2021年重庆常住人口数量有所增长，但2000—2021年经历20多年时间，常住人口仅增长120万人。

根据国家统计局公布的2021年城镇居民人均可支配收入，统计样本选取我国36个一二线城市，其中重庆城镇居民人均可支配收入43502元，位于倒数第七，与北京（81518元）、长沙（62145元）、武汉（55297元）、天津（51486元）相比，重庆居民的收入水平明显落后于一线以及大部分二线城市。从历史

数据看，截至2021年，重庆城镇居民人均可支配收入长期位于样本城市末端，"人随产业走、人往高处走"，重庆收入水平的弱势会促进人口流向收入水平高的一线城市或东部热点城市。重庆商品住宅置业者以市内群体为主，依靠内部需求，房价上涨动力不足。重庆常住人口在2003年达到峰值3130万人，经历了人口净流出后，2008年常住人口2839万人，2021年国家统计局数据显示重庆常住人口重归3212万人数量，即便如此近年来常住人口总量增长仍不明显。2010—2021年，重庆市年均常住人口增量29.7万人，低于二线城市成都、郑州、武汉的64.9万人、37.1万人、35.1万人，在22个样本城市中排名第十（如图5-16）。

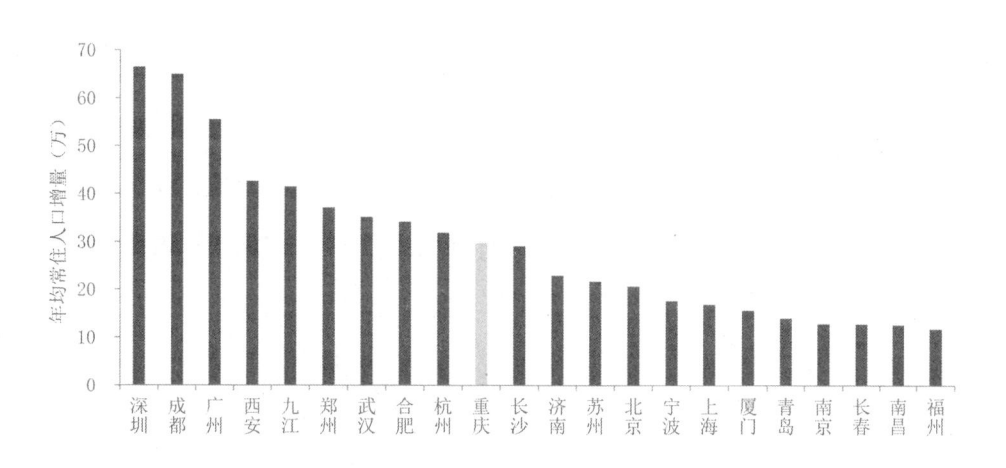

图5-16 2010—2021年样本城市常住人口年均增量

数据来源：Wind

重庆房产税试点，高端有约束

（1）重庆政府采取"高端有约束"的区别化房地产调控思路，开展第一批房产税试点，利用税收工具抑制高端住房需求，调节收入分配。

2011年1月，重庆市政府出台了《重庆市关于开展对部分个人住房征收房产税改革试点的暂行办法》（于2017年修订），宣布启动对部分个人住房征收房产税。在征税对象上，重庆房产税主要针对个人拥有的独栋商品住宅和个人新购的高档住房。税率方面，采用0.5%～1.2%的累进税率。以重庆户籍居民新购的一套20000元/平方米的160平方米高档住房为例，其免税面积为100平方米，房产税0.5%，每年需缴纳房产税约6000元。若为"三无人员"（无户口、无企业、无工作人员），则不扣除免税面积，每年需缴纳房产税约16000元。房产税对别墅、高档住宅的购买需求和炒房行为均带来一定的压力。从税收总额看，2011—2021年，重庆房产税年均收入超过53.9亿元，且每年相较于2006—2008年每年10亿元的房产税征税量均有大幅上升。从短期看，房产税的实施在一定程度上为高端住房需求快速降温，2009年重庆的别墅和高档住宅成交占所有商品房成交面积的7.2%左右，而在2013年已降至2.7%。中长期看，2013—2016年，重庆高档公寓的交易逐渐稳定，销售占比维持在3%；2016年，受房地产市场火爆的影响，高档住宅受到追捧，但也仅仅上升到6%的销售面积占比；2018年销量开始下滑回稳。反映了长期高端住宅需求受房产税的抑制后，购房需求向中端市场转化的趋势。

（2）除抑制高端住房需求，重庆通过对"三无"人员首套房征收房产税，对炒房行为进行约束。2017年1月，重庆市政府进一步修订了征收房产税的相关办法和细则，将"征收对象"中的"在重庆同时无户籍、无企业、无工作的个人新购的第二套（含第二套）以上的普通住房"调整为"在重庆同时无户籍、无企业、无工作的个人新购的首套及以上的普通住房"。此外，重庆市国土资源和房屋管理局等6个部门联合发布《关于加强"三无"人员个人住房房产税征管工作的通知》，就加强在重庆同时无户籍、无企业、无工作的个人在渝中区、大渡口区等范围内购买首套及以上普通住房的房产税征管工作进行细化和完善。这些举措的主要目的在于合理引导市场预期，维护房地产市场平稳持续健康发展，遏制炒房行为。

致　谢

　　十多年来，本着实战经济学精神，我们认真研究和思考了一系列房地产的重大问题，探索真相，致良知，为民生。

　　感谢德高望重的师长和好友冯俊、姚洋、吴晓波、刘润、管清友，亲自为本书撰写推荐语。

　　感谢泽平宏观的同事白学松、刘煜鑫、张硕、周里鹏、柴柯青参与本书写作、数据收集整理、校对，并不断给出建议，成果属于我们的团队。

　　感谢杭州蓝狮子文化创意股份有限公司和天津人民出版社编辑老师的付出，你们提出了大量建设性的宝贵意见，正是你们的努力，才让本书完整地地呈现给读者。